지하철을 탄 서울 인물史

서울역사강좌 06

지하철을 탄 서울 인물史

발행인 서울역사편찬원장 김우철
발행처 서울역사편찬원(history.seoul.go.kr)
서울특별시 송파구 올림픽로 424(방이동)
02-413-9622

기획 · 편집 이상배(시사편찬과장), 장경호, 서정현

발행일 2018. 8. 24
판매가 10,000원
디자인 · 인쇄 학고방(02-353-9908)

발간등록번호 51-6110000-001514-09
ISBN 979-11-6071-053-3
978-89-94033-95-2(세트)

※ 이 책의 내용은 원고작성자의 의견을 존중하였으며, 서울역사편찬원의 견해와 다를 수 있습니다.

서울역사강좌 • 06

지하철을 탄 서울 인물 史

서울역사편찬원

서울역사편찬원은 서울 시민에게 서울의 다양한 역사적 사실을 알리기 위해 2004년부터 서울역사강좌를 개설해왔습니다. 2016년부터는 서울역사강좌의 내용을 책으로 발간함으로써 강좌 내용을 더 많은 시민들과 함께 나누어 오고 있습니다.

올해 발간하는 서울역사강좌 5권과 6권의 테마는 지하철입니다. 5권에서는 지하철 역명에 얽힌 서울의 역사와 문화를 알아보는 시간을 가졌고, 이번 6권에서는 지하철과 관련된 서울의 인물이야기를 펼쳐보려 합니다.

을지로입구역 · 을지로 3 · 4가역 · 충무로역 · 충정로역은 해방 이후 서울특별시 승격과 함께 일본식 지명을 청산하기 위해 유명한 역사적 인물들의 시호나 이름을 따서 만든 지하철 역명입니다. 을지문덕의 이름을 딴 을지로입구역 · 을지로 3 · 4가역, 이순신의 시호를 딴 충무로역, 애국지사 민영환의 시호를 딴 충정로역이라는 이름은 이에 기원을 두고 있습니다.

둔촌동역은 고려 말 은둔 생활을 결심하고 호를 둔촌으로 바꾼 고려 말기 성리학자 이집에서 비롯되었고, 사가정역은 조선시대 훈구 공신 서거정의 호에서 유래하였습니다.

낙성대역 · 무악재역 · 왕십리역 · 압구정역 · 회기역 · 태릉입구역 · 독립문역 · 효창공원앞역 등은 역사적 인물들과 관련된 장소가 있는 역들입니다. 하늘에서 별이 떨어졌다고 해서 불리는 낙성대는 거란의 침략을 막아낸 강감찬과 연관이 있고, 무악재와 왕십리는 한양이 수도로 결정되기 이전 후보에 올랐던 곳으로, 이에 관여했던 무학대사와 연관이 있으며, 압구정은 계유정난의 공신 한명회가 세운 정자였습니다.

회기는 연산군의 생모 폐비 윤씨의 무덤인 회묘에서 유래되었고, 태릉은 문정왕후가 잠들어 있는 곳입니다. 독립문은 서재필의 발의로 세워졌으며, 효창공원은 임시정부의 주요 요인들이 잠들어 있는 공원입니다.

시민 여러분들께서는 지하철 역명을 통해 유명한 역사 인물이라고 생각했던 이들의 또 다른 면모를 확인하실 수 있을 것입니다. 무심코 지나쳤던 서울 지하철 역들, 이제는 그 역에 관련된 인물과 역사를 생각하며 지나가시길 바랍니다.

2018년 8월

서울역사편찬원장

차례

제1강

고구려-수 전쟁과 을지문덕

을지로입구역·을지로 3가·4가역

이정빈(충북대학교 교수)

제1강 고구려-수 전쟁과 을지문덕

을지로입구역 · 을지로 3가 · 4가역

을지로입구역 · 을지로 3가 · 4가역 · 을지로 · 을지문덕

1980~1984년 개통된 서울지하철 2호선은 서울 도심都心을 순환한다. 그 노선의 핵심 구간 중 하나가 을지로 순환선이다. 서울시청에서 동대문운동장(현 동대문디자인플라자)까지 을지로乙支路의 을지로입구역 · 을지로 3가역 · 을지로 4가역을 경유한다. 서울지하철 2호선은 을지로 아래에 가로놓여 있는 셈이다.

지상의 을지로는 폭 30m, 길이 2,740m의 6차선 도로이다. 조선시기 구리재[銅峴, 을지로입구]에서 광희문光熙門까지의 길이었다. 일제강점기 구리재는 황금정黃金町으로 개명되었고, 이 길은 황금정통黃金町通이라고 하였다. 그리고 광복 이후 1946년 10월 1일 서울시에서는 특별시 승격과 함께 행정구역의 명칭을 개정·고시했는데, 이때 고구려 을지문덕乙支文德의 성姓 을지에서 을지로란 이름이 붙여졌다.

● 을지로 일대 지하철 2호선 건설공사

● 서울 지하철 2호선 노선도

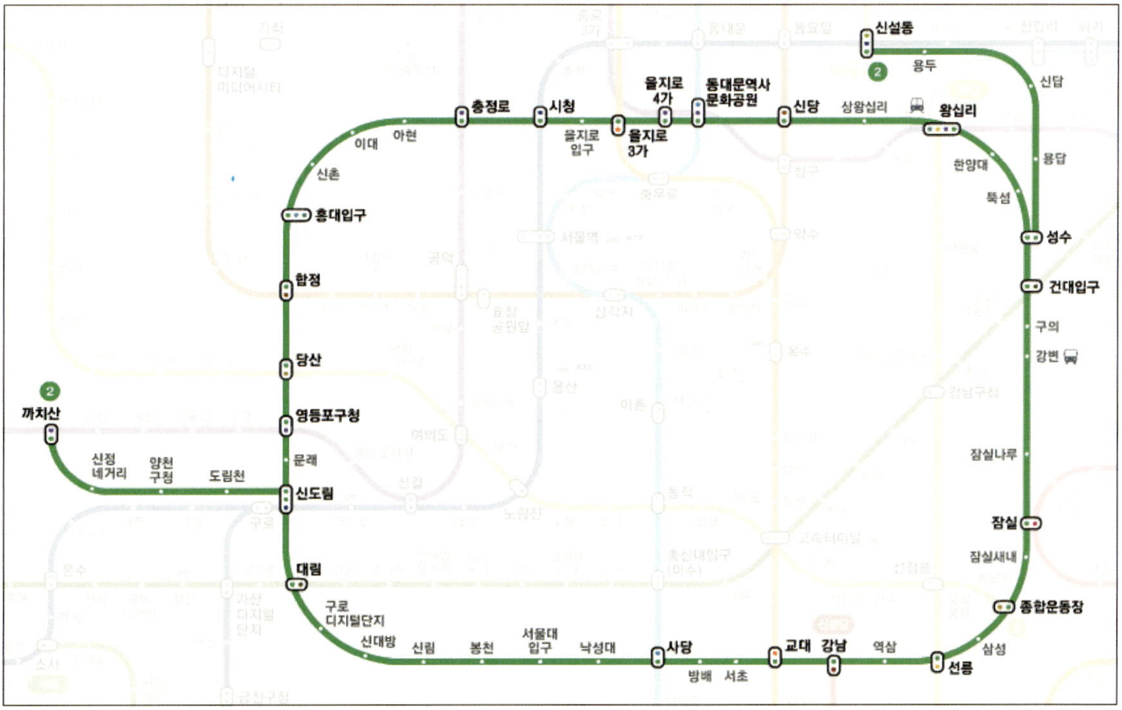

• 일제강점기의 황금정

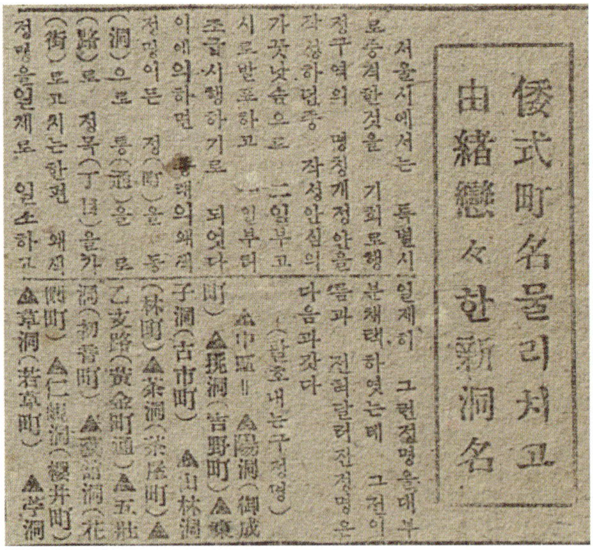

倭式町名물리치고
由緖戀々한新洞名

서울시에서는 특별시로충격한것을 기회로행정구역의 명칭개정안을 작성하던중 작성안심의가곳낫슴으로 二일부고시로반포하고 一일부터 조곰시행하기로 되엇다 이에의하면 종래의왜색 정명이든 정(町)은 동(洞)으로 통(通)은 로(路)로 정목(丁目)은가(街)로고치는한편 왜색 정명을일제로 일소하고 일제히 그런정명을대부분채택하엿는데 그전이뚤과 전혀달러전정명은 다음과갓다

(括弧내는구정명)

▲中區‖ ▲陽洞(御成町) ▲琥洞(吉野町) ▲會子洞(古市町) ▲山林洞(林町) ▲茶洞(茶屋町) ▲乙支路(黃金町通) ▲玉壯洞(初音町) ▲藝苑洞(花園町) ▲仁峴洞(櫻井町) ▲草洞(若草町) ▲孝洞

• 《대한독립신문》(1946년 10월 5일).

1946년 서울시의 동명 개정은 일본식 지명倭式町名을 청산하기 위한 것으로, 각 지역의 대표자와 주요 인문학 전문가의 토론을 통해 결정되었다. 인문학 전문가 중에는 역사학자 황의돈黃義敦, 소설가 윤백남尹白南 등이 참여했다. 토론에서는 대부분 일제 강제병합 이전의 옛 이름을 채택했지만, 한국사 속의 위인을 기념해 새로이 이름을 붙인 곳도 있었다. 세종로光化門通 · 충무로本町通 · 충정로竹添町 · 원효로元町通 등이 을지로와 함께 후자에 속했다.

이처럼 을지로입구역 · 을지로 3 · 4가역과 광복 이후 을지문덕을 기념한 공간으로 명명되었다. 을지문덕은 어떠한 위인이었을까. 지금 우리가 을지문덕을 기념한다는 것은 어떠한 의미를 지닐까. 을지문덕의 역사와 역사 속의 을지문덕이 궁금하다. 우선 고대古代 사서史書에 기록된 을지문덕의 역사를 살펴보자.

을지문덕을 찾아서

을지문덕에 대한 체계적인 문헌기록으로 현전 최고最古의 것은 《삼국사기》 을지문덕전乙支文德傳이다. 그런데 《삼국사기》 을지문덕전은 《수서隋書》 우중문전于仲文傳과 우문술전宇文述傳을 적절히 편집한 것이다. 을지문덕을 중심으로 재구성하였지만 고구려 측의 문헌기록 내지 전승이 반영되지는 않았다. 을지문덕이 언제 태어났는지 어떠한 가문에서 성장하였는지, 어떠한 관직을 역임했는지 등 그의 신상 정보는 찾아볼 수 없다. 《삼국사기》 찬자 역시 을지문덕 선대의 계보는 알 수 없다고 하였다.

조선 전기에 편찬된 《동국여지승람東國輿地勝覽》에서 을지문덕은 평양인물의 하나로 기록하였고, 조선 후기 평안도관찰사를 역임한 이태연李泰淵은 보다 구체적으로 을지문덕이 평양 석다산石多山 출신이었다고 하였지만, 이는 평양이 고구려 후기의 도읍이었기에 생겨난 후대의 이해였다고 보인다.

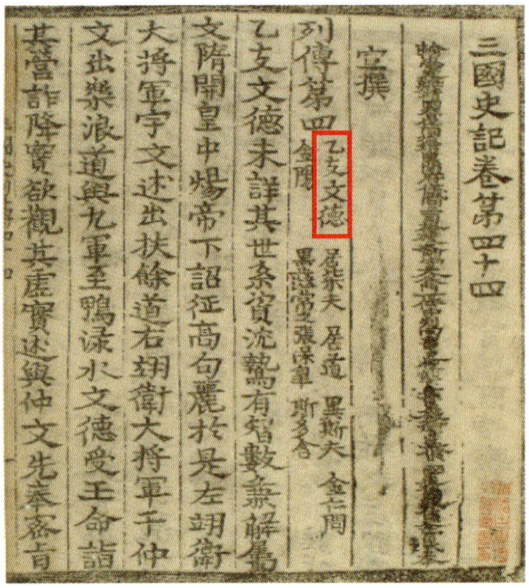
三國史記卷第四十四

列傳第四

乙支文德

乙支文德未詳其世系資沈鷙有智數兼解屬文隋開皇中煬帝下詔征高句麗於是左翊衛大將軍宇文述出扶餘道右翊衛大將軍于仲文出樂浪道與九軍至鴨淥水文德受王命詣其營詐降實欲觀其虛實述與仲文先奉密旨

● 《삼국사기》 을지문덕전

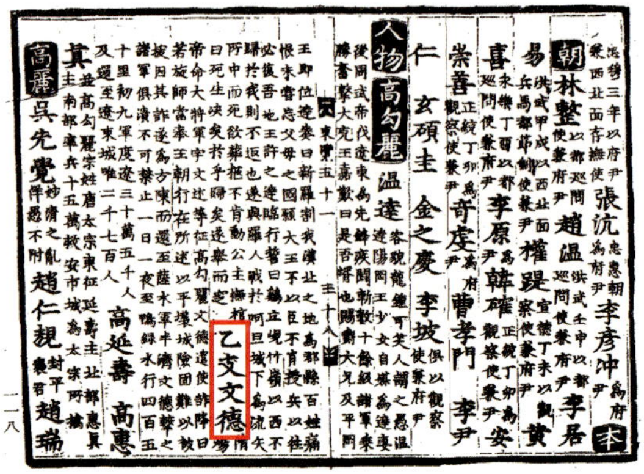

● 《신증동국여지승람》 평양부 인물조

또한 을지문덕의 을지가 선비족鮮卑族 계통의 성씨 울지尉遲와 통한다고 보아 선비족 출신의 망명인으로 보는 견해가 있었지만, 확증은 없다. 현전 문헌기록을 통해 살필 수 있는 을지문덕에 관한 사실史實은 612년 고구려-수 전쟁 때의 활약뿐이다.

동아시아 격변의 시대 속으로

을지문덕이 612년 고구려의 최고위 지휘관으로 활동한 사실로 미루어 보아 그는 6세기 중·후반에 출생·성장하였다고 짐작된다. 동아시아 국제정세가 급격히 변동하던 시기였다.

5~6세기 중반 동아시아에서는 주요 강국이 병립했다. 중원中原 지역은 북조北朝와 남조南朝로 나뉘어 여러 왕조가 흥망성쇠를 거듭했고, 북방에는 유연柔然이 서방에는 토욕혼土谷渾이란 유목국가가 흥성하였다. 그리고 동북방

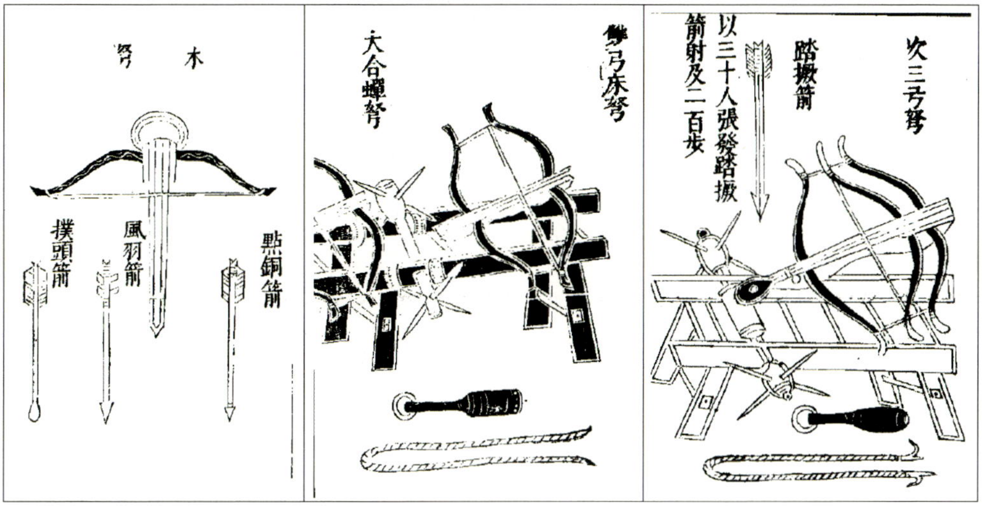

• 각종 쇠뇌(목노, 쌍궁상노, 차삼궁노), 《무경총요》

에 고구려가 또 하나의 강국으로 자리하였다. 이렇듯 다원적인 국제질서 속에서 고구려는 오랜 기간 동북아시아의 패권국으로 전성하였다.

변화는 6세기 중반부터 시작되었다. 동아시아의 북방에서 유연을 대신해 돌궐突厥이 신흥 강국으로 등장하면서 고구려의 서방 변경을 위협하였고 남방에서는 백제 · 신라의 연합군이 북진해 온 것이다. 그러나 이때 고구려는 귀족세력의 내분으로 인해 양면으로부터 몰려온 위기에 효과적으로 대응하기 어려웠다. 결국 남방의 한강 유역을 상실했는데 대신 서방 변경의 안정은 유지할 수 있었다.

6세기 후반부터는 서방 변경의 정세 역시 변화하였다. 581년 수립된 수隋왕조는 589년 진陳왕조를 병합하고 중원 지역을 통일하였고 돌궐을 제압하면서 동아시아 최강국으로 부상하였다. 수의 국력이 동아시아 여러 나라를 압도했고 다원적인 국제질서가 재편되었다. 그 여파는 동북아시아 지역까지 미쳤다. 고구려 서방 변경의 요서遼西 지역까지 수의 세력이 침투했고, 거란契丹 · 말갈靺鞨 등 고구려에 신속臣屬되어 있었던 여러 종족집단이 동요했다.

고구려의 긴장감은 높아졌다. 군사체제를 정비하고 군량을 축적하기 시작했다. 수에 첩자를 보내 쇠뇌[弩] 제작기술을 입수하는 등 신무기를 개발했고, 변경에서 발생한 국지적인 분쟁조차 단호히 대처했다. 더 이상 수의 세력이 동북아시아 지역까지 확대되지 못하도록 견제하고자 했던 것이다. 하지만 이미 동아시아 최강국으로 부상한 수의 태도는 고압적이었다.

590년 수 문제文帝는 고구려의 평원왕平原王에게 한 통의 외교문서를 발송했다. 이제 고구려의 견제 행위를 적대 행위로 간주하겠다고 위협하였다. 동북아시아 지역 내에서의 패권을 인정하지 않겠다고 하였다. 수의 번국藩國으로 굴복해 오기를 종용하였다. "요수遼水의 폭이 장강長江과 비교해 어떠하며, 고구려의 인구가 진국陳國과 비교해 어떠하냐."며, 남조 진 왕조를 무너뜨린 자신감을 여과 없이 내비쳤다.

사상 최대의 전쟁

고구려는 전쟁을 원하지 않았다. 외교적인 해결책을 모색했다. 그러나 수 문제와 주요 지배층은 고구려의 형식적인 복속에 만족하지 않았다. 동북아시아 지역의 패권, 또 교역권을 비롯한 각종 이권마저 양도하기를 바랐다. 결국 고구려는 강경책으로 맞섰다. 598년 영양왕嬰陽王은 말갈 기병 1만 명을 동원해 요서를 공격했다. 요서 서부에 설치된 수의 변경기구 영주총관부營州摠管府를 선제 공격한 것이다.

수는 곧장 대대전인 반격을 준비했다. 문제는 육군과 수군水軍을 총동원했다. 육군만 30만 대군이었다. 대군은 속속 양국의 변경 요서로 집결하면서 전면전의 국면으로 돌입했다. 하지만 수의 반격은 시도 단계에서 좌초되었다. 요서까지 군수보급체계가 마련되지 못했기 때문이었다. 장마로 인해 교통로

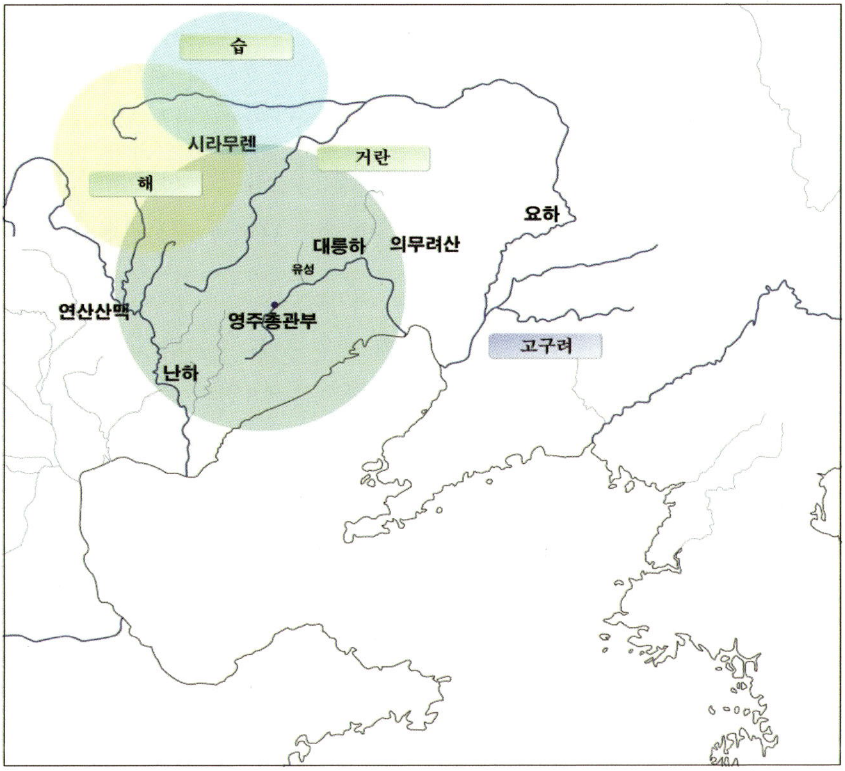

● 590년대 중·후반 고구려와 수의 영주총관부

가 끊기며 육군의 대부분은 요서에 갇혀 굶어죽고 병들어 죽었다. 수군은 태풍을 만나 다수가 익사하였다.

이처럼 598년 수의 반격 시도가 실패한 직후, 양국은 곧 화평하였고 화평은 607년까지 이어진 듯 보였다. 598~603년 수—돌궐 전쟁이 발발하며 고구려와 수의 군사적 긴장이 다소 이완된 것이다. 그러나 이때에도 수는 요서의 동부에 노하진瀘河鎭·회원진懷遠鎭 등의 군사기지를 설치·정비하며 동진을 거듭했다. 양국의 화평은 표면적인 현상에 불과했다. 고구려의 위기의식과 군사적 긴장감은 여전할 수밖에 없었다.

이러한 가운데 605년 수 양제가 즉위했다. 그는 즉위 직후부터 사이경략四夷

經略을 구상하였다. 그 일환으로 《고려풍속高麗風俗》이란 책을 저술하도록 명하기도 했다. 《고려풍속》은 전하지 않지만, 비단 풍속과 역사만 아니라 지리와 교통 등 군사정보를 포함한 저술이었다고 추정된다. 고구려 침공 계획이나 다를 바 없는 저술이었다. 고구려에서도 이러한 사실을 모를 리 없었다. 고구려는 백제 · 동돌궐 · 왜 등 주변 여러 나라와 교섭하면서 수의 공격에 대비하고자 했다.

마침내 609년 수 양제는 고구려 공격을 결심했다. 이로부터 수는 각종 군사물자를 요서에 집적하였고, 수군 선박을 건조하였다. 그리고 611년 2월 고구려 공격 명령이 담긴 조서詔書를 반포하였다. 전국에 동원령을 내렸는데, 육군만 무려 1,133,800명이었다. 《수서》 찬자가 지적한 것처럼 유례를 찾아보기 어려운 사상 초유初有의 백만 대군이었다. 611년 겨울 수의 군대는 요서 동부에 설치된 고구려의 군사기지를 하나하나 함락시키고 요하의 서안西岸으로 집결했다. 고구려는 요하 동안東岸에서부터 방어체계를 구축하고 전쟁에 대비했다.

고구려의 견고한 방어

전쟁은 612년 3월부터 본격적으로 시작되었다. 첫 전투는 요하에서 벌어졌다. 수의 군대는 부교浮橋를 설치해 요하를 건너고자 했는데, 이를 고구려의 군대가 막았다. 고구려 요하 수비군의 저항은 강고했다. 수의 군대를 요하에 1개월 이상 묶어 두었고, 큰 피해를 입혔다. 수의 대장군大將軍 맥철장麥鐵杖, 낭장郎將 전사웅錢士雄 · 맹금차孟金叉 등 선봉 부대의 주요 장수가 요하 전투에서 전사했다.

수의 군대는 부교를 재차 제작한 끝에 612년 4월 요하를 건너는 데 성공했고, 고구려의 요동성遼東城을 포위했다. 요동성은 요서에서 요동으로 통하는 교통

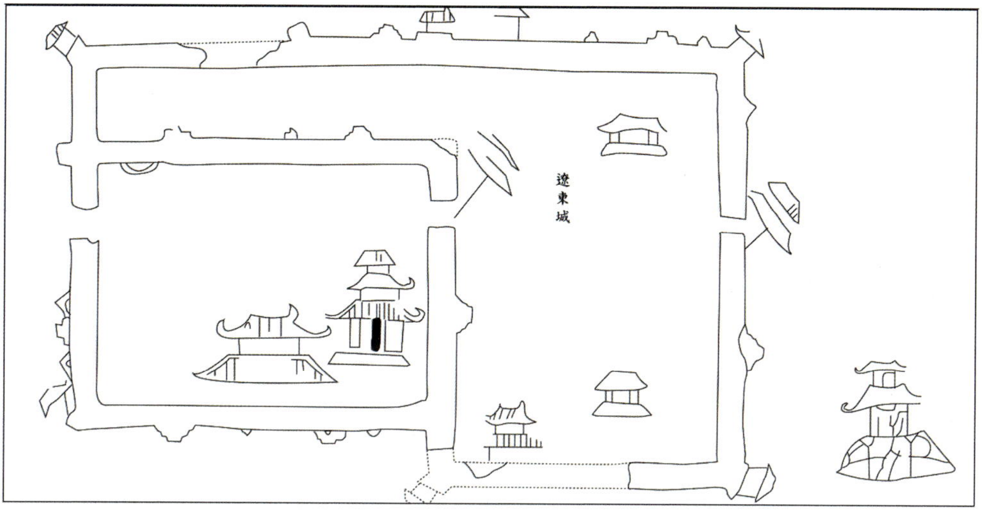

• 요동성총도

의 요지로, 고구려 서방 변경의 중심지 중 한 곳이었다. 정규군만 1만 명이 넘었고, 남녀 5만 명 이상이 대피할 수 있을 만큼 큰 성이었다. 수 양제는 이 성만 함락시킨다면 고구려가 곧 항복해 오리라 기대했다. 요동성 함락을 자신했고 자만했다. 양제는 4월 27일부터 요서의 유성현柳城縣 임해돈臨海頓으로 휴양을 떠나 피서를 즐겼다.

요동성은 견고하였다. 농성고수嬰城固守하였다고 하는데, 수의 공격이 거세져 자칫 성이 무너질 것 같으면 곧 성 밖으로 나와 항복을 청하였다. 수 양제는 휴양을 떠나면서 고구려의 항복 요청이 있으면 자신에게 보고하라고 하였다. 직접 항복을 받으며 황제의 무위武威를 온 천하에 자랑할 참이었다. 고구려는 이를 활용했다. 항복은 기만이었고, 양제에게 항복을 보고하는 동안 성을 수리해 다시 항전하였다. 이렇듯 항복과 항전이 반복된 것이 몇 차례였다. 양제는 나중에서야 고구려의 기만책이었음을 깨달았지만, 이미 여름이 지나가고 있었고 백만 대군의 군량은 바닥을 보이고 있었다. 그러나 7월까지도 요동성은 물론이고 고구려의 어느 성 하나 함락되지 않았다.

왕제 건무의 활약

수의 고구려 공격군은 크게 보아 육군과 수군으로 나누어졌다. 양제가 육군을 이끌고 평양으로 진군해 간다면, 수군은 동래東萊(지금의 산동성 연태烟台)에서 요동반도를 거쳐 평양 근처까지 바다를 건너와 군량을 운송해 두고, 장차 양군이 합세해 도읍 평양성을 협공하겠다는 계획이었다. 수의 수군 사령관[摠管]은 대장군大將軍 내호아來護兒였다.

내호아의 군대는 평양성 60리 지점까지 무난히 도착했다. 해상교통로상에 고구려의 수군 군사기지가 있었지만, 이를 제압하고 군량 운송의 임무를 수행해 낸 것이다. 그런데 이 무렵까지 수의 육군은 요동성 등 요동에 묶여 있었고 전쟁이 장기화될 조짐을 보였다. 이러한 가운데 평양성의 고구려군이 도발해 왔다.

고구려 평양성 수비군의 사령관은 영양왕의 동생 왕제王弟 건무建武였다. 후일의 영류왕榮留王이다. 건무는 결사대를 조직해 내호아의 군대에 싸움을 걸어왔다. 내호아는 이를 손쉽게 격퇴하고 평양성 아래까지 추격해 갔다. 포로로 잡고 참수한 자가 헤아릴 수 없었다고 하였다. 내호아는 평양성 함락까지 욕심을 냈다. 부사령관[副摠管] 주법상周法尙이 반대했지만, 듣지 않았다. 내친 김에 평양성을 함락시키고 고구려의 왕까지 사로잡는다면 전쟁은 여기서 끝낼 수 있었다. 내호아는 어려서부터 공명심功名心이 강했다고 한다. 자신이 최고의 전공자가 될 수 있겠다는 기대감에 한껏 부풀어 올랐을 것이다.

내호아는 정예군사 4만 명을 선발해 평양성을 공격했고 마침내 성문을 열었다. 수의 장졸將卒은 승리에 환호하였고 흩어져 약탈에 나섰다. 그러나 이는 모두 건무의 책략이었다.

건무는 일부러 결대사를 내보내 패전토록 하고 성문마저 열어준 것이었다. 평양성은 3중의 구조였다. 내성內城이 있었고 중성中城이 있었으며 그 밖에 외성外城이 있었다. 건무가 연 것은 외성의 성문이었고, 외성 안의 빈 사찰에

• 평양성 복원 그림

복병伏兵을 두었다. 내호아의 군대를 상대로 덫을 친 것이었다. 약탈에 정신이 없던 수의 군대는 오합지졸烏合之卒에 불과했다. 건무는 내호아의 4만 정예병사를 대파했다. 내호아는 간신히 자신의 죽음만 피할 수 있을 따름이었다.

건무는 내호아의 선박이 정박한 포구까지 추격해 갔는데 수의 부사령관 주법상이 진영을 정돈하고 방어에 나서자 더 이상 몰아붙이지는 않았다. 이미 내호아 군대는 독 안에 든 쥐나 마찬가지였다. 건무는 내호아의 군대를 포구에 가두어 두고, 일체의 외부로 통하는 길을 차단하였다.

● 봉황산성 남문에서 바라본 압록강 방면 전경

을지문덕과 살수대첩

612년 4~6월 수 육군의 상당수는 요동성을 비롯한 요동의 성을 공격하는 데 집중하고 있었지만, 대장군 우중문과 우문술을 사령관으로 한 30만 5천의 부대는 오골성烏骨城(지금의 요령성 단동 봉황산성丹東 鳳凰山城) 등을 통과해 압록강 서안으로 향하고 있었다. 먼저 압록강에 도착해 강을 건널 여건을 조성해 두고 양제의 대군과 합세하기로 한 모양이다.

이를 위해 우중문·우문술 부대는 100일치의 군량을 짊어지고 또 방패·갑

옷 등 각종 무기와 물자를 휴대한 채 강행군하였다. 사람마다 3섬 이상의 무게를 감당해야 했다. 무리한 행군이었다. 미리 엄명을 내려 군량을 버리지 못하도록 하였지만, 병졸들은 모두 군막 밑에 구덩이를 파고 군량을 묻었다. 그래서 압록강 서안에 도착했을 때 이미 식량은 바닥을 보였다.

이 무렵 을지문덕이 항복의 의사를 밝히며 압록강 서안으로 건너왔다. 거짓 항복이었다. 을지문덕은 우중문·우문술 부대의 형편을 염탐하고자 목숨을 걸고 수의 진영을 방문한 것이다. 사실 을지문덕의 투항은 수에서 예상했던 바였다. 양제는 밀명을 내려 왕이나 을지문덕이 오면 반드시 사로잡으라고 했다. 그러나 고구려의 항복을 갈구하던 우중문의 참모 중 일부는 을지문덕의 말을 믿고 싶었다.

우중문은 고민 끝에 을지문덕을 돌려보냈다. 그러나 곧 후회했다. 즉시 사람을 보내 다시 상의할 일이 있으니 돌아와 달라고 하였다. 물론 을지문덕은 돌아보지 않고 압록강을 건너갔다. 우중문은 기병을 보내 을지문덕을 추격했다. 매 전투마다 우중문의 승리였지만 을지문덕은 잡을 수 없었다. 이러한 가운데 을지문덕은 우중문에게 편지를 보냈다. 그 유명한 오언시五言詩가 이 편지에 담겨 있었다.

신통한 계책은 천문天文을 꿰뚫었고	神策究天文
오묘한 지혜는 지리地理에 통달했네	妙算窮地理
싸워 이긴 승리가 이미 높으니	戰勝功旣高
만족할 줄 알면 그치길 바라노라	知足願云止

우중문을 놀리며 자극한 것이다. 그리고 압록강 동안의 목책을 불태우고 남쪽으로 달아났다. 우중문·우문술 부대의 주요 지휘관은 깊은 고민에 빠졌다. 이제 압록강 남쪽으로의 진격이냐 요동 방면으로의 퇴각이냐를 결정해야 했다. 우중문은 을지문덕을 사로잡을 기회를 놓쳐 향후의 문책이

청천강

두려웠다. 그런 한편 몇 차례의 전공으로 자신감은 상승해 있었다. 그는 진격을 고집했다. 결국 상급자였던 우중문의 견해에 따라 그들의 부대는 을지문덕을 쫓아 남하했다.

을지문덕은 쾌재를 불렀다. 하루 일곱 번 싸워 일곱 번 패전하며 우중문 · 우문술 부대를 남쪽으로 더 남쪽으로 유인했다. 승리에 도취된 우중문 · 우문술 부대는 평양성 인근 30리 지점까지 왔다. 우중문 · 우문술 등은 내호아의 부대를 기대했다. 그들이 군량을 가져왔으므로 합세한다면 평양성 공략이 가능할 것으로 전망했다.

그러나 을지문덕과 건무의 고구려 군대는 평양성 일대 주요 지점에 견고한 방어체계를 구축해 두고 있었고, 군량이 바닥난 우중문 · 우문술 부대는 너무나 지쳐 있었다. 을지문덕은 다시 사신을 보내 그들에게 퇴각을 종용했다. 퇴각한다면 왕을 모시고 항복하겠다고 또 다시 거짓으로 투항 의사를 밝힌 것이다. 우중문 · 우문술 등은 알면서도 속을 수밖에 없었다. 결국 퇴각을 결정했다. 방진方陣 즉 사방에 경계를 엄중히 한 채 정연히 퇴각하고자 했다.

을지문덕은 살수薩水, 즉 지금의 청천강을 결정적 전투의 전장으로 삼았다. 우중문 · 우문술 부대가 살수를 반쯤 건넜을 때 대대적인 공세를 퍼부었다. 수의 후군後軍을 쳐 무너뜨렸다. 배후의 아비규환에 이미 살수를 건넌 부대 역시 공포심에 휩싸였다. 모든 부대가 처참히 무너졌다. 장수와 병사 모두 자기 목숨 지키기에 급급했다. 하루낮 하룻밤 사이에 압록강을 건너 450리를 도망쳤다. 수 양제가 머물던 요동성에 도착했을 때 30만 5,000명의 장졸은 2,700명으로 줄어 있었다. 이른바 살수대첩으로 고구려의 대승이었다.

우중문 · 우문술 부대가 참패하였다는 소식을 들은 내호아는 곧장 귀국하였다. 수 양제 또한 대노했지만 더 이상 도리가 없었다. 우문술 등을 쇠사슬로 묶어 약간의 분이나마 풀고 회군을 명했다. 사상 최대의 전쟁, 612년 고구려-수 전쟁은 이렇듯 을지문덕의 살수대첩을 결정적 전투로 하여 종결되었다.

이듬해인 613년, 그 다음해인 614년에도 수 양제는 대군을 동원해 고구려를 연이어 침공했다. 그러나 수의 민심은 이미 양제를 떠나 있었다. 지배층 내부도 분열하였다. 613년부터 수의 전국 각지에서 반란과 민의 항쟁이 거듭되었고 고구려 침공은 처참히 실패했다. 그리고 수 왕조의 몰락이 시작되었다.

역사 속의 을지문덕

현재 을지문덕은 구국의 영웅으로 또 민족의 영웅으로 기억되고 있다. 을지로입구역 · 을지로 3 · 4가역에 붙은 을지문덕 기념의 의미 역시 그와 같다. 그런데 이와 같은 을지문덕의 기억은 20세기 초반 민족주의와 함께 형성된 것으로, 그 이전에 그를 기념하고자 한 까닭은 지금과 약간의 차이가 있었다.

《삼국사기》 을지문덕전에서 찬자 김부식은 고구려-수 전쟁의 승리가 오로지 을지문덕 한 사람의 공이었다고 했고, 따라서 나라를 보존한 군자君子였다고 평가했다. 을지문덕과 같은 대신大臣이 있어야 나라를 유지할 수 있다고 하였다. 이와 같은 김부식의 평가는 그의 정치사상 및 현실인식과 무관하지 않았다. 김부식은 고려 전기의 문벌귀족으로, 유교정치를 이상으로 하였는데, 훌륭한 대신이 정치의 중심에 있어야 한다고 믿었다. 김부식은 고려의 재상으로 묘청의 난을 진압하는 등 왕조 보위의 일등 공신이었다. 그는 을지문덕에 자신을 비추었다고 보인다. 나라를 보존한 군자를 부각시킴으로써 고려 왕조 중심에 자신과 같은 대신을 두고자 했던 것이다.

중세 유학자들의 을지문덕 기억은 대체로 이와 다르지 않았다. 다만 고려 말기~조선 초기 국가체제 정비와 강병을 도모하면서 을지문덕의 전공이 간간히 기억되었고, 수 양제의 무모한 전쟁이 반추되었다. 다음은 청천강과 관련한 조준趙浚의 시이다.

살수는 출렁출렁 푸른 하늘에 잠겨 있는데	薩水湯湯漾碧虛
수의 병사隋兵 백만은 물고기가 되었구나	隋兵百萬化爲魚
지금도 여전히 어초부漁樵夫의 이야기로 남아 있는데	至今留得漁樵話
한갓 나그네의 웃음거리도 되지 못하네	不滿征夫一笑餘

을지문덕은 조선 후기, 17세기 중반 이후 재차 주목되었다. 병자호란의 치욕 속에서 복수의 욕망이 싹트면서 을지문덕의 무공이 재인식되었던 것이다. 그런데 이때 조선 유학자들이 떠올린 을지문덕은 유교적 인륜을 저버린

수 양제를 토벌한 영웅이자 유교적 가치를 수호한 영웅이었다. 오랑캐의 나라 청淸에 패배한 것이 치욕이었고, 명明과 같은 한족왕조漢族王朝를 중심에 둔 중화질서中華秩序를 회복하는 것이 진정한 복수였다. 을지문덕은 그와 같은 복수설치復讎雪恥의 가능성을 보여준 영웅이었다. 17~18세기 조선에서 을지문덕을 배향한 평양의 충무사忠武祠, 안주의 청천사淸川祠를 건립한 까닭이다.

조선 후기의 이와 같은 인식은 평양도인平安道人에게 또 다른 의미로 다가왔다. 평안도인은 17~18세기를 통해 거듭 성장하고 있었지만, 19세기 후반까지 지역적인 차별의 대상이었다. 을지문덕은 평양 출신으로 알려져 있었고, 청천강에서 전공을 세웠다. 그렇기에 을지문덕은 평안도인의 자랑이요, 지역의 영웅이었다. 평안도인으로서 을지문덕과 같은 영웅이 배출되었으므로, 평안도인에 대한 차별은 시정되어야 한다고 주장했다. 1847년 평안도의 사민士民은 을지문덕비와 석상石像을 건립했다(북한 국가지정문화재 보존급 제1573호).

조선 후기의 을지문덕 기억과 기념은 19세기 후반~20세기 초반으로 이어졌다. 이제 을지문덕은 수와 같은 외세에 맞서 민족을 보위한 영웅으로 기억되기 시작했다. 신채호申采浩와 같은 민족주의 역사학자는 《을지문덕전》을 저술했고, 그 외에도 여러 전기와 소설이 출판되었다. 을지문덕은 민족주의 투쟁의 역사적 희망이었고, 미래의 가능성이었다.

이처럼 을지문덕은 제국주의의 침략의 위기 속에서 민족주의 형성의 단초로 기능했다. 그러하였기에 광복 직후 지명 개정에 을지문덕이 한국사 속의 명장으로 우선적으로 기억되고 호명呼名되었다고 할 수 있다. 을지로·을지로역으로 기념되기까지 을지문덕은 역사 속에서 생명력을 이어가고 있었던 것이다.

제2강

문무겸전의 명장 강감찬을 만나다

낙성대역

박재우(성균관대학교 교수)

제2강 문무겸전의 명장 강감찬을 만나다

낙성대역

강감찬의 탄생과 선대

낙성대에서 탄생하다 서울특별시 관악구 봉천동에 거란의 침략을 막아낸 고려의 명장 강감찬姜邯贊이 태어난 집터가 있다. 서울특별시 기념물 제3호로 지정된 이곳은 하늘에서 별이 떨어졌다고 하여 낙성대로 불린다. 이곳에는 '강감찬낙성대'라는 명문이 새겨진 고려 후기에 조성된 3층 석탑이 있었다.

현재 낙성대 공원으로 알려진 곳은 집터에서 서울대 기숙사 쪽으로 가는 방향에 조성되어 있는데, 1973년 11월부터 1974년 6월에 걸쳐 새롭게 조성되어 사당과 부속 건물이 세워졌고, 3층 석탑이 이곳에 옮겨져 있다. 대신 집터에는 유허비가 세워져 강감찬 탄생지임을 알려주고 있다.

강감찬은 948년(정종 3)에 태어났다. 그의 탄생에 대한 가장 오래된 기록은 최자崔滋의 《보한집補閑集》에 수록되어 있다. 이에 따르면, 한 사신이 밤에 시흥군에 들어가는데 큰 별이 인가에 떨어지는 것을 보고는 관리를 보내 살펴보게 하니 마침 그 집의 부인이 남자 아이를 낳았다. 사신이 마음으로 기이하게 생각하여 아이를 청하여 키우니 이 사람이 바로 강감찬이었다. 그러다가 강감찬이 재상이 된 후에 송나라 사신 중에 사람을 감식하는 재능을 가진 사람이 있어 강감찬을 만나보고는 "문곡성이 나타나지 않은지 오래되어 어디 있는지 알지 못했는데 지금 공이 그 사람이군요."하며 뜰 아래로 내려가 예를 올렸다는 것이다.

● 강감찬 표준영정

시흥군은 고려시기에 금주였던 이 지역의 별호로서 성종대에 명명된 것인데, 이곳에 별이 떨어져 강감찬이 태어났고 뒤에 송나라 사신에 의해 강감찬이 문곡성의 화신이라는 점이 밝혀졌다는 설화이다. 최자는 이 이야기가 황당하기는 하나 고금의 관리들이 서로 이야기를 전하고 있고 임상국任相國 댁에 기록으로 남아 있기도 하므로 《보한집》에 싣는다는 설명까지 달아놓았다. 이처럼 낙성대 탄생 설화는 고종대 이전에 이미 만들어져 유포되고 있었고, 평장사 임경숙任景肅으로 추정되는 임상국은 그에 대한 기록도 가지고 있었던 것이다.

흥미로운 것은 강감찬이 거란의 침략을 막아낸 고려의 명장으로 더 유명한 오늘날과 달리 무신정권기와 그 이전의 고려 지배층에게 강감찬은 문운文運을 주도하는 문곡성의 화신으로도 인식되고 있었다는 점이다. 물론 거란을 물리친 강감찬의 공로는 그가 사망한 후에도 고려 국가에서 오랫동안 기억하고 있었고, 그래서 《고려사》의 강감찬 열전에도 귀주대첩에 대한 자세한 내용이 들어 있다. 그러므로 고려 당시에 강감찬의 문필적 재능만 전승되고 있었다고 할 수는 없다. 《보한집》은 성격상 시화집이므로 강감찬의 문필적 재능을 높이 평가하고 그와 관련된 내용을 선택적으로 수록한 것이라고

• 안국사(서울 관악구)

볼 수도 있는 것이다. 그렇다고 해도 고금의 관리들이 서로 이야기를 전하고 임상국 댁에 기록까지 남아 있던 문곡성의 화신으로서 강감찬은 귀주대첩의 명장으로서 명성만큼이나 고려 지배층에게 깊은 인상을 남긴 강감찬의 또다른 모습이었다고 할 수 있다. 그는 고려인들에게 문무겸전文武兼全의 인물로 인식되었던 것이다. 실제로 강감찬은 과거에 급제한 문필가였을 뿐만 아니라 은퇴 후에 《낙도교거집樂道郊居集》과 《구선집求善集》을 남겼다.

선대, 금주의 호족으로 활약하다 개경에서 내려왔을 사신이 강감찬을 데려가 키웠다는 설화를 그대로 믿을 필요는 없다. 다만 강감찬은 금주衿州에서 태어났으므로 당시에 그의 부모가 금주에 거주하고 있었음은 분명하다. 이러한 강감찬의 선대가 금주에 정착한 것은 5세조 강여청姜餘淸이 신라에서 금주로 이주하면서부터였다.

• 강감찬장군 낙성대유허비(서울 관악구)

원래 신라에서는 9주 5소경이 정비되는 과정이나 지방관에 임명되거나 왕위 쟁탈전에서 패배한 사유로 경주에 거주하던 귀족들이 지방으로 이주하는 경우가 많았다. 이러한 부류로는 신라의 왕실인 김씨나 박씨인 경우가 많았고, 더하여 6두품의 성씨도 있었다. 하지만 강씨는 이들 진골이나 6두품의 성씨가 아니어서 강여청의 원래 신분이 진골이나 6두품인 상태에서 금주로 이주했다고 보기는 어렵다.

금주는 신라에서 한주의 관할을 받은 율진군 소속의 곡양현으로 소수少守나 현령이 다스리는 작은 고을이었고, 그래서 고려 현종 이후에는 수주樹州의 속현이 되기도 하였다. 《세종실록지리지》에 따르면, 그러한 금주의 인물로는 강감찬 외에 다른 인물이 보이지 않아 금주의 지방세력이 고려시기에 중앙에서 크게 활약하지 못했다는 것을 알 수 있다. 다시 말해 신라에서 세력이 그리 크지 않았던 금주 강씨는 신라 말에 작은 고을 곡양현 곧 금주에 이주한 후에 그곳의 호족이 되었던 것이다.

강감찬의 아버지 강궁진姜弓珍은 태조를 섬겨 삼한벽상공신이 되었다고 하므로 금주 강씨가 고려와 긴밀한 관계를 맺은 것은 강궁진이었다. 금주 강씨는 처음에 왕건이 아니라 궁예에게 항복했던 것으로 보인다. 세달사世達寺

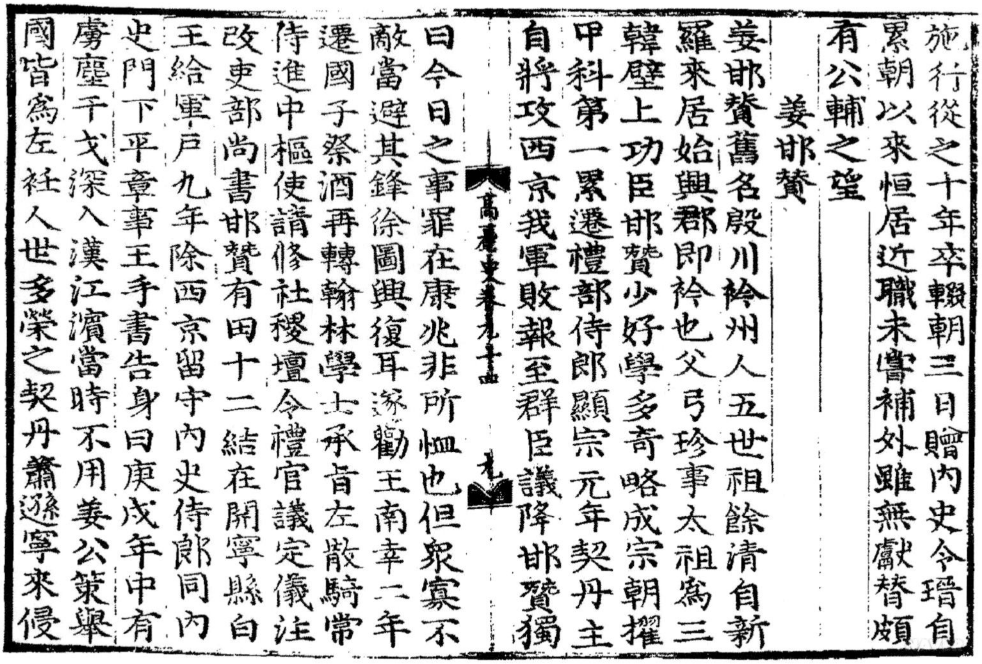

施行從之十年卒輟朝三日贈內史令瑨自
累朝以來恒居近職未嘗補外雖無獻替頗
有公輔之望

姜邯贊

姜邯贊舊名殷川衿州人五世祖餘清自新
羅來居始興郡即衿也父弓珍事太祖為三
韓壁上功臣邯贊少好學多奇略成宗朝擢
甲科第一累遷禮部侍郎顯宗元年契丹主
自將攻西京我軍敗報至群臣議降邯贊獨
曰今日之事罪在康兆非所恤也但衆寡不
敵當避其鋒徐圖興復耳遂勸王南幸二年
還國子祭酒再轉翰林學士承旨左散騎常
侍進中樞使請修社稷壇令禮官議定儀注
改吏部尚書邯贊有田十二結在開寧縣白
王給軍戶九年除西京留守內史侍郎同內
史門下平章事王手書告身曰庚戌年中有
虜塵干戈深入漢江濱當時不用姜公策舉
國皆為左衽人世多榮之契丹蕭遜寧來侵

• 《고려사》 강감찬 열전

의 승려였던 궁예는 891년에 죽주의 견훤에게 의탁했다가 892년에 북원의 양길에게 투항하였다. 이후 명주 지역으로 세력을 떨친 후에 한주 지역으로 세력을 확장하자 895년에 위협을 느낀 패강진 세력이 항복하였고 896년에 왕건의 아버지 왕융王隆이 궁예에게 의탁하였다. 이를 배경으로 898년에 송악에 도읍을 정하고 남쪽으로 군사 활동을 전개하여 공암, 검포 등을 격파했는데, 금주는 공암과 가까운 지역이었으므로 이 무렵에 금주의 지방세력이 궁예에게 항복한 것으로 보인다.

궁예가 양길을 공격하여 패배시킨 후에는 왕건이 군사 활동에 나서 양주, 견주를 공격하여 승리하고 남쪽으로 세력을 넓혀갔다. 금주 강씨는 왕건이 궁예 휘하에서 군사 행동을 시작한 이후에 함께 하였을 것으로 생각되는데, 특히 강궁진은 고려의 건국에 참여하고 후삼국 통일전쟁에서 왕건을 도와 활약하여 940년(태조 23)에 공신에 책봉되었다.

강궁진의 활약으로 고을의 명칭이 승격되어 신라의 곡양현에서 고려의 금주로 개칭되었다. 고려 초기에 주州의 칭호는 고려의 건국과 영토 확장 과정에서 항복하거나 협조한 지역에 대하여 고려가 부여했던 것으로, 지방호족을 회유하고 그들의 지역을 고려의 영토로 안정적으로 편입하는 의미가 있었다. 강궁진이 삼한벽상공신이 되고, 나아가 고을의 규모가 크지도 않았던 곡양현이 금주로 개칭된 것은 고려의 건국과 후삼국 통일전쟁에서 강궁진의 활약이 그만큼 매우 적극적이었음을 의미한다.

과거급제와 관료진출

호족 아들로 과거에 급제하다 강감찬은 지방호족의 아들로 태어나 983년(성종 2) 12월에 36세의 나이로 과거에 급제하였다. 나말여초의 호족은 성주, 장군으로 불리거나 그들이 이끌어가는 관반官班 조직에 소속되어 민들과 함께 지역공동체를 형성하며 지배력을 행사하였고, 후백제나 태봉 또는 고려에 편입되어 후삼국 통일전쟁에 참여하였다. 이처럼 호족은 지역의 지배자로서 군사 활동을 하는 존재로 알려져 있으므로 호족의 자제가 유학을 공부하여 과거에 급제했다는 것은 얼핏 보면 이해하기 어렵다.

하지만 강감찬은 어려서부터 학문을 좋아하여 유교 경전과 역사서를 익혔고 마침내 과거에 급제할 정도의 실력의 가졌다. 이는 강감찬 개인의 재능이 출중했음을 보여주는 것이기도 하지만, 호족 자제들이 어린 시절부터 유교 경전과 역사서를 배우며 지배층의 자질을 함양하던 나말여초의 시대적 배경 속에서 나올 수 있는 것이었다.

고려는 태조가 건국한 이후 유교정치를 지향하였고 광종은 쌍기雙冀의 건의를 받아들여 과거제를 시행하였다. 이러한 유교정치와 과거제의 시행은 전문적인 유학적 능력을 가진 사회세력이 없이는 불가능한 것이었다. 나말여초에 활동했던 전문적인 유학자로는 경주 출신의 6두품 계열과 지방 출신의 유학자들이 있었다. 이들은 호족의 자문 대상이 되거나 후삼국에 참여하여 유교정치를 이끌었다. 고려 초기 유교정치의 시행에 이들의 영향이 컸던 것은 분명하나 다만 그들의 숫자가 많지는 않았다. 그러므로 관리 등용을 위한 과거제의 시행이 이들 유학자들의 힘만으로 가능하였다고 생각되지는 않는다. 비록 과거에 합격할 정도의 전문지식은 아니라고 해도 당시 지배층 다수가 문자를 해득하고 유학의 기본 지식을 소유하며 나아가 유교를 정치이념으로 인식하는 분위기가 성숙해 있었기 때문에 가능하였을 것이다.

실제로 나말여초의 성주, 장군들은 유교 경전과 역사서에 대한 기본 지식을 가지고 있었다. 평주 출신의 장군 유검필庾黔弼은 《논어》, 매곡 출신의 장군 공직龔直은 《서경》과 《좌전》, 승주 출신의 장군 박영규朴英規는 《사기》에 대한 이해를 가지고 있었고, 그들은 이러한 유교지식을 자신들의 정치적 판단과 선택을 합리화하는 명분으로 이용하였다. 그런데 그들의 출신지가 지방학교가 설치되어 있던 신라의 9주 5소경이 아니었다는 점을 근거로 보면 후삼국시대에는 광범한 지역의 지방세력이 유교 경전과 역사서에 대한 지식을 가지고 있었다고 짐작할 수 있다.

이처럼 호족 출신은 어린 시절부터 유교 경전과 역사서에 대한 다양한 학문을 배웠다. 하동 출신 낭공대사 행적行寂의 아버지 패상佩常은 어려서는 문필을 배워 으뜸이었으나 자라서는 문필을 버리고 무에 종사할 마음이 생겨 군대에 들어가 군직을 맡았다고 한다. 이처럼 호족의 자제는 비록 전문적인 유학자로 진출하지 않아도 어려서 유교 경전과 역사서를 배워 유교의 가르침을 알았고 문자 해득 능력을 가져 문서행정을 할 수 있었으며 장수로 진출한다고 해도 병서를 익히고 이해할 수 있었다.

강감찬이 과거에 급제한 것은 이러한 시대적 배경 속에서 이루어진 것이었다. 강궁진은 삼한벽상공신에 책봉될 정도로 고려의 건국과 후삼국 통일전쟁에서 군사 활동의 공로가 컸다. 하지만 그 역시 유교 경전과 역사서에 대한 지식을 가지고 있었을 가능성이 있으며, 이러한 가문 배경 속에서 성장한 강감찬 역시 어려서부터 유교 경전과 역사서를 배웠던 것이다.

강감찬은 정광 최승로崔承老, 좌집정 이몽유李夢游, 병관어사 유언유劉彦儒, 좌승 노혁盧奕 등 4명의 시험관에 의해 선발되었다. 그리고 과거제가 시행된 이후 처음으로 국왕이 주재하는 복시覆試에서 장원으로 선발되었다. 복시는 과거 합격자를 대상으로 국왕이 다시 시험을 보아 성적을 매기고 급제를 내리는 제도였다. 당시는 성종이 추진하던 유교정치와 제도정비가 일단락되는 시점으로 이를 축하하기 위해 과거를 시행하였고 여기서 강감찬이 급제하여 문필적 능력을 인정받은 것이었다.

현종의 정치에 참여하다 강감찬이 과거에 급제한 것은 성종대이나 그의 정치활동에 대한 기록은 주로 현종대에 남아 있다. 현종의 치세는 강감찬이 출세하는 중요한 배경이 되었던 것이다. 고려는 문벌을 중시하는 사회로 널리 알려져 있지만 광종과 경종을 거치면서 고려 초기의 특권층이 대부분 몰락한 이후 현종대는 문벌의 형성과 영향력이 그리 크지 않았다. 현종대는 강조의 정변, 목종의 시해, 거란의 침략, 국왕의 피난, 김훈金訓 · 최질崔質의 난과 같은 커다란 정치적 사건이 있었다. 그래서 왕권의 확립과 관료제도의 정비, 전쟁의 승리가 매우 중요한 과제였다. 이러한 상황에서 국왕과 정치적 입장을 같이 하며 정치적 과제를 수행했던 인물들이 정치적으로 성장할 수 있었다.

현종은 경종의 비인 헌정왕후와 안종 사이에서 태어나 이모인 천추태후에 의해 죽임을 당할 뻔했다가 위기를 넘기고 최항崔沆, 최사위崔士威, 채충순蔡忠順, 황보유의皇甫俞義 등의 추대를 받아 왕위에 올랐다. 강조康兆의 정변과 목종의 시해를 명분으로 침략한 거란을 피해 남쪽으로 피난하는 과정에서 지채문智蔡文, 채충순, 장연우張延祐, 주저周佇 등의 도움을 받았다. 이들은 국왕과의 관계를 바탕으로 현종대에 정치 주도권을 가지고 왕권의 확립과 관료제도의 정비에 힘을 쏟았다. 중앙과 지방의 제도를 정비하고 문무의 분업을 분명히 하는 방향으로 제도를 운영하였다. 이후 장연우, 황보유의가 경군의 토지를 빼앗아 관료들의 녹봉을 충당하자 이에 불만을 품은 김훈, 최질이 난을 일으켰고 이를 진압하는데 공로를 세운 왕가도王可道, 김맹金猛이 정치적으로 성장하기도 했으나, 이들 역시 왕권의 확립을 목적으로 하고 있었으므로 정치적 대립은 없었다.

이러한 배경 속에서 대다수의 관료들은 관료제도 안에서 업무 수행에 능력을 발휘하며 국왕의 신임을 얻어 정치적으로 성장하였다. 강감찬은 유학적 능력을 바탕으로 성장했는데, 1009년(현종 즉위)에 예부시랑으로 지공거가 되어 과거를 시행하여 진사를 선발하는 영예를 얻었고, 이후 국자감의 장관인 국자좨주와 한림학사승지 좌산기상시가 되었으며, 1014년(현종 5)에는 중추사로서 사직단을 수리하도록 건의하여 국왕의 권위를 높였다.

하지만 강감찬은 현종을 추대하거나 남행을 따랐던 인물들이나 김훈 · 최질의 난을 통하여 성장한 인물들과는 별다른 관계를 가지고 있지 않았다. 그래서 경군 영업전을 빼앗아 관료에게 지급했던 장연우, 황보유의와 달리 강감찬은 이부상서로 있을 때에 자신이 가지고 있던 토지 12결을 군호에게 주도록 내어 놓기도 하였다. 물론 이러한 견해 차이가 강감찬과 그들 사이에 정치적 대립으로까지 나타난 것은 아니었다.

기이한 지략과 전쟁의 승리

기이한 지략을 발휘하다 강감찬은 외모가 왜소하고 남루했으며 검소하여 평소에 헤지고 떨어진 옷을 입어 보통 사람들보다 못하였으나 조정의 대사에 임하여 국가의 대책을 결정할 때는 얼굴을 바르게 하여 기이한 지략을 발휘하였다고 한다. 이러한 평가는 거란의 2차 침략 때에 강감찬의 지략이 수용되었던 것과 깊은 관련이 있었다.

당시 강조의 정변이 일어난 후 1010년(현종 1)에 거란 성종이 침략하여 서경이 함락되자, 현종이 참여한 군신회의에서 대다수의 신료는 항복하자는 견해를 제시하였으나 강감찬 홀로 전쟁 원인에 대한 명쾌한 분석을 제시하고 국왕이 남쪽으로 피난할 것을 건의하여 허락을 받았다. 이것은 전쟁의 대처 방식에 커다란 방향을 제시한 것으로 이후까지 현종에게 커다란 인상을 심어주었다.

1018년(현종 9)에 강감찬을 서경유수西京留守 내사시랑평장사內史侍郎平章事에 임명하면서 현종은 임명장의 뒷면에 "경술(1010년) 연간에 오랑캐가 먼지를 날리더니, 창과 방패가 깊이 한강변까지 들어왔었다. 그때를 당해 강공의 계책을 쓰지 않았다면, 온 나라가 모두 오랑캐가 되었을 것이다."라는 내용의 시를 직접 써서 내려주자 세상이 모두 영예롭게 여겼다는 것은 그러한 사실을 잘 보여준다.

강감찬의 지략에 대하여 신뢰한 현종은 유학자인 그를 군사 활동과 관련되는 관직에 임명하였다. 그래서 강감찬은 1012년(현종 3)에 동북면행영병마사가 되었고, 이후 서경유수가 되었으며, 거란의 3차 침략이 있기 직전인 1018년 10월에는 서북면행영도통사가 되었다. 이어 12월에 거란이 침략하자 강감찬은 상원수가 되었고 전쟁을 승리로 이끌며 귀주대첩의 영웅이 되었다.

귀주대첩의 영웅, 전쟁을 승리로 이끌다 거란은 916년 건국한 이래로 중원으로 진출하여 5대 시기에 화북지역의 연운 16주를 얻어 영토를 확장하였으나 960년(광종 11) 송이 건국하면서 서로 대립하였다. 거란은 993년(성종 12) 소손녕을 보내 거란의 팽창을 경계하며 친송정책을 시행하고 있던 고려를 침략하였다. 그러나 소손녕과 담판에 나선 서희는 거란에 대한 조빙을 약속하는 대신 강동 6주의 개척에 대한 동의를 얻었다. 이후 고려는 군사 요청을 거절한 송과 단교하기는 했으나 거란을 견제하기 위해 다시 교류를 하였는데, 이에 불만을 품은 거란은 고려를 주시하였고 더하여 강동 6주의 군사적 가치를 인식하고 이를 차지하려 하였다.

이러한 상황에서 고려에서 강조의 정변이 일어나 목종이 시해되자 강조의 죄를 묻는다는 명분으로 1010년(현종 1)에 거란 성종이 40만 대군을 이끌고 친정을 단행하였다. 흥화진에서 순검사 양규의 저항에 부딪혀 함락하지 못한 채 남하한 거란은 통주에서 강조를 사로잡고 서경과 개경을 함락시켰다. 서경이 함락되자 현종은 강감찬의 건의로 남쪽으로 피난을 갔고, 개경이 함락된 후에는 하공진을 보내 친조親朝를 약속하며 항복하였다.

그러나 거란이 물러난 후에 고려는 현종이 병이 들었다는 핑계를 대며 친조를 하지 않았고, 거란은 강동 6주를 반환하라는 요구를 하였으나 고려는 이 역시 받아들이지 않았다. 거란의 위협에 맞서 고려는 송에 사신을 보내 거란의 1차 침략 이후에 거의 단절되었던 송과의 교빙을 다시 시도하였고 거란과는 대립적인 입장을 취하였다. 이에 거란은 여러 차례 군사를 보내 고려를 침략해 왔고 그 때마다 고려는 거란을 방어하며 그들을 물리쳤다. 소배압蕭排押의 3차 침략이 있기 전에 있었던 이러한 여러 차례의 군사 충돌을 경험하면서 고려는 거란의 침략에 대해 긴장을 놓치지 않고 대비할 수 있었다.

1018년(현종 9) 12월 거란의 소배압은 10만 명을 이끌고 고려를 침략하였다. 고려는 강감찬을 상원수, 강민첨姜民瞻을 부원수로 삼아 군사 20만 8,300명을 이끌고 영주에서 방어진을 형성하였다. 고려군의 숫자가 거란군보다 많았던 것은 그만큼 고려가 전쟁에 대비하고 있었기 때문이었다. 거란은 2차 침략 때에 흥화진을 함락하지 못한 경험이 있었기 때문에 우회로를 이용하여 침략하였으나, 거란의 전술을 간파한 강감찬은 흥화진 인근에 기병 1만 2,000명을 매복시키고 소가죽으로 삼교천을 막았다가 거란군이 도착하자 터뜨려 패배시켜 전쟁의 초반에 주도권을 장악하였다. 소배압이 군사를 이끌고 개경으로 진격하자, 강감찬은 강민첨을 보내 자주 내구산에서

낙성대 조성 준공(1974)

패배시켰고, 시랑 조원趙元은 서경 인근의 마탄에서 남하하는 거란군 1만 명을 죽이거나 사로잡았다.

1019년(현종 10) 1월 소배압은 개경에서 100리 떨어진 신은현까지 진출했으나 현종은 청야전술을 시행하였다. 강감찬은 개경으로 내려간 거란군에 대비하여 병마판관 김종현金宗鉉의 고려군 1만 명을 신속히 그들보다 앞서 보내 방어하였고, 동북면병마사도 군사 3,300명을 보내 호위하였다. 이에 개경 함락이 쉽지 않다는 것을 간파한 소배압은 거짓으로 철군한다는 통지를 하는 한편 척후기병 300명을 금교역으로 보내 공격하려 했으나 현종이 고려군 100명을 보내 야간에 기습하여 섬멸하였다. 이렇게 되자 소배압은 더 이상 개경을 공격하지 못하고 회군하였고, 연주, 위주에서 강감찬의 공격을 받아 거란군 500여 명이 죽임을 당했다. 2월에 거란군이 귀주를 지나자 강감찬은 동쪽 들판에서 맞서 싸웠다. 승패가 결정되지 못하는 가운데 김종현의 군대가 달려와 전투에 참여하면서 거란군은 대패하여 석천을 거쳐 반령으로 도망하였고, 반령에서 강민첨 군대의 공격을 받아 다시 패배하여 살아서 돌아간

● 낙성대공원 강감찬동상(서울 관악구)

자가 수천 명에 불과하였으며 고려는 대승을 거두었다.

강감찬이 3군을 이끌고 개선하자 현종은 직접 영파역에 나와 그를 맞이하였고 금으로 만든 꽃 여덟 가지를 직접 머리에 꽂아 주었다. 전쟁에서 승리한 이후 고려는 거란이 상국임을 인정하고 그들의 책봉을 받았으나 더 이상 침략을 받지 않았고, 고려의 변경에서 거주하던 많은 거란족이 귀부해 왔으며, 동아시아 국제사회에서 고려의 위상도 높아져 거란, 송, 고려의 다원적 국제질서가 형성되었다. 이러한 국제관계의 안정을 바탕으로 내치가 이루어져 국왕을 중심으로 하는 관료제도의 운영이 정상적으로 이루어졌고 왕실과 지배층이 안정되어 차츰 문벌이 형성되는 배경이 마련되었다.

강감찬은 전쟁을 승리로 이끌었던 공로로 문하시랑동중서문하평장사門下侍

• 낙성대 삼층석탑(서울 관악구)

郎同中書門下平章事에 임명되었고 추충협모안국공신推忠協謀安國功臣에 책봉되었으며, 1020년(현종 11)에 73세의 나이로 은퇴하였다. 은퇴 후에 강감찬은 거란과의 전쟁에서 개경 방어가 쉽지 않았다는 점을 상기하며 현종 초반에 이미 논의가 있었던 나성의 건립을 다시 건의하였다. 이에 현종은 왕가도를 시켜 나성을 건축하였고, 이 공로로 강감찬은 문하시중에 임명되었다. 강감찬은 오랫동안 개경의 양온동에서 살았으나 은퇴 후에는 성 남쪽의 별장에서 생활하였으며, 1031년(덕종 즉위) 84세로 사망하였고, 현종의 묘정에 배향되었다.

제3강

고려 말의 은둔 선비, 둔촌 이집

둔촌동역

류주희(국사편찬위원회 편사연구관)

제3강 고려 말의 은둔 선비, 둔촌 이집

둔촌동역

이집의 생애와 둔촌동의 지명 유래

서울시 강동구 둔촌동의 지명은 고려 말 이곳에 은거했던 이집李集의 호, 둔촌遁村에서 유래했다. 둔촌동은 조선시대 경기도 광주목에 속하였으나, 광복 후인 1963년 서울특별시 행정구역 확장에 따라 서울에 편입되어 둔촌동이 되고, 1979년에 강동구가 신설되면서 강동구에 편입되었다.

지금으로부터 50여 년이 채 안 되는 시기에 둔촌동은 상전벽해의 변화를 겪어 금싸라기 지역이 되었지만, 본래 이곳은 밖둔굴·안둔굴·아랫말·약수터 등의 자연부락으로 이루어진 농촌이었다. 자연부락은 주로 산과 하천을 경계로 구분되는데, 둔굴을 중심으로 안동네와 바깥동네로 나뉠 정도였으니, 이 지역에서 둔굴은 그만큼 중요한 위치에 있었던 듯하다.

《서울지명사전》을 살펴보면 "고려 말 이집이 신돈辛旽의 박해를 피하여 이곳에 은거하며 호를 둔촌이라 하였으므로 둔굴로 불리었다."라고 서술되어 있다. 이집이 신돈의 칼날을 피하여 도망하는 상황은 매우 급박하였다.

• 둔촌동 일대 전경(1979)

그때의 정황에 대해 목은 이색李穡은 이집을 위해 지은 〈둔촌기〉에서 다음과 같이 생생하게 기록한다.

> 늙은 어버이와 어린 자식들을 업고 안고 이끌면서 낮에는 숲속에 숨고 밤에는 비와 이슬을 무릅쓰고 험한 산골 속을 걸으면서 쫓는 이가 뒤에 따라올까 두려워하여 숨을 죽이고 처자식들에게 경계하여 감히 소리조차 내지 못하게 하였으니 역시 그 도망은 참혹하였다.

추격자에게 들킬까봐 숨소리조차 못 내고 숨어 도망치는데 혼자 몸이라면 그나마 견딜만한데 늙은 어버이와 어린 자식들까지 함께 도망가야 했으니

• 이집이 머물렀다던 둔촌동 둔굴(서울 강동구)

보통 사람이라면 중도에 포기하고도 남을 일이었다. 이색과 같은 당대의 저명한 학자도 "이 정도로 참혹한 도망은 마땅히 꿈에도 놀라고 깨어서도 놀랄 것인데 바야흐로 의기가 양양하여 안으로는 몸이 즐거워하고 밖으로는 남에게 자랑하니 이집은 참으로 비상한 사람이다."라고 혀를 내두르고 있다. 이색이 〈둔촌기〉에서 이집이 도망하는 상황을 생생하게 기록할 수 있었던 것은 바로 이집이 그 때의 정황을 자랑하듯이 펼쳐놓았기에 가능하였던 것으로 보인다.

그런데 이집이 늙은 어버이와 어린 자식을 업고 안고 여러 날 걸려 도망친 피난지는 둔촌동의 둔골이 아니라 경상도 영천永川에 있는 동년인 사간 최원도崔元道의 집이었다. 그러므로 《서울지명사전》의 "고려 말 이집이 신돈의 박해를 피하여 이곳에 은거하며 호를 둔촌이라 하였으므로 둔굴로 불리었다."라는 서술은 정확하게 고증을 거칠 필요가 있다.

《한국향토문화전자대전》이나 《한국민족문화대백과사전》 등에 따르면, 이집은 경상도 영천에서 4년간 은신 생활을 하다가 신돈이 주살되자 개경으로 돌아와서는 판전교시사判典校寺事에 등용되었다. 그런데 이집은 정치 모순에 반발하다가 어려움을 만난 데 따른 반성으로 판전교시사에 임명되자마자 곧바로 관직 생활을 단념하고 귀거래를 표방하며 여주와 광주 등지에서 은둔 생활에 돌입한 것처럼 서술되어 있다.

이러한 기록에 따르면, 이집이 관직 생활을 단념하고 세상을 피하여 은거하기로 마음을 정한 것은 1371년(공민왕 20)의 일로 보인다. 이때 그의 나이 45세에 불과하여 아직 관료로서의 성취를 단념하기에는 이르다고 할 수 있다. 그가 은둔을 택하였을 무렵에 고려 지배층에는 죽림칠현竹林七賢과 같은 현실도피적인 청담淸談 사상이나 도연명 등의 은일隱逸 사상이 크게 유행하지 않았다. 이런 점 때문에 둔촌 이집이 한창 활동할 시기에 은둔 생활을 택한 모습은 당시의 일반적인 흐름과는 다른 점이 있다.

한편으로 그의 문집인 《둔촌유고》의 시문들을 통해 행적의 단면을 추적해 보면, 1371년 이후에도 이집의 관직 생활이 나타난다. 1374년(공민왕 23)에는 경상도도순문사 전녹생田祿生의 막하에 있으면서 합포合浦에 출전하였다. 이때 이집은 병마부사(정4품)일 가능성이 높은 것으로 여겨진다. 그 후 여주 천녕현에 있는 도미사道美寺에서 병으로 상당 기간 요양하였으며, 1381년(우왕 7)에는 판전교시사에 올라 이듬해 3월까지 재직하였던 것으로 나타난다. 이후에 관직 생활을 단념하고 다시 여주 천녕으로 거처를 옮기는데 이때 그의 나이 55세였다. 이집은 주로 천녕에 거주하면서 개경에도 잠시 머무르기도 하였으나, 생을 마칠 무렵에는 광주로 거처를 옮겼던 것으로 보인다.

그렇다면 이집이 과연 1371년(45세)에 관직 생활을 단념하고 은둔 생활을 시작한 것인지, 아니면 1381년(55세)에 관직 생활을 마감하고 천녕으로 낙향한 것인지, 어느 연대가 정확한지 믿을 수가 없다. 《한국향토문화전자대전》이나 《한국민족문화대백과사전》 등에는 신돈이 주살된 후 개경으로 돌아와 판전교시사에 임명되었으나 곧바로 사직하고 은둔한 것으로 기록되어 있다. 또한 《동국여지승람》에는 그가 조선 왕조에 들어와 벼슬을 한 것으로 잘못 기록되었던 것이 1611년(광해군 3) 그의 8대손인 영의정 이덕형李德馨에 의해 바로잡히기도 한다. 이러한 오류는 이집의 생애와 관직 생활에 대한 자료가 거의 남아 있지 않은 데에 연유한 듯하다.

이러한 사실에서 이집의 은둔 생활이 어느 시점에서 시작되었다고 단정할 수는 없겠지만, 이집이 은둔 생활을 결심한 것은 1377년(우왕 3) 전후가 아닐까 생각해 볼 수 있다. 이집이 은둔 생활을 결심하고 호를 둔촌으로 바꾸면서 호를 바꾸는 이유를 설명하고 있는 것이다.

> 내가 황야에 도망하여 취성鷲城의 당화를 피하였으니, 그 고생스러운 형상은 미련한 사람이라도 듣고 실색하지 않을 수 없을 것이다. 비록 그러하나 내가 오늘까지 살아온 것은 둔遁의 힘이다. …… 지금 이미 이름과 자를 다 고쳤으니 내가 다시 처음이 된 것이다. 둔이 나에게 덕 된 것을 장차 내 생이 다하도록 잊을 수 없다. 이에 내가 있는 곳을 둔촌이라 하였으니 그 둔의 덕이라 생각하는 까닭이다.

관직에서 물러난 후 이집은 곧바로 여주 천녕현川寧縣으로 물러나 독서를 즐기고 당대의 학자들과 교유하며 세월을 보냈다. 이 무렵 당대 인사들과 주고받은 시들이 매우 많은데, 이집은 처음에는 한강 물가에 있었던 천녕의 도미사에 거주하다가 나중에는 근처에 작은 집을 지어 거주하였던 것으로 보인다. 그러나 천녕에서 몇 년을 거주하지만 고향과 같은 편안함을 느끼지는 못하였던 듯하다. 여전히 고독과 향수를 노래하기도 하고, 타향살이의 슬픈 감정을 묘사하기도 하였다. 그가 세상을 떠나기 2년 전인 1385년에는 광주 집에서 지은 시를 정도전에게 보내고 있는데, 이는 그가 이 무렵에 고향인 광주에서 거주하고 있었음을 말해준다. 광주 집은 이집의 고향집을 가리키는데, 이곳에서 그가 오래 거주하였기 때문에 둔촌동이라는 지명이 유래된 것으로 여겨진다.

● 둔촌 이집 묘역(경기 성남시)

이집이 은둔을 택하게 된 시대 배경

이집은 1347년(충목왕 3)에 국자감시에 합격하고 1355년(공민왕 4)에 병과 제7명으로 합격하였다. 29세의 나이에 과거에 합격한 이집은 1381년 55세로 은둔하기까지 거의 25년 여간 관직생활을 한 것으로 보인다. 이 시기는 대내외적으로 급격한 변화를 겪으며 왕조가 교체되는 시대적 전환기였다. 때문에 국가와 사회 전반적으로 매우 어렵고 고통스러운 시기이기도 하였다.

유학을 공부한 학자로서 과거를 통해 관직에 나아가 국정에 참여하는 것은 학문을 하는 목표이자 이상과 포부를 실현하는 일이다. 그러나 세상에 나아가 벼슬을 하는 데에는 천하에 도가 행해지고 있어야 한다는 전제조건이 따른다. 국왕이 무도하고 정상적인 도가 행해지지 않을 때에는 세상을 피해 은둔을 택해야 한다. 이러한 시기에는 관직에 나아가더라도 자신의 이상을 실현할 수 없는데다가 오히려 세상에 악이 행해지도록 협조하는 것이 되기 때문이다. 그러므로 위태로운 나라나 어지러운 시기에는 관직에 나아가서는 안 된다. 이러한 시운時運은 군자가 스스로 만들어 낼 수는 없기 때문에 군자의 출처는 시운에 달려 있다고 하였다. 이집이 "벼슬을 하는 것이나 초야에 은둔하는 것이나 모두 천명에 달렸다."라고 한 것은 바로 시운(천명)에 따르고자 하는 군자의 자세를 보여준다고 하겠다.

이집이 관직생활을 시작할 무렵 공민왕은 고려의 독자성과 왕권을 강화하려는 반원 개혁정치를 본격화하고 있었다. 25명에 달하는 부원세력을 숙청하는 것으로 시작하여 원의 연호를 폐지하고 관제官制를 복구하였으며 쌍성총관부를 탈환하는 등 일련의 반원 개혁을 단행하였다. 이 시기 성리학을 적극 수용하여 유교적 정치이념을 내세우며 관료로 진출한 유신儒臣들은 개혁 추진을 적극 지지하였다. 원나라의 정치 간섭과 경제적 수탈 속에서 고려의 자주성을 유지하고 전통적 체제를 회복하는 것은 이 시기 사대부들의 최대 관심사였다. 이집 또한 당대 신진 관료로서 공민왕의 개혁정치에 지지를 보냈을 터였다. 고려 사회 전반적으로 개혁정치가 추진되면서 태평성대를 기대할 수 있다는 열망까지 품었을 수도 있다.

그러나 여전히 고려 사회에서 원나라는 무시할 수 없는 존재였고, 공민왕의 개혁 정책은 순탄하지 않았다. 공민왕의 반원 개혁정치는 원나라의 간섭, 국내 기득권 세력의 반발 등에 의해 계속 좌절되었다. 특히 1359년(공민왕 8)과 1361년의 두 차례에 걸친 홍건적의 침입과 왜구의 전국적 출몰은 고려 사회를 전쟁 상황으로 몰고 갔으며, 비상 계엄령이 자주 내려졌다. 그 속에서 계속되는 가뭄과 관리들의 가혹한 수탈은 백성을 파탄 지경으로 몰고 갔으며, 국왕에 대한 신뢰와 희망도 약해져 갔다.

이와 같은 혼란의 와중에서 유교적 왕도정치를 추구하는 신진 관료들은 그들의 정치이념을 구현하기 어려웠다. 특히 공민왕은 초기의 개혁정치가 실패한 책임을 세신대족世臣大族과 신진 유생 등에게 물었다. 이에 승려 출신인 신돈을 등용하여 기득권 세력을 억제하고 민생 문제를 해결하기 위한 개혁정책을 펼쳤다. 신돈의 개혁은 처음에는 사대부나 백성들로부터 지지를 받았지만, 집권이 장기화하면서 권세를 부리고 악행을 저질러 비판을 받게 된다. 이때 이집 또한 신돈을 비판하였다가 영천으로 피신하여 신돈이 숙청된 후에야 다시 개경으로 돌아올 수 있었다.

개경으로 돌아온 후에 이집은 원령元齡이라는 이름을 집集이라고 고치는데 이는 과거의 자신을 쇄신하고 새 출발을 다짐하는 뜻이었다.

> 내가 오늘 서울에 들어와서 친구들과 모이니 어렴풋이 꿈꾸다 깨어난 것 같고 죽었다 살아난 것 같다. 실로 내 몸이 다시 살아난 것이다. 몸이란 이름이 붙어 있기 마련인데 지금 다시 살아난 마당에 이름만 어찌 옛 이름 그대로 할 수 있겠는가. 내 이름이 원령이었는데, 이제 집으로 고치고 자는 호연浩然이라 하였다.

몸이 죽었다 다시 살아난 것 같다고 할 정도로 이집은 4년 동안 모진 고초를 겪으면서 자신의 행동을 되돌아보며 많은 회한을 품었다. 그리고 다시는 전날의 실수를 반복하지 않겠다는 뜻으로 이름을 바꾸고 다시 살아났다는 재생再生의 의미를 강조하였다.

이집은 1371년(공민왕 20)에 개경으로 돌아와 이름을 바꾸고 새 출발을 다짐하기도 하지만, 공민왕 말년의 퇴행적인 모습, 출신이 문제가 된 우왕의 즉위 과정 등을 지켜보면서 관료로서의 성취를 단념하고 은둔을 택하게 된 것으로 보인다. 부귀한 것보다는 학문을 통한 도덕의 수신을 더욱 중요시하여 벼슬에 연연해하지 않은 것이다. 이에 이집은 관직 활동을 통하여 정치적으로 커다란 성공은 거두지 못하였으나, 이집의 성리학적 이념을 근간으로 하는 실천성은 당대 사대부들로부터 존경과 신망을 받았다. 정몽주는 "둔촌은 세속을 초월하여 고결한 경지에 있으니 세상 사람이 미칠 바가 아니다."라고 하였으며, 정도전은 "이집은 의리있는 선비이다."라고 단언하였다.

이렇듯 이집의 은둔은 당대 사대부들에게 유교적 명분과 실천성을 갖는 의리로서 받아들여졌다. 이집과 마찬가지로 당대 사대부들은 공민왕과 우왕 때의 고려 사회를 정상적인 도가 행해지는 시기로 보지 않았다. 그럼에도 그들은 성리학적 정치이념을 토대로 개혁의 물결을 일으키며 사회를 변혁시키고자 노력하였다. 이집이 이들과 흐름을 달리하게 된 배경에는 4년이라는 시간적, 공간적 분리가 작용한 듯하다. 개경으로 돌아왔다고는 하나 급박하게 돌아가는 정세와 혼란스러운 상황에 적응하지 못한 것이다. 이집과 교유하던 사대부들 또한 그의 처지를 안타까워하면서도 그를 국왕에게 천거하거나 관직에 복귀하도록 애썼던 것 같지는 않다. 이에 이집 또한 호연지기浩然之氣의 호연浩然을 자로 삼으면서 의롭게 살려고 노력하였다. 의롭지 않은 혼란한 시대에 벼슬자리를 탐하여 아첨하는 것은 뻔뻔스러워 얼굴을 차마 들 수 없기 때문에 오히려 벼슬에서 물러난 스스로를 대견하게 여겼다.

공자는 위태로운 나라에는 들어가지 말고, 혼란스러운 나라에는 머무르지 말며, 천하에 도가 있으면 세상에 나아가 벼슬하고 도가 없으면 숨어 살아야 한다고 가르친다. 또한 나라에 도가 있으면 가난하고 천한 것이 부끄러운 일지만 무도無道하면 부귀한 것이 오히려 수치스러운 일이라고 여겼다. 이집은 유학을 공부한 학자로서 세상에 나아가고 물러날 때를 정확히 이해하고 있었으며, 자신이 살고 있는 시대를 무도한 세상으로 파악하였던 것으로 보인다.

이집의 은둔과 애민 사상

둔촌 이집의 생애는 은둔을 빼놓고 이야기할 수 없다. '둔遁'을 생활신조로 삼아 곤궁한 생활 속에서도 지조를 굽히지 않았으며 그 때문에 칭송을 받았다. 그런데 이집의 은거는 혼란과 역경의 시대에 은인자중하며 새로운 때를

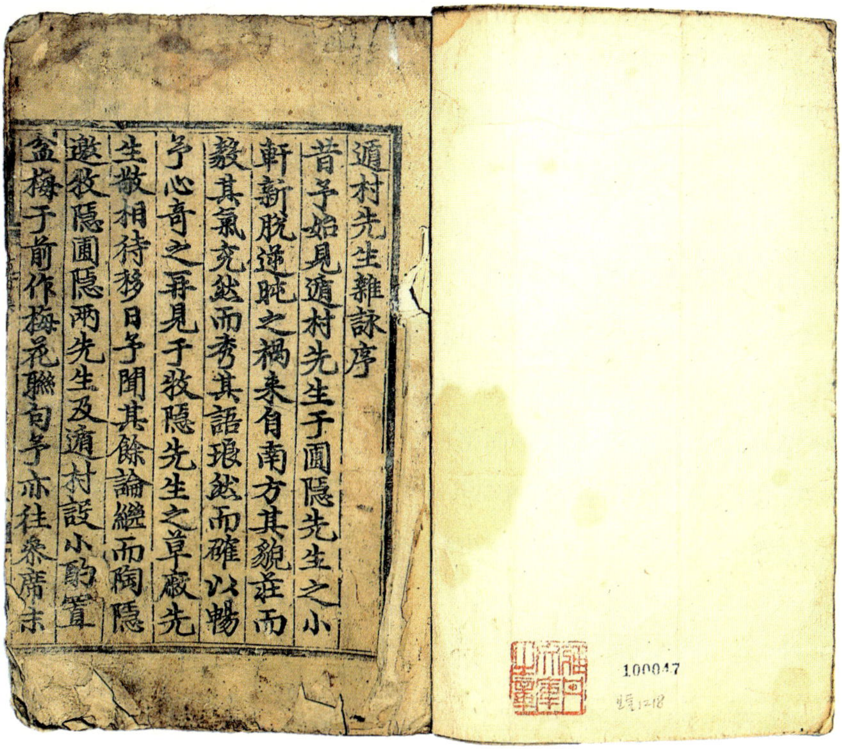

遁村先生雜詠序
昔予始見遁村先生于圓隱先生之小
軒新脫逆旽之禍來自南方其貌莊而
毅其氣充然而秀其語琅然而確以暢
予心奇之再見于牧隱先生之草廬先
生敬相待移日予聞其餘論繼而陶隱
邀牧隱圓隱兩先生及遁村設小酌置
盆梅于前作梅花聯句予亦往參席末

• 〈둔촌잡영〉

기다리는 성격도 있지만, 당시 이집과 뜻을 같이하던 신진사대부들의 일반적인 성향과는 다른 점이 있다. 이집이 은둔을 택하던 시기에는 현실도피적인 사상이 유행하지도 않았으며, 절의를 지키고자 은둔을 택하는 사회적 분위기도 없었다. 오히려 신진사대부들은 적극적으로 정치에 참여하며 고려 사회가 처한 위기를 타개하기 위해 노력하였다. 게다가 1388년 위화도회군 전까지는 역성혁명이 표면화되지도 않았다. 그러므로 고려 왕조에 대한 충절이나 임금에 대한 절개를 내세우며 은거를 택할만한 이유가 없었다. 따라서 이집의 은거는 매우 특별하고 예외적이다.

이집은 은둔을 표방하면서 "자신이 황야에 도망하여 취성의 당화를 피하였으니, 그 고생스러운 형상은 비록 미련한 사람이라도 듣고 실색하지 않을 수 없을 것이다. 비록 그렇지만 내가 오늘까지 살아온 것은 둔의 힘이다."라고 하면서 은둔을 실천하겠다는 의지를 표명하였다. 호를 둔촌으로 바꾼 연유에 대해서도 둔이 자신에게 덕이 된 것을 장차 생애를 마칠 때까지 잊을 수 없기 때문이며, 또한 그 위험에서 나와서 위험을 잊지 않는다는 뜻을 붙여서 스스로 힘쓰고자 한다고 밝혔다.

둔촌 이집은 고려 사회에 성리학이 정착하기 시작하던 시기에 이색李穡·정몽주鄭夢周·이숭인李崇仁의 3인을 비롯하여 김구용金九容·권근權近·길재吉再·정도전鄭道傳 등과 두터운 교분관계를 맺으며 우리나라 성리학 정착에 공헌하였다. 이들 대부분은 1367년(공민왕 16)에 성균관이 중영되고 이색이 성균관 대사성이 되었을 때에 학관이었던 사람들이다. 이집은 이들과 친분관계를 유지하면서 성리학에 깊이 심취하였으며 성리학에 조예가 상당히 깊었던 것으로 나타난다.

고려 후기 성리학자들은 구차하게 자기 한 몸의 영달만 위하는 것이 아니라 대개 배운 것을 정치에 실현하는 것을 자신들의 책임과 역할로 파악하였다. 이집 또한 부귀한 것보다는 학문을 통한 도덕의 수신이 중요하다고 여겼다. 고려 후기 성리학은 고려 사회가 처한 현실 속에서 형이상학적이거나 철학적인 면보다는 실천적이고 윤리적인 측면을 강조하였다. 그리하여 신진사대부들은 충과 효라는 유교 윤리의 바탕 위에 관료 혹은 지배층으로서 가져야 할 유교적 도덕규범을 제시하였다. 이집 또한 충과 효의 유교 덕목을 몸소 실천하였다. 이집의 이러한 실천성은 어지러운 정국을 비판하다가 어려움을 겪는 속에서도 노부에게 효성을 다하는 모습에서 찾아볼 수 있다. 한편으로 이집은 "공도公道란 본디부터 올바르고 굽지는 않는 법, 조정에서 그 어찌 나랏일 그르치리."라고 하며, 성리학의 실천윤리를 현실사회에 구현하고자 노력하는 사대부 관료로서의 책임의식을 드러낸다. 그리고 이와 같은 이집의 성리학에 기반한 실천윤리는 당대 모든 학자들로부터 높은 존경을 받았다.

이집은 은둔의 모범으로 도연명陶淵明을 손꼽으며, 도연명처럼 자신을 지키고자 사회나 현실과 가까이하지 않으려 하는 뜻을 여러 편의 시에서 읊고 있다. 그러나 이집이 행한 은둔은 세상을 등져서 사회와 격리된 삶이 아니다. 사대부로서 이집은 사회와 동떨어져 있지 않았으며, 사회 현실에 끊임없이 관심을 두고 있었다. 은둔 생활을 지향하며 어지러운 세상에서 벗어나고자 하였지만, 수수방관하지 않았던 것이다. 이는 사대부의 은둔은 바로 현실사회의 모순에 대한 저항이면서 한편으로 세상 사람들을 깨우치는 무언의 호소였기 때문이었다.

그리하여 이집은 은거를 표방하면서도 개경에 머무르기도 하였다. 이는 군자의 도는 드러나면서도 은미하기 때문에 이름이 둔遁, 은隱인 사람은 몸을 감추면서도 세상에 쓰이는 용用이 있어야 한다는 중용의 사고와 연관된 것이었다. 이집은 관직에 나아가거나 자연에 은둔하는 출처를 표리관계로 파악하였다. 곧 정치 모순에 반발하다가 어려움을 만난 데 따른 반성으로 귀거래를 표방하였으나, 은둔 중에도 계속적으로 사회 현실에 관심을 두고 있었다. 그는 은거하면서도 사회 현실에 끊임없이 관심을 두는 한편으로 관직에 있으면서도 은사隱士로서의 자세를 버리지 않았던 것이다. 이러한 그의 중용적 사고는 그의 시에 잘 드러난다. "영흥이 서울에서 얼마나 떨어졌는가. 문득 선생이 이름 숨긴 것을 부러워하네." 하며 은둔 생활을 부러워하면서도 한편으로는 "도연명이 일찍 귀거래했으니, 응당 초은편招隱篇이 있으리라." 하며 은연중에 세상에 대한 미련을 버리지 못하는 모습을 토로하기도 하였다. 이 때문에 스스로도 생애를 마칠 무렵까지 은거를 제대로 실현하지 못했다고 느끼기도 하였지만, 지속적으로 은둔을 지향하며 자연 속에서 삶의 안정을 찾으려고 노력하였다.

이집은 은둔 생활을 추구하였지만, 시사時事에 끊임없이 관심을 두었다. 은둔하면서 어느 정도 관조적인 입장에서 세상을 바라보았지만, 사회 현실의 모순을 수수방관하는 모습을 보이지는 않았다. 그는 계속해서 사회 현실에 관심을 두고 있었으며 애국·애민 사상을 토로하고 있다.

이집은 고려 말의 어지러운 정치상황에 대해 비판적이었다. 당시 고려는 사회 전반의 모순으로 백성의 삶이 어려웠으며, 대외적으로는 왜구의 침입이 극성하여 직접적 피해를 받은 백성은 더욱 참담한 지경에 내몰렸다. 공민왕 때부터 본격화된 왜구의 침입은 우왕 때에 더욱 악화되어 1377년(우왕 3)부터 1380년까지 4년 동안 고려 사회에 가장 극심한 피해를 입혔다. 이집 또한 왜구를 피하여 도미사에 은거하기도 하였다. 이집은 백성이 겪는 현실적 삶의 고통을 자기의 아픔으로 인식하고, 고통 받는 백성에게 용기를 북돋우는 것도 잊지 않았다.

한편으로 이집은 지배층의 위정에 각별한 관심을 기울이고 그들의 실정失政을 비난하면서 국가의 안위를 걱정하였다. 남한강변에서 꽃놀이하는 벼슬아치들을 '미친놈들'이라고까지 비난하며, 백성의 삶이 힘들어진 이유를 위정자의 잘못에서 찾고 있다. 그러나 "서생書生이 분통을 터뜨린들 끝내 무엇에 쓸 것인가."라고 하며 사대부들의 개혁안들이 위정자들에게 수용되지 않은 현실을 비판하기도 하였다. 지방에 거주하여 백성의 참혹한 삶을 직접 목도하면서 이집은 백성의 삶을 지켜주지 못하는 국가의 존립 의의를 회의적으로 바라보았다. 나라 운명의 성하고 쇠함과 하늘과 백성의 마음이 이합離合하는 기틀은 정치에 달려있는데, 이집이 본 위정자들의 모습은 정치를 위해 고민하고 있지 않았다. 고려가 처한 여러 문제를 해결하려는 자세는 보이지 않고 무사안일과 향락만을 추구하는 모습만 나타난 것이다. 그리하여 고려 왕조는 이집이 예견한대로 결국 멸망의 길에 들어서고 말았다.

둔촌 이집의 생애와 불우한 관직 경험은 후손들에게 어떤 교훈을 남겼을까? 한편으로 그의 은둔이나 애민 사상은 후손들에게 어떤 영향을 주었을까? 광주 이씨는 이집 이후 번영을 계속하여 조선시대에는 최고의 양반가문 형세를 이루었다. 이집의 세 아들이 등과한 후에 다시 그 아들 셋이 모두 과거에 급제하였고, 그 후손들도 대대로 등과하여 영의정을 비롯한 고위 관직을 휩쓸었다. 또한 '5형제 등과', '4인 등훈', '광이 8극 시대' 라는 등의 말이 있을 정도로 광주 이씨는 조선 초기 대표적인 훈구 가문으로 번성하였다. 고려 말 사대부들에게 은둔이 일반화되지 않았을 때에 특별하게도 은둔을 선택한 둔촌 이집의 후손들이 조선 왕조에서 관료로서 커다란 성취를 이루고 문벌 가문을 형성한 것이다.

제4강

무학대사와 한양

왕십리역 · 무악재역

황인규(동국대학교 교수)

제4강 무학대사와 한양

왕십리역 · 무악재역

무학의 생애와 한양

왕십리역은 일제강점기 초인 1911년 10월 15일 '독도역纛島驛'으로 설치되었다가 1914년 4월 11일 '왕십리역'으로 바뀌었다. 현재 지하철 2호선, 5호선, 경의중앙선, 분당선의 환승역이다. 2호선 상왕십리역과 더불어 왕십리의 지명을 사용하고 있다.

무악재역은 서대문구 홍제동에 있는 지하철 3호선 역이다. 본래 모래재沙峴, 또는 안산 기슭을 따라 넘는 고개라고 하여 길마재라고도 불리다가 무학대사의 한양 천도 후 무학재, 무학현, 또는 모악현이라고 불렸다. 신라의 사찰 사현사가 있어서 모래재라고도 불리며 조선 후기 영조가 그의 부친 숙종의 능인 명릉을 이 고개에서 추모하였다고 추모현이라고도 불린다.

두 역의 이름인 왕십리와 무악재는 조선 건국 초 마지막 왕사王師였던 무학대사無學自超의 한양 천도 과정에서 연유하는 바 크다. 한양 천도의 주역은 조선 개국공신인 삼봉 정도전이라고 알려져 있다. 오늘날 전하는 서울 선바위 설화에서 보듯이 그와 대척점에 있던 무학대사가 한양 천도의 주역으로 세간에 더 많이 알려져 있다. 이 시기는 불교를 억압하고 유교를 적극 장려하는 사회였기 때문에 승려인 무학대사의 역할이 가려지거나 왜곡되었다. 신라말의 궁예나 고려 중기의 묘청, 고려 말기의 신돈도 불교사 뿐만 아니라 우리의 역사에서 가장 왜곡된 인물이다.

대사는 흔히 신라말 태조 왕건에게 왕조 창업을 제시했던 풍수지리와 도참사상의 비조로 알려진 선각국사 도선과 비견되어 술승術僧, 권승權僧으로 치부되기도 한다. 따라서 우선적으로 대사의 승려로서 참다운 모습을 이해할 필요가 있고 그와 관련된 한양 천도의 과정과, 그 가운데 등장하는 왕십리와 무악재에 대해서 살펴보고자 한다.

우리는 무학대사와 이성계가 스스럼 없이 농담을 주고받을 정도로 친하였고 그런 분위기 속에서 대사가 이성계와 뜻을 함께하여 한양 천도를 하였다고 알고 있다. 대사는 조선 왕조의 마지막 왕사이자 한국의 마지막 왕사였다. 왕사는 글자 그대로 왕의 스승이며 국사와 더불어 불교계의 최고 고승 가운데 학식과 덕망을 갖춘 대표적인 승려 중에서 선정되어 책봉되었다. 무학대사는 당대의 최고의 고승이었던 것이다.

널리 알려진 바와 같이 대사와 이성계의 인연은 꽤 오래된 듯하다. 이성계의 부친 이자춘의 묘 터를 잡아 주었다고 전하고 있으며, 이성계가 왕이 될 것이라는 해몽을 해주었다고 한다. 그 사찰이 오늘날 북한 안변의 석왕사이며, 이는 단지 이야기로만 전하는 설화가 아니다. 이러한 사실은 《조선왕조실록》에도 기록되어 있다. 이는 정도전이 이성계의 함주 막사에서 왕조의 창업을 종용한 것보다 앞선다.

그로부터 몇 년 뒤 불교계의 고승 신조神照가 군사핵심 참모로 참여하여 조선 왕조의 건국의 결정적인 계기가 된 위화도 회군이 단행되고 몇 년 후 조선 왕조가 건국된 지 몇 달 후 태조 이성계의 생일날 궁궐에서 왕사로 책봉되었다. 그만큼 이성계가 중요하게 간주하였던 승려였다.

• 석왕사

다시 무학대사의 얘기로 돌아가면, 대사의 고향은 경남 합천이지만 충남 서산이라는 설도 전하고 있다. 1344년 18세 때 송광사에 출가하고 용문산에서 당시 유행한 임제선풍臨濟禪風을 체득하였다. 이후 원나라에 유학하여 연경의 법원사에 머물고 있던 인도의 고승이며 붓다 삼촌의 108대 후손인 지공화상指空和尙과 나옹선사懶翁禪師에게 법을 사사받음으로써 삼화상의 인연을 맺었다. 1356년에 귀국하여 양산 원효암에서 나옹화상으로부터 불자를 받고 이어 송광사에서 의발을 받아 나옹의 대표적 제자가 되었다.

그 후 나옹선사와 함께 양주 회암사를 중창하여 불교의 메카로 만들어

● 통도사 삼화상 진영(나옹, 지공, 무학)

불교를 중흥하라는 지공화상의 삼산양수기三山兩水記의 유훈을 받들어 실천에 옮기고자 하였다. 하지만 당시 성리학계 신진사류의 공격을 받아 회암사의 중창은 중도에 멈추게 되고 나옹선사는 추방되어 밀양으로 가는 도중 여주에서 순교하였다. 이에 대사는 두 스승의 추모불사를 하면서 명산대찰에서 새로운 시대를 갈망하였다. 특히 앞서 언급한 바와 같이 안변 석왕사 토굴에서 이성계와 조우하여 혁명을 종용하였다. 조선 건국 직후 대사는 마지막 왕사에 책봉되어 한양 천도에 참여하면서 양주 회암사를 중심으로 한 불교계의 재편을 주도하였다.

• 양주 회암사지의 무학대사비(경기 양주시)

• 양주 회암사지 무학대사탑 앞 쌍사자 석등(경기 양주시)

대사는 한양 천도 뿐만 아니라 건원릉을 비롯한 왕실의 능침을 잡아줌으로써 오늘날 '망우리'라는 지명이 생겼고 왕실의 화합을 위해 애를 섰다. 왕자의 난 이후 함흥 일대에 머물던 이성계를 환궁케 하여 한번 가면 소식 없이 안 온다는 '함흥차사'라는 말이 전하게 하였다.

대사는 회암사에 머물면서 태종의 억불시책에 맞서 태상왕인 이성계를 종용하여 불교를 보호케 하였다. 하지만 대사가 입적한지 채 3개월도 지나지 않아 한국 역사상 가장 심한 불교 탄압 시책이 단행되어 오늘에 이르고

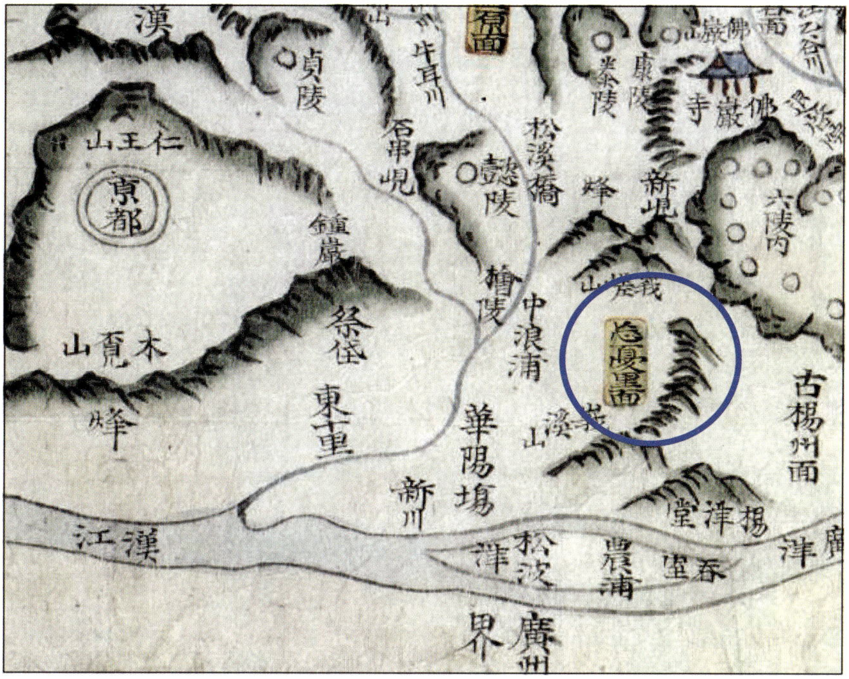

● 《광여도》 〈양주목지도〉에 나타난 망우리

있다.

대사는 8만 가지의 행함 가운데에서 젖먹이 행인 영아행嬰兒行이 제일이라고 강조하였다. 그러면서도 평상시엔 아이 같다가 안목을 갖춘 이를 만나면 화살과 칼날이 부딪치듯 버티었고 옷 한 벌과 바릿대 한 개로 겸손하여 스스로를 낮추었다. 그러나 나라에서 존숭함이 상대가 없었을 정도로 높아서 선각(禪覺, 나옹)의 적통이요, 태조의 스승이었다.

조선 후기 제2의 건국운동이라고 할 '국가재조國家再造'가 활발히 진행될 때 태조와 더불어 대사의 위상이 다시 높아져 국가 원훈이라 규정되었다. 불교계에서도 조선초이래 현재까지 스승 지공화상과 나옹선사와 더불어 최고의 증명법사로서 우리나라 최고의 삼화상이다. 현재도 대사의 진영은 신륵사, 회암사, 불암사, 금강산 백화암 등의 각 사찰에 삼화상탱으로, 통도사,

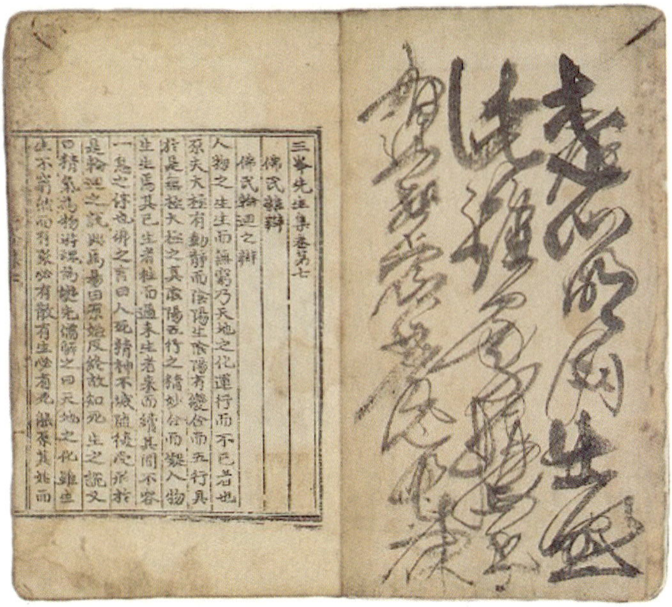

三峯先生集卷第七
佛氏雜辨
佛氏輪廻之辨
人物之生生而無窮乃天地之化運行而不已者也
原夫太極有動靜而陰陽生陰陽有變合而五行具
於是無極太極之眞陰陽五行之精妙合而凝人物
生生焉其已生者往而過未生者來而續其間不容
一息之停也佛之言曰人死精神不滅隨復受形於
是輪廻之說興焉易曰原始反終故知死生之說又
曰精氣爲物遊魂爲變先儒解之曰天地之化雖生
生不窮然而有聚必有散有生必有死能原其始而

• 《삼봉집》에 실려 있는 〈불씨잡변〉

백흥암, 선암사, 용추사, 송광사, 화장사, 백화암 등의 사찰에 봉안되어 추념되고 있다. 대사의 문도는 정도전의 《불씨잡변》에 맞서 《파사현정론》을 저술한 함허기화涵虛己和와, 기화가 대사형이라 존경했던 진산珍山 등이 있다.

이와 같이 대사는 고려말 지공화상과 나옹선사의 사상을 계승한 고승으로서 불교계를 주도하면서 조선의 국도를 정하는데 참여하여 매우 큰 역할을 하였다. 대사가 한양을 국도로 정하여 궁궐터를 잡고 궁궐을 축성하였으며, 한양 도성의 터를 잡는 등 한양 천도의 일련의 사업에 참여하여 주도적인 역할을 하였다.

이러한 사실은 야사나 설화류에서나 전해지고 있는 것일 뿐 《조선왕조실록》 등 정사나 조선 초기의 문집류에서는 찾아 볼 수 없다. 조선 후기 차천로車天輅가 지은 《오산설림》이나 이중환이 지은 《택리지》 등의 야사류에 의하면, 태조가 조선왕조를 창업한 직후 대사를 초빙하여 스승으로 삼고 곧 천도할

● 서울 북한산 신라 진흥왕 순수비(서울 종로구)

것을 묻자 대사가 인왕산을 주산으로 하는 국도의 터를 지목하였는데, 정도전이 이를 반대하고 현 청와대 뒷산인 백악산을 주산으로 하여 국도의 터를 잡았다는 기록이 전하고 있다. 또는 태조가 왕조 창업 후 대사를 시켜 한양 천도를 하도록 하였는데, 이에 대사는 삼각산(북한산) 만경대에 올라 비봉碑峰을 거쳐 백악산 밑에 도착하여 궁궐의 터를 정하였다고 한다. 삼각산 정상에 있는 비에 "무학이 잘못 찾아 이른다."는 글귀를 무학대사가 보고 길을 바꿔 지금의 청와대 뒷산인 백악산에 이르러 그곳을 국도의 터로 정하였다고 전하며, 이 비는 도선국사비 또는 무학대사관계비라고 알려져 있었다. 하지만 이 비는 조선 후기 실학자이자 최고의 금석학자인 추사 김정희가 발견하여 고증한 바에 따르면 '요승妖僧 무학이 왕심枉尋에서 여기에 왔을 때의 비碑(혹은 도선국사의 비)가 아니라 신라 진흥왕 순수비였다.

설화류에는 대사의 한양 천도에 대하여 여러가지 이야기가 전하고 있다.

● 대각국사 의천

예컨대 '왕십리이야기', '꺼망소보다 미련한 무학대사', '무학의 한양터 전설', '경복궁 터를 잡은 무학대사', '산신령과 무학', '무학대사 전설', '무학대사와 한양성(1) ~ (4)' 등이 대표적인 것들이다. 대부분 대사와 왕십리에 얽힌 설화나 국도를 정한 뒤 궁궐을 짓는 설화류 등이다.

세간에 조선왕조의 새로운 국도로 제일 먼저 선정된 곳은 계룡산 신도안이라고 알려져 있으나 이는 사실과 다르다. 고려의 개성의 궁궐인 수창궁에서 즉위한 이성계는 건국 사업으로서 제일 먼저 과제로 삼은 것 중의 하나가 국도 선정이었다. 고려시대 삼경 중의 하나인 남경의 궁궐 터(지금의 경복궁 뒤 신무문神武門 밖)인 한양이 국도 후보로 떠올랐다.

한양은 고려초 부터 선각국사 도선의 국가비보사상에 의해 중요시되었으며 고려 숙종이 즉위하자 김위제金謂磾가 도선의 밀기를 인용해 남경으로 천도를 주장한 바 있다. 김위제는 남경으로 국도를 옮기면 사해의 신령한 물고기들이 한강으로 모여들고 한경의 어룡魚龍들이 사해로 뻗어나가며, 나라 안팎의 상인들이 보물을 바치게 될 것이라고 하였다. 오늘날 '서울은 세계로 세계는 서울로'도 이를 표방한 것이 아닌가 한다.

최근의 연구에 의하면 문종의 아들인 대각국사 의천도 주전론 등 사회경제 개혁을 위해 한양 천도를 주장하였다고 한다. 고려 후기 고종대 이후 불교도 사이에서는 당시 양주인 한양이 국도로 떠오르고 있었다. 즉, 양주 땅인 아사달에 새로운 궁을 짓게 되면 나라의 운명을 800년 더 연장시킬

• 왕십리 일대(1891)

수 있다는 아사달阿斯達, 阿思達 신앙이 감돌고 있었으며, 고려 말까지 계속되고 있었다. 《고려사》에 의하면 한양은 본래 양주의 남쪽부분으로서 우왕대 삼소三蘇 중에 좌소左蘇가 회암檜巖이라는 설이 제기되는 등 중요한 곳이었으며, 공민왕대에 왕사와 국사였던 태고보우도 한양 천도를 주창하였으나 실현되지 못하고 말았다. 결국 무학대사가 조선왕조의 건국에 참여하면서 한양 천도는 결실을 맺기에 이르게 된다. 후술하는 바와 같이 무학대사는 스승 지공의 유훈을 받들어 삼산양수三山兩水의 땅인 양주 회암사를 불교 본산의 터로 정하고 그의 스승 나옹선사와 불교를 흥성시키고자 하였으나 실패하였다. 조선 건국 직후 왕사가 되어 회암사를 자신을 포함한 삼화상 도량으로 삼고 한양을 중심으로 한 불교계의 재편를 통해 불교를 중흥하고 하였던 것이다.

• 계룡산 신도안에 남아 있는 주춧돌들(충남 공주시)

한양 천도와 왕십리

한양 천도는 크게 계룡산, 무악, 한양 천도로 나누어 진행되었다. 태조는 1392년 8월 13일 도평의사사에 한양 천도를 명하고 궁실을 고쳐 짓도록 하여 최초의 국도 후보지를 한양으로 선정하였다. 그해 11월 27일 정당문학 권중화權仲和가 충청 · 경상 · 전라도에서 왕실의 태실묘의 땅을 관찰하고 1393년 2월 2일 개경으로 돌아와 전라도 진동현의 산수형세도와 충청도 계룡산의 도읍도를 작성하여 태조에게 바쳤다. 이것을 계기로 1393년 1월 19일 태조는 여러 신료들과 함께 개경을 출발하여 계룡산으로 향하였고, 도중에 회암사에 머물고 있던 대사와 동행하였다. 대사는 태조 및 여러 신료들과 함께 1393년(태조 2) 2월 8일 계룡산 아래에 도착하였다. 다음날 계룡산에 올라서 그 일대를 살폈다. 계룡산 국도의 터는 충남 논산군 두마면 부남리 석계리 일대 계룡산 남쪽에 있으며 신도新都안 혹은 신도내新都內라 불리고 있다. 신도안은 사방 10km 정도 되는 산과 평야 지대로 신도안의 장터를 중심으로 서북쪽에 대궐 터가 있다. 이 대궐 터에 태조가 천도를 위해 준비해 놓았다는 주춧돌 94개가 있는데, 이 가운데 2개는 파손되어 있다. 대사가 "불종불박佛宗佛朴"이라 쓴 주춧돌도 몇 개 있다고 한다.

그 후 2월 11일 현재 육군 본부가 들어선 신도안 중앙의 언덕에 다시 올라가 그 일대를 살펴 보았다. 대사는 한 달 남짓 태조와 동행하면서 계룡산 등을 비롯한 국도 후보지에 대하여 보고를 받았으나 은연중에 계룡산이 국도로서 부적당하다고 하였다. 대사는 계룡산이 국도로서 적합하지 못하다는 것을 이미 알고 있었다.

이와 관련된 설화류에서는 다음과 같이 전하고 있다. 즉, 대사를 비롯한 여러 신료들의 간청에 따라 태조가 계룡산에 국도로 정하려고 하였다. 어느 날 하늘에서 "이 곳은 너의 땅이 아니니, 너는 한양으로 가거라."라고 하여 궁궐 공사를 중단하였다고 한다. 이와 같이 설화류에서는 대사가 권유하여 태조가 계룡산을 국도의 터로 정하려 하였다거나 신도의 공사를 그만두게 된 것은 하늘의 계시에 의한 것이라고 하였다.

계룡산의 지세를 살피는데 동참하여 한 달 남짓(1월 19일부터 2월 24일까지) 소요되었지만 실제로 대사가 머문 것은 5일이며 이후 떠났다.

계룡산 신도안이 국도로 선정되어 그 해 3월 1일부터 12월 11일까지 신도의 공사가 진행되었으나 경기도 관찰사 하륜河崙이 계룡산 일대가 국도의 터로서 적당치 않다고 주장하자 궁궐 공사는 중지되고 말았다. 하륜은 계룡산이 중앙에서 벗어나 남방에 치우쳤으며, 게다가 풍수지리적으로도 결함이 있었기 때문에 계룡산 일대는 국도로서 부적하다고 하였다. 하륜의 주장에 따라 무악毋岳 일대가 국도 후보지로 떠올랐으나, 야사 및 설화류에서는 무학대사가 왕십리에서 국도의 지세를 살폈던 것으로 전하고 있다.

설화류에 의하면 무학대사는 계룡산에서 한양으로 올라와 현재의 왕십리 일대의 지세를 살피고 그곳을 국도의 터로 정하려 하였다. 마침 소를 몰고 가던 노인이 그곳에서 10리를 더 가서 국도의 터를 잡으라고 깨우쳐 알려주어 현재의 자리를 국도 터로 정하게 되었다. 여기서 소를 몰고 가다가 길을 안내한 노인은 바로 우리나라 풍수지리의 비조라고 알려진 선각국사 도선의 후신이라고 전한다.

이러한 내용과 비슷하지만 소를 몰고 가던 노인의 가르침이 아니라, 무학대사가 선각국사 도선이 왕십리에 묻어 둔 비석을 직접 발견하여 비문의 "요승 무학이 잘못 찾아 여기에 이르러러 십리를 더 간다妖僧無學 枉尋于此 往十里" 라는 가르침대로 10리를 더 가서 국도의 터를 잡았다고 하는 설도 있다. 혹은 대사가 왕십리에 있는 무학산舞鶴山, 無學山에 올라 국도의 후보지인 왕십리 일대를 살폈다고도 한다. 무학산은 대사와 관련해서 생긴 이름이다.

여하튼 설화류에서 노인이 무학대사에게 10리를 더 들어가라고 일러준 곳은 갈 '왕往' 자와 십리十里를 써서 왕십리라고 불렀다고 한다. 한편 왕십리라는 지명이 대사가 처음에 잘못 찾았다고 하여 '왕심枉尋'이라 불러온 데서 연유한 것이라는 설도 있다. 오늘날 성동구 하왕십리 무학산 청련사青蓮寺는 대사가 중건하였으며, 그 인근에 대사가 수도하던 바위 터가 있었다고 전하는 사실도 대사와의 관련성을 뒷받침해 주고 있다.

그리고 왕십리는 도성으로부터 10리 떨어진 거리에 있었기 때문에 동대문구 답십리踏十里와 같이 왕십리라는 동명이 생겼을 것이다. 따라서 대사가 왕십리를 국도의 터를 잡으려 하였다 전하는 사실은 개연성은 있으나 현재로서는 액면 그대로 믿기 어려우나 대사가 국도 후보지의 지세를 살피는 가운데 한양의 터전으로 왕십리를 염두에 두었을 개연성은 있어 보인다.

한양 천도와 무악재

계룡산 신도안이 국도후보지로 부적절하다는 신료들의 의견이 있게 되자 태조는 하륜에게 서운관에 소장한 비록秘錄을 주고 새로운 국도의 터를 물색하라고 하였다. 그러자 하륜은 다음 해인 1394년(태조 3) 2월 18일 좌시중

• 한말의 무악재(좌)와 무악재 도로공사(1960, 우)

조준趙浚과 영삼사사 권중화權仲和, 서운관 관원 등과 함께 《지리비록촬요地理秘錄撮要》를 가지고 가서 무악母岳 땅을 살폈다. 그리고 2월 23일 권중화, 조준 등이 무악에서 돌아와 무악의 남쪽은 땅이 좁아서 국도의 터로 적합지 않다고 하였으나, 하륜만이 무악의 땅을 국도 후보지로 주장하였다. 하륜이 국도의 터로서 적합하다고 주장한 곳은 현재 무악산의 남쪽, 지금의 신촌 일대를 가리킨다. 오늘날 연세대학교 신촌新村 뒷산 안산鞍山은 무악이라 불리우고 있는데, 무학대사와 관련하여 전하고 있기도 하지만 사실과 다르다. 본래 모악산母岳山으로 불리기도 하나 모악산母岳山이 맞다. 모악母岳은 무학에 비유되어 생긴 말인 듯 알려져 있다. 모악은 생명의 원천인 생기를 보내 주는 엄뫼[母岳]이라는 뜻이다. 예컨대 《신증동국여지승람》 권3 한성부 산천조에는

• 경복궁 신무문

무악母岳, 毋嶽이라고 기록되어 있기는 하지만 《동국여지비고》에 다음과 같이 기록되어 있듯이 모악이 맞는 듯하다. 즉, 조선 후기 실학자 지봉 이수광李睟光의 말을 인용하면, "민간에서 이르기를 부아암負兒岩이 집을 나가는 형상이기 때문에 이 산을 모악母嶽이라 한다."라고 하였다. 이와 같이 모악이라는 이름이 맞지만 세간에 무악이라 불린 것도 무학대사의 한양 천도와 관련해서 생긴 것이라고 생각된다.

이후 불일사佛日寺 터와 선고개[鐥岾] 등 십여 곳이 국도 후보지로 물망에 오르게 되는 등 의견이 분분하였다. 태조는 도평의사사의 계청에 의하여 음양산정도감陰陽刪定都監이라는 임시관청을 설치하고 여러 신료들에게 신중하게 국도의 터를 선택하라고 하였다. 그러면서 그 해 8월 8일 태조가 신료들과 무악 일대를 직접 답사하였다. 3일 후인 8월 11일 태조가 무악에 이르러 국도의 터를 정할 만한 땅을 물색하였는데 판서운관사 윤신달尹莘達, 서운부정유한우劉旱雨 등이 이를 부적합하다고 하면서 "우리나라에서는 부소扶蘇 즉, 개경의 명당이 첫째요, 남경이 그 다음입니다."라고 하였던 것이다. 이처럼 국도 선정에 갈피를 잡지 못하자 태조는 여러 재상들에게 각각 국도의 터를 물색해서 글월을 올리게 하였다. 그리하여 판삼사사 정도전, 문하시랑찬성사 성석린成石璘, 정당문학 정총鄭摠, 첨서중추원 하륜, 중추원학사 이직李稷 등이 의견을 올렸다. 하륜을 제외한 여러 재상들은 서운관원과 마찬가지로 무악이 국도의 터로 적합하지 못하며 아예 천도 자체를 불가하다고 하였다. 그 이유는 무악은 제일 국면이 좁고 후산이 얕고 수구水口가 폐쇄되지 않다는 것이다. 무악 남쪽 한강 이북은 국도로서는 좀 좁은 느낌이 있다.

그런데 대사는 무악으로의 천도 과정에도 동행하였다. 무악을 둘러싼 의견이 워낙 분분하자 태조는 무학대사를 초빙하여 자문을 구하였다. 무학대사는 무악 천도에서도 주도적이지 않았고 다만 계룡산 천도 때와 마찬가지로 태조에게 자문만 해 주었을 것이다.

다음 날 태조 및 여러 신하들과 함께 서운관원의 의견대로 남경 궁궐터의 지세를 살피러 갔다. 태조가 서운관원에게 남경의 지세를 물었을 때, 최융崔融, 윤신달, 유한우 등 서운관원들이 "우리나라 경내에서는 송경松京이 제일 좋고 여기가 다음 가지만, 북쪽이 낮아서 물과 샘물이 마른 것 뿐입니다."라고 하는 말을 듣고 기뻐하였다. 이때 태조는 대사에게 남경의 지세를 물었다. 대사는 계룡산과 무악에서와는 달리 한양이 국도의 터가 될만 하다고 다소 소신있게 말하면서도 여러 사람의 의견을 따라 결정하는 권유도 빼놓지 않았다. 대사의 말이 끝나자 태조는 여러 재상들에게 분부하여 의논케 하였는데, 하륜을 제외한 모든 신하가 국도의 터로서 좋다고 하였다. 태조는 무악의 지세를 살피고 개경으로 돌아가는 길에 계족산, 임진현, 고려 때 신경新京 터, 도라산都羅山 등을 둘러보았다. 8월 24일 도평의사사가 한양이 국도의 터로서 적합함을 건의하고 태조가 받아들이면서, 마침내 한양이 국도로 결정되었다. 도평의사사의 좌정승 조준, 우정승 김사형金士衡 등이 태조에게

• 〈수선전도〉

• 경복궁 뒤 북악과 북한산(서울 종로구)

올린 글에서 "한양이 지리적으로 뛰어난데다가 도로 및 수로의 교통 사정이 좋으므로 국도의 터로서 가하여 하늘과 백성의 뜻에 부합된다."고 하였다.

결국 태조가 국도를 옮기라고 한지 2년만 인 1394년 8월 24일에 한양이 국도로 결정되었다. 이어 1394년(태조 5) 9월 1일 신도궁궐조성도감을 두었으며, 그로부터 2달 뒤인 10월 25일 한양을 새로운 국도로 정하였다.

제5강

효령대군과 월산대군의 흔적이 남은 곳

망원역

송웅섭(서울대학교 규장각한국학연구원 책임연구원)

제5강 효령대군과 월산대군의 흔적이 남은 곳

망원역

망원정을 찾아서

망원역이라는 이름은 망원정望遠亭에서 기인한다. 강변북로가 생기며 한강 조망도가 다소 퇴색하긴 했지만, 그래도 한 때 이곳은 조선 전체를 통틀어 가장 뛰어난 전망과 명사들이 모여들던 핫플레이스였다. 그리고 그 같은 명소가 되었던 배경에는 효령대군孝寧大君과 월산대군月山大君이라는 왕의 형이 있었다.

효령대군과 희우정

효령대군 관련 설화들 망원정에 대해 애기하려면 필연적으로 효령대군에 대한 이야기로부터 시작하게 된다. 그도 그럴 것이 망원정이라 부르는

• 망원정(서울 마포구)

이곳은 애초에는 효령대군의 별장이었기 때문이기도 하거니와, 이곳의 유명세 역시 효령대군의 동생인 세종대왕이 자주 행차한 데서 비롯되었기 때문이다.

효령대군에 대해서는 몇 가지 재미있는 일화들이 전한다. 다양한 갈래의 이야기들이 있지만 큰 줄기는 맏형 양녕대군讓寧大君의 자유분방한 기질과 관련된 일화이거나, 아니면 세종의 즉위와 관련된 이야기다. 이 중 양녕대군과의 일화는 성현成俔의 《용재총화慵齋叢話》와 남효온南孝溫의 《추강냉화秋江冷話》 등에서 그 원형이 찾아진다.

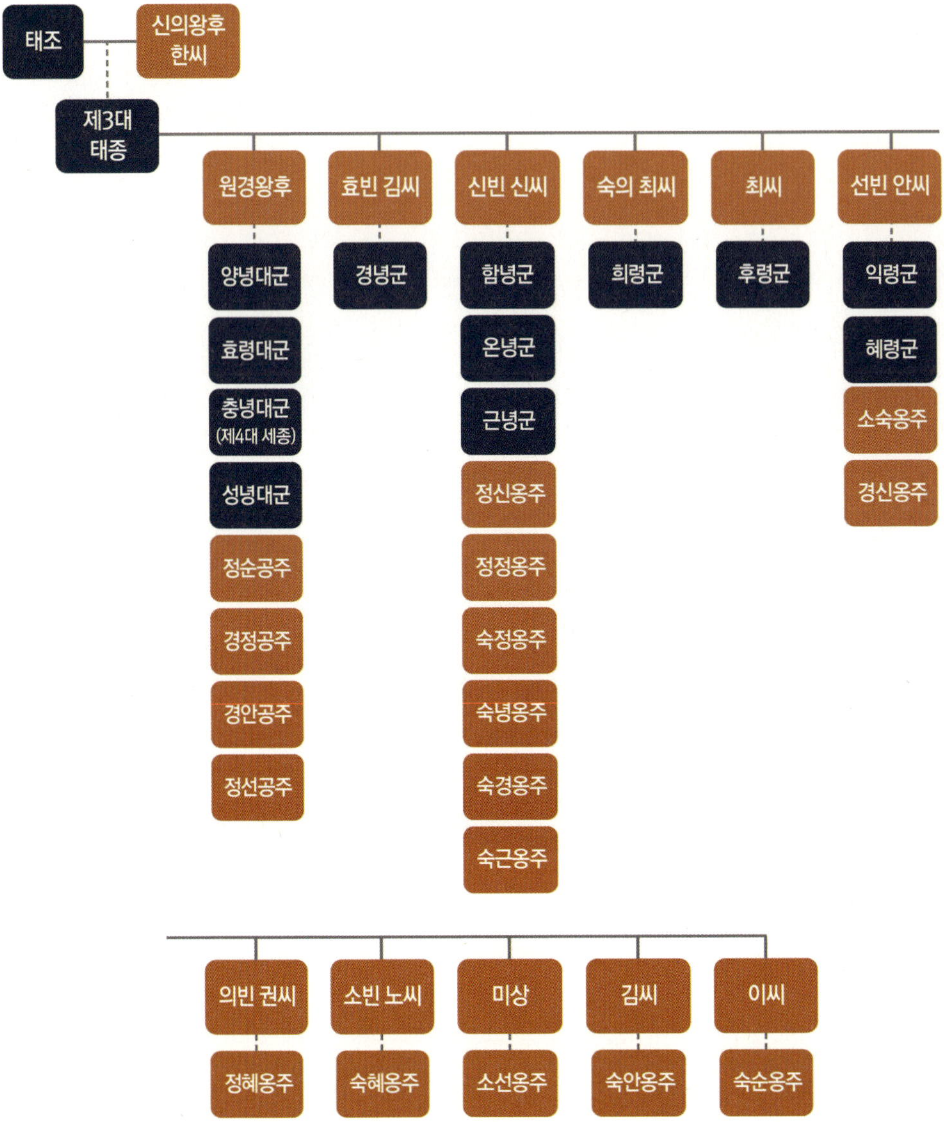

• **태종 가계도**

효령대군이 불교에 빠져 매번 절에 도량을 베풀고, 온종일 경건한 마음으로 정성껏 머리를 조아려 절하는데, 양녕대군이 뒤를 따라 첩 두어 명을 거느리고 매를 팔위에 얹고 개를 끌고 와서, 잡은 꿩과 토끼를 섬돌 위에 쌓아놓고,

고기를 구워 술을 데워 마시고는 대취하여 불당에 올라가서 함부로 행동하였다. 효령이 얼굴빛을 변하고 말하기를, "형님은 이제 이런 나쁜 업業을 하시면서 후생後生의 지옥이 두렵지 않습니까." 하니, 양녕은 "착한 일을 행한 사람은 구족九族이 도리천忉利天에 태어난다 하거늘, 하물며 동기간에 있어서랴. 나는 살아서는 임금의 형으로서 마음껏 방랑하고, 죽어서는 보살의 형이 되어 반드시 천당에 오를 것인데, 어찌 지옥에 떨어질 리가 있겠는가." 하였다(《용재총화》 권5).

주색잡기를 일삼던 양녕대군이 효령대군이 주최한 법석法席에 참석해서도 태연자약하게 술과 고기를 구워먹으면서 아연질색 하는 동생에게 능청을 떠는 이야기다. 절에 와서까지 살생과 육식을 즐기는 형에게 지옥에 떨어질 수도 있다며 걱정하는 효령대군과, 수행 잘하는 혈육 덕분에 천당에 들어갈 것인데 뭐가 걱정이냐며 능치는 양녕대군의 캐릭터가 절묘하게 대비되고 있다. 또한 효령대군이 평소 법석을 자주 벌였던 불심 깊은 불자였음도 알 수 있다. 실제로 비슷한 이야기를 전하는 남효온의 《추강냉화》에서는 양녕의 자유분방함을 높이 평가하는 반면, 효령대군에 대해서는 불교에 미혹되어 식자들로부터 비웃음을 당하고 있었다는 뉘앙스를 풍기고 있다. 유학자의 입장에서 불자 효령대군에 대한 비웃음이라고 할 수 있는데, 그만큼 효령대군과 불교와의 인연이 깊음을 보여준다.

효령대군에 대한 또 다른 이야기는 세종대왕의 즉위와 관련한 것으로, 셋째인 충녕대군忠寧大君이 왕위에 오를 수 있었던 것은 첫째형 양녕대군讓寧大君과 둘째형 효령대군의 양보 덕분이라는 설화이다. 이 이야기는 비교적 다양한 형태로 전승되고 있으나, 세자 양녕대군이 태종과 모후의 마음이 충녕대군에게 있음을 알게 된 뒤로부터 일부러 폐세자가 되기 위해 주색을 가까이 했다는 이야기와, 효령대군 역시 자기에게 세자 자리가 넘어 올 것을 염려하여 중이 되었다는 등, 두 형의 양보가 핵심 줄거리이다. 세종의 치세가 높이

• 양녕대군 사당 지덕사(서울 동작구)

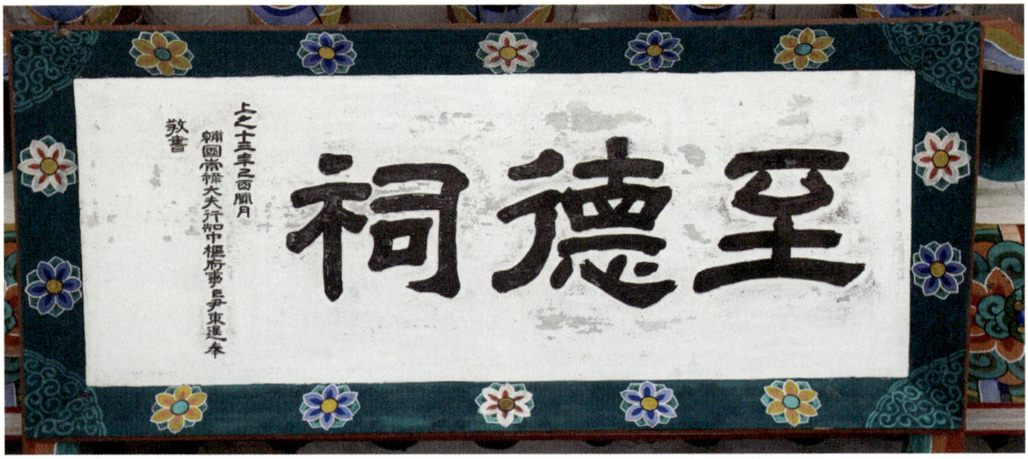

• 지덕사 현판(서울 동작구)

효령대군 사당 청권사의 비각(서울 서초구)

평가되는 가운데 그에게 왕위가 물려지게 된 서사가 만들어지며 이 같은 설화가 등장한 것으로 보인다. 실제로 허목許穆이 지은 〈지덕사기至德祠記〉와 남구만南九萬이 지은 〈대사헌이공신도비명大司憲李公神道碑銘〉에서도 이런 인식이 엿보인다. 허목은 양녕대군이 동생 충녕대군의 성덕聖德에 백성들의 마음이 기우는 것을 보고 일부러 미친 행동을 해 세자 자리를 양보했다고 적고 있다. 남구만 역시 효령대군이 충녕에게 세자 자리를 양보했지만 이를 은밀하게 해서 세상 사람들이 알지 못한다고 기록하였다. 허목과 남구만은 세종의 왕위 계승이 형들의 양보 덕분이었음을 드러내며 이를 아름다운 일로 기리고 있는 것이다.

• 효령대군 묘역(서울 서초구)

현임 군주의 '형'이라는 위치 미담에 가려져 있지만 적장자 왕위 계승을 원칙으로 표방하고 있던 조선에서 현임 국왕에게 살아 있는 형이 존재한다는 사실은 다소 특이한 상황이 아닐 수 없었다. 어떤 의미에서는 묘한 긴장감마저 도는 일이기도 했다. 현임 군주에게 살아 있는 형이 존재할 수 있는 경우의 수는 첫째, 생존하고 있는 형에게 왕위가 계승되지 않을 때이다. 하지만 이럴 경우 복잡한 정치사가 개입되기 마련으로, 비극적 결말로 끝나는 경우가 많다. 둘째, 성종이나 선조처럼 왕위계승에서 직계가 아닌 방계 계승이 이루어지거나, 인조처럼 반정으로 등극하는 과정에서 장자 이외의 왕자가 왕이 되는 경우이다. 하지만 이 경우 역시 불미스러운 일이 생기기 쉬운 민감한 상황이 아닐 수 없다. 아무튼 현임 군주의 형이 생존하고 있다는 사실이 그리 평범한 일이 아니라는 점만은 기억할 필요가 있다. 그런 점에서 양녕과 효령의 왕위 양보 설화가 생겨났던 것도, 자칫 비극적 결말로 끝날 수 있는 일이 일어나지 않은 것에 대한 찬사에서 나온 것이리라 생각된다.

주지하듯이 셋째인 충녕이 왕위에 올랐던 것은 세자인 양녕대군이 많은 문제를 일으키다가 태종에게 버림을 받았기 때문이다. 설화처럼 양녕대군이 부왕의 마음을 읽고 일부러 미친척했기 때문도, TV사극 '용의 눈물'에서처럼 권력의 비정함에 대한 자각에서 스스로 권좌를 물리쳤기 때문도 아니었다. 양녕대군의 폐위는 분명 세자로서 지켜야할 책임을 다하지 못했기 때문에 내려진 결정이었고, 태종은 셋째 충녕대군이 군왕으로서 더 적합하다는 판단에서 둘째 효령 대신 충녕을 선택한 것이었다. 다시 말해 현실에 있어서는 양녕과 효령이 취할 수 있는 선택지는 전혀 없었다고 해도 지나치지 않다고 생각한다.

하지만 문제는 다른 곳에 있었다. 충녕이 즉위함에 따라 양녕과 효령이 자칫 위험한 상황에 몰릴 수 있었다는 점이다. 물론 그들 자신이야 아무 일도 벌이지 않는다고 하더라도, 불손한 무리들이 양녕과 효령의 이름을 팔아 반역을 꾀할 수도 있는 일이었다. 실제로 중종과 명종의 즉위 직후 역모로 처형을 당한 왕자들이 있었는데, 이들이 이러한 경우에 해당한다. 하지만 다행스럽게도 양녕과 효령에게 이런 일은 일어나지 않았다. 오히려 훗날의 미화된 설화들이 입증하듯이 이들은 왕으로 즉위한 동생과 끈끈한 형제애를 나누며 잘 지내었다. 그런 측면에서 망원정이라 불리는 이 공간은 세종과 형제들 간의 우애가 발휘되고 있던 생생한 현장이었다고도 할 수 있다.

망원정의 본명 '희우정'의 유래 양녕대군은 폐위 이후 세자시절보다 더 자유롭게 인생을 즐기며 살았다. 오히려 주변에 있는 사람들이 그의 거침없는 행동들 때문에 고생이 많았다. 신료들은 그의 기행을 열거하며 처벌을 요구하기에 바빴고, 세종은 그런 형을 비호하기에 바빴다. 이에 비해 효령대군은

● 희우정 편액(서울 마포구)

종실 인사로서 그에게 주어진 책임을 성실하게 감당하는 삶을 살았다. 상왕으로 있던 태종이 사망한 이후 효령대군은 종친을 대표하는 위치에서 음으로 양으로 세종을 후원했다. 폐세자 양녕이 이 같은 역할을 감당하기에는 여러모로 불가능했다. 따라서 세종의 치세 기간 동안 효령대군은 공식적으로는 왕실을 대표하는 종친부의 책임자로 활동하는 한편, 사적으로는 격무에 시달리는 세종을 위로하는 일을 담당했다. 세종 또한 그런 효령대군을 많이 의지했다.

당시 효령대군에게는 서쪽 한강변에 별장이 있었다. 세종은 서교西郊에 나가 농정을 살피고 돌아오는 길이면 부근에 있던 효령대군의 별장에 들러 정사에 지친 몸을 형제간의 우애를 통해 풀곤 했다. 세종 초엽 농정을 살피기 위해 서교로 나간 어느 날이었다. 세종은 이날의 행차에서 파종에 필요한 비가 흡족하지 않음을 보고 걱정이 많았다. 돌아오는 길에 효령대군의 별장에 들러 유숙하면서 연회를 베풀었는데, 갑자기 비가 내리기 시작하더니 파종에 충분할 만큼 비가 내리는 일을 경험하게 된다. 세종은 이를 기뻐하며 효령과 함께 연회를 베풀던 정자에 '희우정喜雨亭'이라는 이름을 하사했다.

효령대군의 서쪽 한강변 별장에 희우정이라는 이름이 생기게 된 연유이다. 효령대군은 이날의 일을 기념하기 위해 부제학 신장申檣에게는 편액 글씨를 부탁하고, 변계량에게는 저간의 사정을 담은 기문을 부탁하였다. 변계량의 《춘정집春亭集》에 수록된 '희우정기喜雨亭記'가 바로 그것이다. 기문에는 기쁨의 비가 내린 그날의 상황을 소상하게 정리하면서도 효령대군의 인품과 세종과의 돈독한 우애에 대해 기록하고 있다.

> 효령군은 왕실의 의친懿親이므로 그 숭고함과 부귀를 비할 데가 없는데다가 전하의 깊은 사랑까지 받고 있으니 말할 것이 있겠는가. 더구나 전하께서 천승千乘의 지존至尊으로 이 정자에서 한결같이 세자 시절처럼 효령군과 조용히 술잔을 나누었으니, 효령군의 그 영광이야말로 필설筆舌로 형용하기 어렵다. 이는 우리 전하의 천성적인 우애의 덕이 지성에서 우러나온 것으로 자신이 억조 창생의 임금이라는 것을 잊은 것이니, 아, 지극하도다. 효령군은 겸손하고 온후한데다가 부귀에 처신을 잘하여 교만한 기가 없으니, 종실의 모범이 되고 왕가의 울타리가 되어 이처럼 지극한 전하의 사랑을 받을 만도 하다(《춘정집》 권5, 희우정기).

기문 중에 효령대군이 세종에게 많은 사랑을 받고 있음을 기리고 있는 부분이다. 변계량은 그 모든 것이 세종의 인자한 성품에서 기인한 것이라고 쓰면서도, 한편으로는 부귀한 가운데서도 교만하지 않고 종실의 모범이자 왕가의 울타리로서의 역할을 잘 감당하는 효령대군의 덕성에서 기인한 것임을 밝히며 찬사를 보내고 있다. 이처럼 '희우정'은 자칫 왕위 계승 문제로 발생할 수도 있던 불상사가 세종과 효령대군의 아름다운 우애로 승화되고 있던 현장이었다고 할 수 있다.

희우정의 기능 희우정은 세종의 치세 기간 내내 세종에게는 정무와 휴식을 겸하는 공간으로 활용되었다. 효령대군의 사가였지만 공식 업무를 마무리하는 왕의 임시 거처로 활용되며 공적 기능을 담당했다. 세종은 이후로도 서교에서 농정을 시찰하거나 서강에서 전선戰船들의 수전水戰 훈련을 관람할 때면 으레 희우정에 들러 그날의 일정을 정리하는 한편 형님과의 우애를 다졌다. 또한 희우정은 명나라 사신들이 조선에 방문했을 때 한강 유람 뒤 연회 공간으로 활용되기도 했다. 종친들이 맡았던 일들 중 사신들을 접대하는 일이 있었는데, 희우정은 종친부의 책임을 맡고 있던 효령대군의 별장으로서 연회가 베풀어지는 장소로 활용되었던 것이다. 이처럼 희우정은 효령대군의 소유였음에도 국가의 공식 행사를 치르는 공적인 기능을 담당하고 있었다.

공적 공간으로서 희우정의 활용은 단종을 거쳐 세조의 치세기에 들어서도 계속되었다. 계유정난을 통해 집권한 세조는 결국 사육신 사건과 금성대군錦城大君 옥사와 같은 홍역을 치러야 했다. 이 과정에서 양녕대군과 효령대군은 세조의 편에 섰다. 심지어 양녕대군은 금성대군 옥사가 진행될 때 금성대군은 물론 단종까지도 처형해야 한다는 목소리를 내었다. 결과적으로 세조에 저항했던 종실 인사들은 죽임을 당했다. 효령대군으로 대표되는 나머지 종친들의 경우 세조에 적극적으로 협력했지만 그렇다고 이들이 겪은 상처가 없었다고 할 수는 없다. 금성대군 옥사 이후 세조는 종친들을 달랬다. 자신에게 협력하는 종친들을 적극적으로 우대했다. 효령대군과 그의 자제들은 세조로부터 극진한 대접을 받았다. 효령대군은 선왕의 형이자 종친들을 대표하는 종친부의 책임자였기 때문에 결국 그에게 정성을 기울이는 일은 종친들 전체를 포섭하는 일이기도 했다. 이 과정에서 희우정은 또 다른 의미에서 정치적 기능을 담당하는 공간으로 활용되었다.

세조는 부왕만큼은 아니지만 서교에서 농정을 살피고 서강에서 수전 훈련이 있을 때면 희우정에 머물며 연회를 베풀었다. 그리고 희우정에서 연회가 있는 날이면 효령대군 역시 참석했다. 세조대의 희우정 연회는 농정 시찰과 수전 관람의 연장에서 이루어지고 있었다는 점에서는 세종대와 비슷했다. 하지만 효령과 세종 사이의 형제우애적인 측면보다는 종실을 규합하는 방편으로 활용되는 측면이 많았다. 아무튼 효령대군은 종친부를 대표하는 최고 어른이자 희우정의 주인으로서, 조카 세조와 상처 입은 종실을 달래고 있었다고 할 수 있다.

월산대군과 망원정

효령대군은 다복多福의 상징과도 같은 인물이었다. 부와 명예, 자손, 수명 그 어느 하나도 빠지는 것이 없었다. 그는 부인 해주 정씨와의 사이에서 6남 1녀의 자손을 얻었고, 자손들 역시 매우 번창했다. 지금도 전주 이씨 계파 중에서 효령대군파가 가장 많다고 한다. 효령대군은 지금으로서도 흔치 않지 않을 정도로 오래 산 장수의 아이콘이기도 했다. 효령대군의

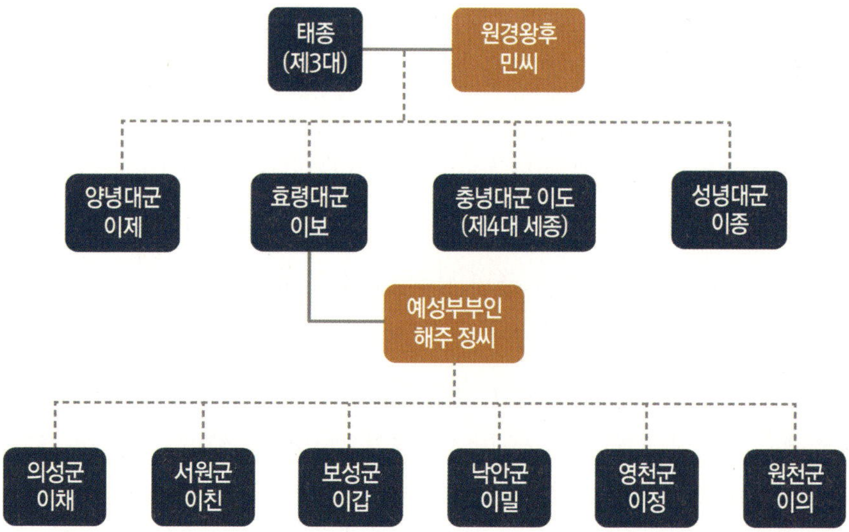

● 효령대군 가계도

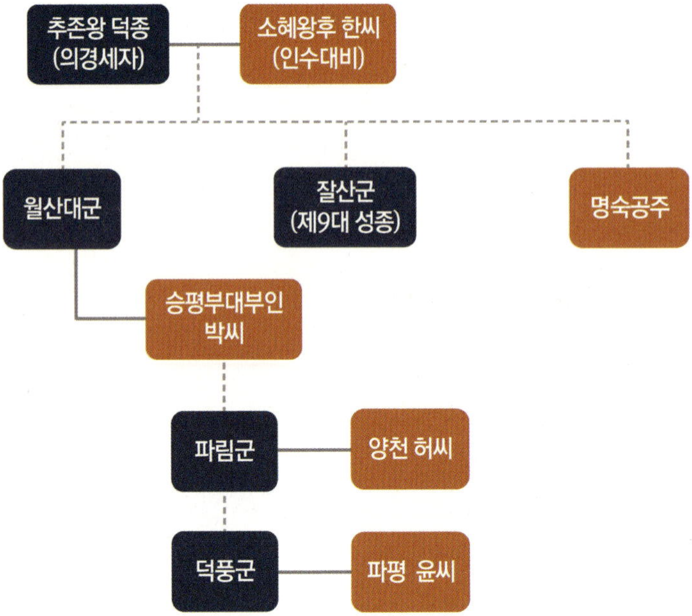

• 월산대군 가계도

생몰년은 1396년(태조 5)~1486년(성종 17)이다. 91세의 향년을 누린 것이다. 그가 생존하는 동안 직접 본 임금만 해도 태조~성종까지 모두 9명이나 된다. 심지어 효령대군은 연산군의 세자 책봉까지도 지켜보았다. 건국 이래의 모든 군주를 다 만나보았으며 장차 왕이 될 인물까지 보았던 셈이다. 아무튼 그의 장수 덕분에 희우정은 성종대에 이르러 또 한 번의 전성기를 맞게 된다. 하지만 이번에는 효령대군이 주인공이 아니었다. 성종의 친형 월산대군이 주인공이었다.

세조의 뒤를 이은 예종은 즉위 1년 2개월 만에 갑작스럽게 사망했다. 세조비 정희왕후貞熹王后는 예기치 못한 상황을 맞아 왕실의 최고 어른으로서 잘산군乽山君을 후계자로 선포했다. 잘산군은 예종의 아들이 아니었다. 세조의 맏아들로 세자에 올랐다 사망한 의경세자懿敬世子의 아들이었다. 예종이 사망했을 당시 원자인 제안대군은 4세에 불과했다. 이에 정희왕후는 현실을 고려해 제안대군 대신 죽은 의경세자의 아들 잘산군을 후계자로 선택했으니,

● 월산대군 묘(경기 고양시)

그가 바로 13세의 나이에 왕위에 오른 성종이다. 성종에게는 4살 위의 형 월산대군이 있었지만 병약했기 때문에 배제되었다. 덕분에 월산대군은 왕의 형으로서 여생을 살게 되었다. 양녕과 효령대군 이래 다시 현임 군주의 형이 있게 된 배경이다.

호학의 왕자 월산대군 보통 성종에게는 '호문好文의 군주' 또는 '호학好學의 군주'라는 명칭이 따라다닌다. 한 연구에 따르면 성종은 8,700여 회가 넘게 왕의 수업인 경연經筵에 참석했다. 성종은 조선 전체를 통틀어 경연에 가장 많이 참석한 군주이다. 그의 치세가 태평성대를 이룰 수 있었던 것도

• 강희안의 〈고사관수도〉

호학에 바탕을 둔 문치文治 덕분이라고 할 수 있다.

월산대군 역시 공부를 좋아했던 것으로 보인다. 월산대군과 성종은 궁중에서 자랐는데, 세조는 이들 형제에게 '글을 외우지 말라. 글을 외우면 기운이 다 없어진다.', '글 읽기를 일삼지 말아라. 글 읽는 것은 너희들이 서두를 것이 아니다.'라고 말하며 글공부를 만류했다고 한다. 세조로부터 이런 말을 듣고 자란 이들이지만 성종과 월산대군은 모두 학문에 관심이 많았다. 성종이야 군주이기 때문에 경연 수업을 통해 공부가 성취될 수 있었다고 하더라도, 월산대군의 경우 부귀한 왕자의 신분으로서 주색잡기를 일관하며 시간을 보낼 수 있었을 텐데, 그 역시 공부에 열심이었던 것으로 보인다. 그가 친히 지은 시가 많아 사후 문집을 만들 정도였다. 뿐더러 그가 지은 시조 중에는 일반인들도 들어보았음 직한 유명한 작품도 있다.

추강에 밤이 드니 물결이 치노매라
낚시 드리노니 고기 아니 무노매라
무심한 달빛만 싣고 빈 배 저어 오노라

'이 시조가 월산대군의 것이었구나'라고 감탄하는 사람들이 있을 것 같다. 시조 가락을 듣고 있노라면, 가을 밤 한강의 고요한 정경이 떠오르기도, 그 가운데 낚시를 드리우는 여유로움도, 그러면서도 번잡한 속세의 욕망으로

• 희우정(망원정)에서 본 한강과 강남 지역의 모습(서울 마포구)

부터 벗어난 듯 한 자유로움도 느껴진다. 당대 가장 부유하면서도 권세 있던 이의 작품이라는 생각이 들지 않는 수작이 아닐 수 없다.

성종과 월산대군의 우애 성종은 즉위 이후에도 공식적, 비공식적 모임에서 월산대군을 자주 만났다. 효령대군이 종실 전체를 대표해 세종의 든든한 후원자 역할을 했듯이, 월산대군 또한 그 같은 위치에서 성종을 보필했다. 이전에 효령대군과 그 자제들이 중심이 되었던 종친들의 모임은 자연스럽게 월산대군 중심으로 이동했다. 왕의 형이 존재하는 경우가 흔치 않았기 때문에, 이런 상황이 벌어질 경우 자연히 종친 중에서 가장 귀한 예우를 받기 마련이었다.

실록에서 등장하는 월산대군의 모습은 대체로 종친을 대표하는 위치에서 국가의 각종 행사에 참여하는 모습이다. 월산대군은 명나라 사신은 물론 일본과 여진 사절에게 베풀어지는 연회에 참여했으며, 국상을 비롯해 국가의 각종 의례에도 참여하고 있었다. 또한 종부시 관원으로서 종친들의 비위를 적발하고 처벌하는 일에도 간여하였다. 세조의 아들 창성군이 여종을 끔직하게 살해한 일로 물의를 일으켰을 때, 월산대군은 그의 유배를 앞장서 주장하며 종실의 체면을 살리고자 했다. 효령대군의 증손 이심원이 고모부인 임사홍의 죄상을 낱낱이 고한 일로 고초를 당할 때에도, 월산대군은 이심원의 편에 서서 그가 불효자가 아님을 변호해 주었다.

성종은 자신을 보필하는 월산대군과 지극한 우애의 정을 나누었다. 후원에서 기르는 말을 비롯해 수많은 물품의 하사를 통해 각종 의전에 참여한 노고를 치하하였다. 때로는 사냥을 떠나는 그에게 수행원(겸사복)을 딸려 보냈다가, 대간으로부터 자애가 지나쳐 방종하게 될 수 있다는 우려를 듣기도 했다. 또 모화관에서 무과시험을 치르고 돌아오는 길에 월산대군의 집에 들러 밤늦게까지 머물렀다가 수행하는 군사들이 많이 힘들었다는 비판도 받았다. 성종은 그런 비판을 듣고도 얼마 지나지 않아 월산대군의 사저에 또 다시 방문하여 대간을 곤란하게 했다. 이밖에도 성종은 종친들과 자주 활쏘기 모임을 가졌는데, 월산대군의 집에서 모임이 개최되기도 했다. 성종과 월산대군은 공식적·비공식적 모임들을 통해 형제간의 우정을 돈독하게 나누고 있었다고 할 수 있다.

희우정에서 망원정으로 이런 상황에서 월산대군이 희우정과 인연을 맺게 되는 일이 생긴다. 효령대군이 월산대군에게 희우정을 희사하면서 이곳은 이제 성종 형제가 우애를 쌓아 나갔던 공간으로 새로운 이야깃거리를 갖게 된다. 성종은 즉위 이후 서교와 서강에서 농정 시찰 및 수전 관람과 같은 공식행사를 가진 뒤, 희우정에 들러 연회를 베풀었다. 세종 이래 희우정은 효령대군 소유의 별채였지만 서교에서 진행되는 행사 이후에 요긴하게 활용되고 있었다.

1483년(성종 14)에 이르러 효령대군은 월산대군에게 희우정을 물려주었다. 희사한 정확한 이유가 무엇인지 밝혀져 있지는 않다. 다만, 실록에는 효령대군이 희우정을 월산대군에게 주었다는 기록이 있다.

> 월산대군 이정李婷이 글을 올리기를, "효령대군이 희우정을 신에게 주었는데, 신이 이로 인해 (희우정을) 고쳐 짓고 이름을 망원정望遠亭이라 하고서 여러 번 어제御製를 청하였으나, 윤허를 얻지 못하였습니다. 옛 제왕이 혹은 시詩, 혹은 부賦, 혹은 기記, 혹은 서書를 후세에 전하는 것이 또한 많습니다. 신이 어제를 감히 청하는 것은 여리閭里에 자랑해 보이려는 것이 아니라 후세에 전하고자 하는 것입니다." 하였는데, 임금이 글을 승정원에 보이고 물으니, 도승지 김종직 등이 아뢰기를, "이는 지친 사이의 일이니, 비록 어제를 내릴지라도 무엇이 문제가 되겠습니까?" 하자, 임금이 망원정시望遠亭詩와 아울러 서序를 지어 내렸다(《성종실록》 권15, 10월 15일).

위 기사를 통해 월산대군이 희우정을 효령대군으로부터 물려받았음과 월산대군은 희우정을 수리한 뒤 이름을 '망원정'으로 고쳤음을 알 수 있다. 현재 우리가 부르고 있는 망원정이라는 명칭은 바로 이렇게 생겨난 것이었다. 월산대군은 수리 후 망원정이라는 새로운 이름을 지은 다음 성종에게 글을 부탁했다. 희우정이 세종과 그의 형 효령대군의 추억을 담고 있는 이름이기에, 이제 망원정으로 주인과 이름이 바뀐 상황에서 그와 성종의 새로운 추억을 쌓고자 하는 심사였다고 생각된다.

화려한 정자가 푸른 숲 사이에 있어 華亭翠靄間
경치는 마치 그림을 구경하는 듯하다 雲物畫圖看
봄 강물은 비취빛으로 흐르고 翡翠流春渚
눈 산은 부용(연꽃)을 깎아놓은 듯하다 芙蓉削雪巒
털끝 하나까지 물상은 또렷하기에 一毫明物象
일만 경관을 시선 끝까지 다 바라보노라 萬景極遊觀
하늘이 근심 없는 영역을 내주어 天借無憂域
끝내 낚싯대를 하나 드리웠구려 終垂一釣竿

위 시는 성종이 월산대군에게 준 망원정시 가운데 일부이다. 망원정을 통해 보이는 경관을 노래하면서도 월산대군의 시조 일부를 끌어들여 형님에 대한 애정을 드러내고 있다.

• 월산대군 묘비(경기 고양시)

망원정이 월산대군의 소유가 된 이후 서교에서 벌이는 공식 행사가 많이 늘었다. 성종은 농정 시찰과 수전 관람이라는 공적 행사 이후 이곳에 들러 연회를 베풂으로써, 종친과 자주 술자리를 갖는다는 대간의 공격을 합법적으로 피해갔다. 이따금씩은 망원정 주변에 있는 백성들에게 음식물을 하사하기도 했다. 이렇게 망원정은 성종과 월산대군을 주인공으로 하는 추억들을 차곡차곡 쌓고 있었다.

월산대군의 빈자리와 망원정의 쓸쓸함 1488년(성종 19) 12월 월산대군이 사망했다. 애초 그가 즉위하지 못했던 것도 몸이 건강하지 못하다는 이유였는데, 그 같은 우려가 나름 틀리지 않은 셈이다. 월산대군의 죽음은 성종에게 매우 큰 빈자리를 남겨준 일이었다. 성종은 형의 죽음을 애통해하면서 형의 무덤이 규정을 크게 벗어나 조성되는 것을 묵인해 주었다. 부인 박씨가 무덤 근처에 절을 조성하는 것도 묵인해 주었다. 월산대군의 죽음 직후 대간의 거센 반발에도 대군의 처남 박원종을 승지에 임명했다. 모두가 평상시 성종의 행동과는 다른 모습이었다. 아마도 월산대군의 죽음을 기리는 나름대로의 일탈이지 않았나 싶다.

조신曺伸이 지은 《소문쇄록謏聞鎖錄》에 따르면, 성종은 월산대군의 사망 이후 더 이상 망원정에 행차하지 않았다고 한다. 실록에서도 1488년(성종 19) 이후 성종의 망원정 행차가 보이지 않는 것으로 보아 과장된 얘기는 아닌 것 같다. 월산대군이 없는 망원정은 성종에게는 더 이상 휴식과 위안이 되지 않았던 것으로 보인다.

제6강

사가정을 통해 본 조선 초 훈구공신 이야기

사가정역

김정신(연세대학교 국학연구원 연구교수)

제6강 사가정을 통해 본 조선 초 훈구공신 이야기

사가정역

서거정과 사가정역

서울시 중랑구 면목동에는 지하철 7호선 사가정역이 있고, 그 주변으로는 사가정로, 사가정 공원이 조성되어 있다. 역의 이름은 15세기 중·후엽 왕조의 기틀을 잡는데 많은 공헌을 한 서거정徐居正의 호 '사가정四佳亭'을 인용하여 명명되었다. 서거정이 이곳에서 가까운 광진廣津의 몽촌蒙村에 전장田莊을 두고 이 지역을 자주 왕래한 인연 때문인 것으로 보인다.

서거정의 본관은 달성達成이고, 자字는 강중剛中이며, 호는 사가정四佳亭·정정정亭亭亭이다. '거정'이라는 이름은 《춘추》 〈공양전〉에 "군자대거정君子大居正"라는 구절에서 따온 것이고, '강중'은 《주역周易》의 괘에서 양陽이 가운데 있는 것을 가리키는 용어로 '항시 정도正道를 지키며 살라'는 뜻을 담고 있다. '문병文柄을 장악한 조선 최고의 문장가', '문장화국文章華國의 사명을 책임진

출입구
1
EXIT
사가정
(녹색병원)
Sagajeong
(Green Hospital)
四佳亭
サガジョン
722
7호선
맥주마트

• 사가정역

• 사가정공원

사가정공원

• 서거정 묘(경기 화성시)

• 서거정 묘비(경기 화성시)

대명 외교의 전문가', '군주가 믿고 의지할 수 있는 원훈대신元勳大臣'이라는 말들은 서거정이 당대에 받았던 찬사들이다. 그는 세종에서 성종대까지 여섯 왕을 연달아 섬기면서 45년간 경연에서 강론하였고, 23년간 대제학으로 있으면서 당대의 문단을 주도하였다.

위에 보이는 것은 서거정의 묘다. 원래의 묘역은 서울시 강동구 방이동에 있었는데 1975년 도시계획으로 말미암아 경기도 화성시 봉담면 왕림리로 옮겨

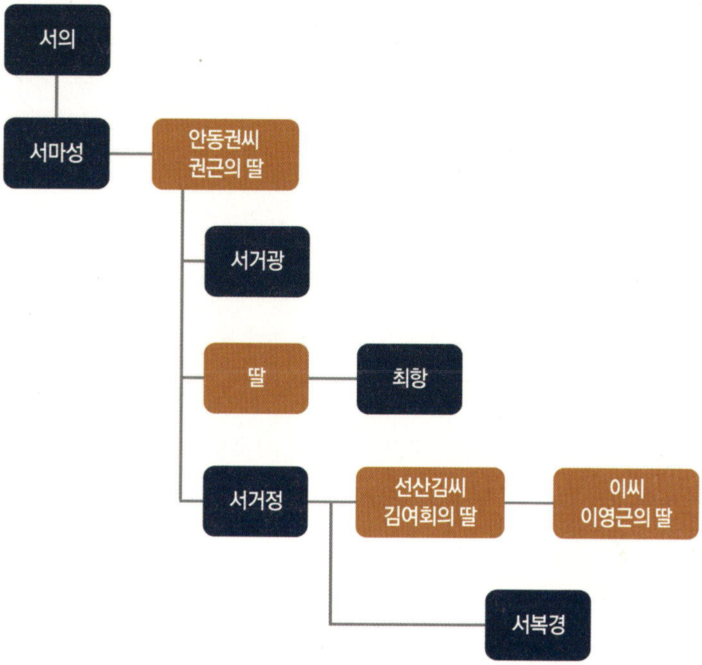

• 서거정 가계도

졌다.

서거정의 가계에서는 부계보다 모계가 주목된다. 서거정의 어머니는 양촌陽村 권근權近의 딸로, 서거정은 권근의 외손이 된다. 초대 대제학을 역임한 권근은 조선 건국 후 태조와 태종을 도와서 새 왕조의 문물을 정비하는 데 크게 공헌한 인물이다. 권근의 아들 권제權踶와 외손 이계전李季甸 · 서거정, 외손서 최항崔恒에 이르기까지 권근의 내 · 외손들은 80여 년 동안 예문관 대제학을 독점하면서 조선초 문형을 관장했다. 이종 간인 이계전과 자형인 최항은 서거정의 스승이기도 하였으므로 서거정은 외가의 화려한 가문을 배경으로 권근은 물론 이색의 학맥까지 아우르며 조선의 대문호로서 굵은 족적을 남길 수 있었다. 아울러 그는 1471년(성종 2) 좌리공신 3등 달성군에 봉해진 훈구공신으로서, 이른바 '공신'적 속성을 지니며 사유에 바탕한 정치론을 앞장서서 주장한 정론가이기도 하였다.

서거정의 삶이 새겨진 15세기는 변칙적 왕위계승이 빈번하게 일어난 시기였다. 조선초 왕자의 난부터 세조의 계유정난癸酉靖難 등, 정치적 알력이 왕위계승 분쟁과 어우러져 복잡한 양상을 띠고 진행되었다. 권력체계의 안정이 이루어지지 못한 시대적 특수성 속에서 군주는 왕권을 성공적으로 구축하고 이를 지속적으로 유지하기 위해 자신의 집권을 지지하는 정치적 협력 집단의 창출이 필수적일 수밖에 없었다. 태조대부터 성종대에 이르기까지 여덟 차례에 걸쳐 숨가쁘게 양산된 공신의 존재는 그 결과였다.

공신의 지속적인 배출은 15세기 정치운영방식과 정치구조, 지배세력의 성격을 파악하는 주요 관건이 되고 있다. 종래 조선 전기 훈구공신에 대해서는 지나치게 선험적인 도식화와 도덕적 가치 판단이 개입된 평가가 주류를 이루어 왔다. 본시 '훈구勳舊'의 어원은 원훈구신元勳舊臣, 즉 '중요한 공로를 세운 나이 많은 신하'라는 뜻으로서, 어떠한 가치판단이 개재된 용어는 아니다. 그러나 세조의 집권을 기점으로 하여 15세기 후반에 이르면 훈구는 지속적인 공신의 배출을 통하여 가문의 세습적 지위를 유지하는 한편 왕실과의 혼인관계를 통하여 정치권력의 핵심에 자리한 정치집단을 가리키는 용어가 되었다.

나아가 이 시기 정치·사회적 문제가 거의 대부분 훈구공신들의 비리와 폐단으로만 설명되는 가운데 이들은 국가권력을 자신들의 사익에 이용만 할 뿐, 어떠한 정치사상이나 이념도 찾을 수 없는 단순한 권력집단으로 간주되는 경향이 강했다. 이들의 권귀적權貴的 면모를 부정할 수는 없지만 그렇다고 해서 공신세력을 단지 '탐오한 무리'로 치부해버리고 만다면 이들 공신세력이 이끌어간 15세기의 역사적 실체를 규명하기 어렵게 된다. 따라서 왕권안정과 중앙집권 체제의 재편이라는 시대적 과제를 안고 있었던 15세기 조선을 바라볼 때는, '공신'으로서 존재하였던 지배세력의 양상과 성격을 고려하고 감안하는 것이 필요하다.

공업功業 중시의 출처론出處論과 공신功臣의 위상 강화

유교 일반론에서 사士의 출처 방식은 크게 두 가지로 나뉜다. 표면상 관직에 나아가 관료로 활동하는 '출出'과 관직에 나아가지 않고 초야의 선비로 머무는 '처處'가 그것이다. 이때 출처에서 중요한 기준은 출사出仕 여부가 아니라 도의道義의 실천이다. 관직에 나아가지 않고 자수自守하는 이른바 '유일遺逸' '일사逸士' '처사處士' 등의 '처'가 '출' 못지않게 긍정되고 있었던 점은 도의를 중시하는 출처론의 주요한 특징이었다.

이렇듯 도의의 유무에 따라 출과 처를 달리해야 한다는 주장에 대해 유자로서의 서거정은 원론적인 동의를 보였다. 그러나 훈구 공신으로서의 서거정은 관인 유자로서 군주를 도와 공업을 쌓고 사공事功을 이루는 것으로 '출'을 더욱 지향하였다. 서거정에게 출사란 그 자체로 공업을 쌓는 영예로운 일이었다. 세운世運이 흥성할 때 조정에 나아가 지력智力을 다하고 공업을 성취하여 백성에게 혜택을 입히는 것은 물론이고, 다소 세도世道가 쇠퇴했다 하더라도 출사를 못할 정도의 난세만 아니라면 벼슬에 나아가 공업을 성취시키는 것이 바람직한 사군자의 출처라 하였다. 때문에 자취를 감추고 세상에 나오지 않는 고인高人과 은사隱士의 처는 비록 높은 풍도를 지녔다 할지라도 조정에 나아가 탁월한 공적을 쌓고 그 명성을 역사에 전하는 관료의 출보다 우위를 차지할 수 없다고 보았다.

서거정 또한 은자隱者의 '처'를 소망하였다. 그러나 그가 바란 '처'는 관직을 떠나있는 것이 아니라 관직을 유지하는 가운데 자신이 조성한 '산림山林'에서 유유자적한 휴식을 취하는 것이었다. 실제로 그는 집의 뒤뜰 정원에 연못을 파고 곳곳에 정자들을 세우기도 하였고, 가까운 경기 인근에 전장을 조성하여 관직 생활 틈틈이 찾아가 그가 소망한 은자의 '처'를 만끽하기도 하였다.

《연산군일기》 7년 9월 28일 기사에는, 서거정의 문장과 작위爵位가 온 세상이 우러러볼 만큼 이미 높은데도 그가 만족하지 못하고 정승이 되지 못한 것을 늘 한탄했다는 비난 기사가 실려 있다. 서거정의 이러한 일화는 지금까지 권력에 대한 그의 탐욕을 보여주는 사례로 제시되어 왔다.

그러나 서거정이 지향한 사대부의 출처는 자신의 능력과 의지로 공업을 쌓고 이로써 나라와 백성에 크나큰 은택을 미치는 것이었다는 점을 고려해야 한다. 현실에서 높은 공덕과 공업을 쌓기 위해서는 이를 실천할 수 있는 특별한 여건이 필요했다. 가령 큰 공을 세우기 위해서는 높은 지위에 올라 큰일을 맡는 것이 그렇지 않은 경우보다 훨씬 유리할 터였다. 이때 사대부로서 오를 수 있는 최고의 자리는 정승이었다. 서거정에게 정승은 단순히 높은 지위만이 아니라 신하로서 이룰 수 있는 최대의 공업을 이룬 존재라는 점에서 사대부가 지향해나갈 출처의 상징이 되었던 것이다.

이처럼 서거정의 출처론은 궁극적으로 군주를 도와 공업을 쌓고 사공을 이루는 것을 지향하였다는 것에서 그 특징을 찾아볼 수 있다. 나아가 그의 출처론에서는 왕위계승을 둘러싸고 변란을 일으켜 집권한 군주라 해도 정황에 따라서는 종사와 백성을 위한 공업으로 정당화될 수 있었다. 서거정이 세조의 정변을 부정적으로 바라보지 않았던 것은 이러한 맥락에서였다.

가는 구름 석양 아래서 도성을 바라보니	行雲落日望神州
강한의 돌아갈 맘은 밤낮으로 흐르네	江漢歸心日夜流
왕실엔 뜻밖에도 관숙 채숙이 나왔지만	王室不圖生管蔡
조정엔 지금 다시 이윤 주공을 보겠도다	廟廊今復見伊周
남아의 의기는 봉후 되는 게 소원이요	男兒意氣封侯願
장상의 공명은 나라 위한 계책뿐인데	將相功名爲國謀
당일의 서생은 아무 기량도 지니지 못해	當日書生無伎倆
오만 생각에 홀로 누각에 기대어 있노라	一身千慮獨憑樓

위의 시는 《사가집四佳集》에 수록된 〈촌가에서 회포를 적다在村家書懷〉라는

시이다. 내용으로 보아 작성 시기는 1453년(단종 원년)에 발발한 계유정난 즈음으로 보인다. 이 시에 보이는 관숙과 채숙, 주공은 어린 나이에 즉위한 주 성왕의 숙부들로, 주공이 관숙과 채숙의 모함과 역모를 제압하고 성왕을 잘 보좌한 고사를 인용한 것이다. 시 속의 이윤이라는 인물은 태갑太甲의 무도함을 잘 바로잡아 끝내 어진 임금으로 만든 은나라의 어진 재상이다. 이 시에서 서거정은 세조의 집권 과정에 저항한 안평대군安平大君과 금성대군錦城大君을 관숙과 채숙으로, 세조를 주공과 이윤에 비유하는 가운데 세조의 집권을 정당화하였다. 나아가 "남아의 의기는 봉후 되는 게 소원이요. 장상의 공명은 나라 위한 계책뿐인데, 당일의 서생은 아무 기량도 지니지 못해 오만 생각에 홀로 누각에 기대어 있노라."라는 구절에는 모친상으로 말미암아 세조의 집권에 어떠한 공헌도 할 수 없었던 작자의 초조함마저 나타나고 있다.

계유정난이 발발하자 그의 일족은 정변에 적극 참여하였다. 계유정난 직후 책봉된 43명의 정난공신 명단에는 이계전과 권람權擥, 최항 등이 모두 1등으로 책봉되었다. 또한 세조는 즉위 직후 그의 집권 과정에 공로가 많았던 관료들을 재차 좌익공신에 책봉하였는데, 이때에도 권람이 1등, 이계전과 최항이 2등으로 책봉되었다. 서거정 또한 탈상 후 세조에 의해 발탁되어 정4품 응교에 임명되었고, 원종공신 2등에 봉해졌다. 이후 그는 승진에 승진을 거듭하여 1461년(세조 7)에는 종2품 예조참판으로서 마침내 재상의 지위에 올랐다. 이처럼 서거정은 세조의 각별한 지원 속에 관료로서 두각을 나타냈으며, 급기야 1471년(성종 2)에는 좌리공신 3등에 책훈되고 달성군에 봉해짐으로써 훈구대신의 반열에 올랐다.

공신은 관료제도 속에서 군주와의 특별한 유대관계가 전제된 존재였다. 공신의 맹약을 계기로 군주와 공신, 공신들 상호간의 관계는 공동운명체로서 특별한 유대감을 형성하였기 때문이다. 이에 세조대 이래 훈구공신들은 공신이 많으면 많을수록 국가가 안정될 수 있다고 주장하였다. 종사를 위하여 역적을 다스리고 환란을 예방하는 훈구대신은 국가와 운명을 같이 하는 존재이며, 그만큼 국가의 안위와 밀접한 존재라는 이유에서였다.

앞서 살펴보았듯이 서거정이 높은 관직을 갈구하거나 공신이 되기를 소망하였던 것을 단순히 권력욕 내지 이욕과 탐욕의 소산으로 치부할 수 없는 까닭은 이러한 이유이다. 명세지재命世之才로서 그에 걸맞는 직위에 올라 왕정을 보필하고 명성이 후세에까지 드리우길 희구한 그의 정치적 행적은 훈구공신이 봉건의 형세를 이루어 왕권을 안정시키고 조선의 체제적 안정을 꾀하려 했던 조선 초 정론의 면모로 재평가되어야 할 것이다.

'통유通儒'를 지향한 박학博學한 학풍

15세기 조선이 필요로 했던 이상적인 인재는 치도治道에 도움이 될 수 있는 학문에 박학博學한 '통유通儒'였다. 따라서 이 시기 인재등용의 기준은 도덕성이나 경학만을 고집하지 않았고, 국가에 유용한 사공事功·실용實用의 학문을 두루 중시하고 포용하였다. 이러한 학풍은 각종 법제와 의례의 정비 등 새로운 국가의 제도문물 정비에 주력하였던 시대적 과제에 걸맞는 것이기도 하였다.

세종은 집현전의 관리를 선발하여 경사經史·제자諸子·천문天文·지리地理·의약醫藥·복서卜筮 등에 관해 전문적인 연구를 하도록 사가독서賜暇讀書를 시켰다. 서거정 또한 사가독서에 선임되어 유교 경전 이외에도 천문·지리·의약·점술 및 제자백가의 서적에 이르기까지 방대한 주제들을 두루 섭렵했다. 세조가 "제가諸家의 학문에 통하지 않음이 없다."고 할 정도로 다방면의 관심과 '통유'로서의 자질을 갖추었던 서거정은 국가적 차원에서 기획되었던 각종 문물 편찬사업 대부분에 참여하였다.

통유의 조건으로 서거정은 덕을 펼치고[立德] 공을 세우는 것[立功]과 함께 글을 쓰고 말을 세워 가르침을 후대에 전하는 '입언立言'을 제시하였다. 여기에서 입언은 곧 문文을 가리킨다. 서거정은 문사文辭가 곧 도를 싣는 그릇[載道之器]임을 명심해야 한다며 유학을 부지하는 문장의 역할을 중시하였다. 물론 그렇다고 해서 서거정이 문장을 학문의 본령으로 생각하였던 것은 아니었다. 그는 사장詞章에 탐닉하여 문사文辭를 화려하게 꾸미는 데만 힘쓰거나 이득과 영달을 목적으로 과업科業에만 매진해서는 안 된다는 원칙을 분명히 견지하였다. 다만 서거정은 문장은 인재의 성쇠에 직결되는 것이니만큼 사대부에게는 도학 못지않게 문장의 비중이 중요하다는 입장에서 양자의 상보적 관계를 강조하였다. 이는 곧 문장과 도학, 사장과 성리의 본말 관계를 부정하지 않으면서도 결과적으로 문장과 도학을 동렬에 두고 동일한 가치를 부여하는 주장이었다.

서거정은 사람에게 응축된 천지의 기운이 문장으로 드러나고 이러한 문장의 성대함이 국가의 예악문물을 일으키며 공명功名과 사업事業의 성취로 이어진

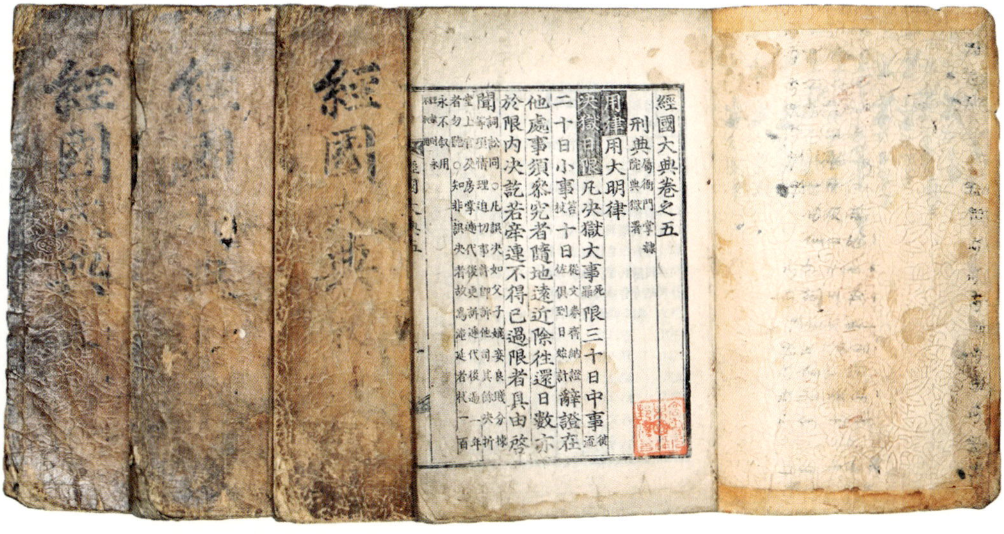

• 《경국대전》

다는 '문장화국文章華國'의 신념을 지니고 있었다. 국가의 예악문물을 위시하여 사대교린의 교령이나 사명 등 국가의 문치文治는 최종적으로 문장에 힘입어 흥기하고 그 실제적인 모습을 갖추게 된다는 것이다. 그에게 문장은 '통유'의 요건이자 국가 운영에 실용적으로 적용할 학문이었던 셈이다.

이처럼 서거정은 문장이 지닌 현실적 효용성을 중시하였고 이를 주도하는 관인유자의 사명과 책임을 강조하였다. 그는 자신의 신념대로 문한文翰을 맡아서 대명對明 외교의 최일선에서 오랫동안 사대의 표전表箋을 전담하였고, 제도문물을 정비하는 각종 관찬 사업을 주도하였다. 그가 왕명으로 찬진한 관찬서만 하더라도 법전 · 역사 · 지리 · 문학 등 다양한 분야에 걸쳐서 총 9종으로 분량은 수백 권에 달한다. 《경국대전經國大典》 8권(1469), 《삼국사절요三國史節要》 14권(1476), 《동문선東文選》 133권(1478), 《역어지남譯語指南》(1478), 《오자주해五子註解》(1480), 《역대연표歷代年表》(1480), 《동국여지승람東國輿地勝覽》 50권(1481), 《동국통감東國通鑑》 57권(1485) 등이 그것이다.

공신의 권귀화와 수직적 정치운영의 한계

1476년 간행된 안동 권씨 《성화보成化譜》는 현존하는 족보 가운데 가장 오래된 족보이다. 《성화보》에는 모두 9,120명이 수록되어 있는데, 이 가운데 안동 권씨는 9.5퍼센트인 867명에 불과했다. 배우자가 다른 성씨라 하더라도 절반 정도는 안동 권씨여야 하는데 어떻게 이런 현상이 나타났을까? 그것은 당시의 친족 관계에 대한 생각이 이 족보에 고스란히 반영되었기 때문이다. 우선 《성화보》에서는 아들과 딸을 차별하지 않고 출생 순서대로 기재했다. 이러한 관념이 확대되어 외손들도 모두 친손과 다름없이 기재되었다. 안동 권씨가 당대의 유력 성관이고 외손의 수록 범위가 이처럼 넓다 보니 조선 건국에서부터 당시까지 합격한 과거 급제자의 약 절반 정도가 《성화보》에

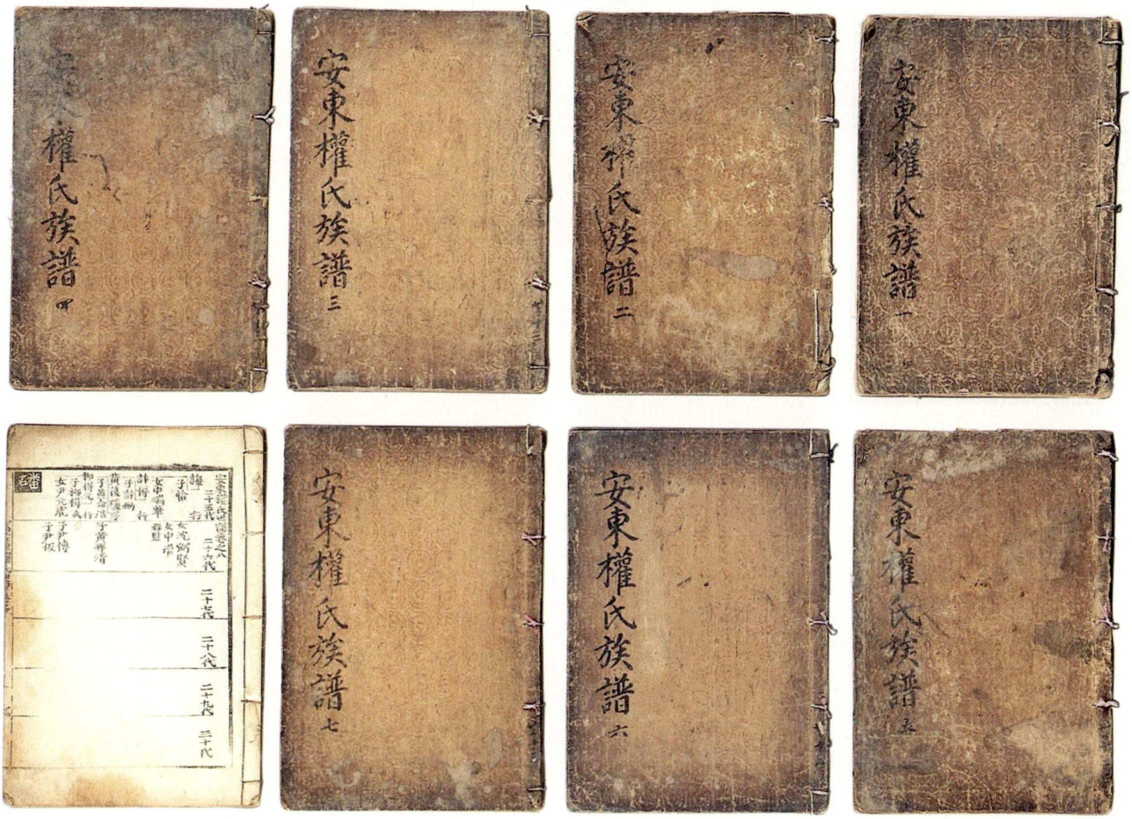

• 《안동권씨족보》

등장하고 있다.

서거정은 이 《성화보》의 간행에 깊숙이 관여했다. 안동 권씨의 족보 편찬에 달성 서씨인 서거정이 관여한 것은 앞서 언급하였듯이 그가 권근의 외손이었기 때문이다. 녹공錄功을 통해 고위 관직을 독점하는 훈구공신 및 그들간의 폐쇄적인 혼인망을 통해 형성된 특권 가문들이 망라된 《성화보》는 친·인척으로 얽혀 있는 15세기 지배 집단의 인맥과 명족名族 의식을 잘 보여준다.

계층 이동의 폐쇄성이 두드러지는 신분제 사회에서 공신으로서 세록世祿·세유世宥를 향유하였던 훈구세력은 조선시대 어느 정치세력보다도 귀족관료

● 사가정공원에 세워진 시비들(서울 중랑구)

적 성격이 두드러진 집단이었다. 서거정 또한 예외가 아니었다. 고려시대의 문벌처럼 사회 전면에 대두되었던 것은 아니었지만, 서거정의 일족은 '명족名族'·'거족鉅族' 의식을 지닐 정도로 지배층 내에서도 구별되는 소수의 특권층으로 군림하였다. 대구의 영천, 경기도 임진과 양주의 토산, 광진의 몽촌, 그리고 동대문 밖 등지에 전장을 소유하였던 서거정은 경제적으로나 정신적으로 풍요롭고 여유로운 삶을 누렸다. 물론 서거정이 공신으로서 누린 풍요와 영달을 도덕적 견지에서 부정적으로만 평가할 수는 없다. 15세기에 공신의 부귀는 곧 종사를 위하여 진충보국盡忠報國한 결과였으므로 서거정과 같은 공신의 사유 속에서는 자랑스럽게 누려야 할 당연한 보상으로 간주되었기 때문이다.

현재 중랑구 면목동 용마산 아래에 위치한 사가정 공원에는 〈한중閑中〉, 〈춘일春日〉, 〈독좌獨坐〉, 〈수기睡記〉 등 서거정의 대표적인 시를 새긴 4개의 시비詩碑가 조성되어 있다.

금빛 수양버들에 들고 옥빛은 매화를 떠나는데	金入垂楊玉謝梅
작은 연못의 새 물이 이끼보다 푸르구나	小池新水碧於苔
봄의 시름과 봄의 흥취 어느 것이 더 깊고 옅을까	春愁春興誰深淺
제비 아직 오지 않고 꽃도 피지 않았네	燕子不來花未開

앞의 시는 시비로 조성된 4개의 시 중 〈봄날春日〉이라는 시이다. 이 시에서 서거정은 금빛, 옥빛, 푸른 빛 등 색채 감각에 의지하여 정원과 연못을 시각적 이미지로 섬세하게 그리고 있다. 또한 한기와 온기가 교차하는 이른 봄날을 시름과 흥취의 감정과 절묘하게 연결시키는 시적 기교를 보여주고 있다.

그런데 서거정이 귀족적 관직 생활의 여유 속에서 안온하고 여유로운 분위기를 담담하게 읊었던 15세기 후반은 자연재해로 인한 흉년이 주기적으로 찾아왔고, 그때마다 농가경제의 파탄 · 농민들의 유랑 · 도적의 기승, 그리고 기아로 인한 사망과 전염병의 확산 같은 재해가 잇달았던 시기이기도 하였다. 서거정이 자신의 시대를 성세盛世로서 찬미할 때 동시대의 많은 농민들은 토지로부터 배제되는 빈도가 늘어났고 세금 · 부역에 시달리는 고달픈 삶을 살고 있었다.

광릉의 들판에는 보리가 누렇게 익었고	廣陵原頭大麥熟
광릉의 산 밑에는 뽕잎을 다 따 먹였네	廣陵山下桑葉禿
농부들의 타맥 소리는 천둥을 치듯 하고	田夫打麥聲如雷

아낙네가 켠 고치실은 옥보다 하얗구려	野婦繰絲白於玉
지금의 생활은 이것으로 조금 넉넉해졌건만	當時生理稍自足
행여 조세를 충당 못할까 다시 걱정이로세	復憂幸未充租糴
어젯밤 무논에는 비가 이미 흠뻑 내려	昨夜水田雨旣膏
향기로운 바람에 파란 모 잎이 펄럭이니	香風翻翻秧新綠
이때를 놓치지 않고 김을 매 줘야 하는데	此時耘鋤當及時
큰 애는 비슬거리고 작은 애는 뛰기만 하네	大兒踉蹡小兒躍
제발 당부하노니 농사일을 열심히 하여	丁寧相告務穡事
삼가 현령의 독촉 받지 않도록 할지어다	愼勿坐受縣官督

위의 시는 《사가집》에 수록되어 있는 〈전가음田家吟. 광릉촌에 이르다到廣陵村〉라는 시이다. 서거정은 백성이 자연재해나 세금·부역 등으로 곤궁함에 시달리는 상황을 여러 수의 서사시에 담았다. 그러나 위 시의 "제발 당부하노니 농사일을 열심히 하여 삼가 현령의 독촉 받지 않도록 할지어다."라는 결구에서도 볼 수 있듯이 서거정의 관심은 농민의 생활을 안정시켜 그들의 항산을 보장할 근본적인 방책을 강구하기보다는 '제민制民'을 통해 경작을 강제하고 이로써 국가의 재정을 유지하는 지극히 소극적인 현상 유지론에 두어지고 있었다. 서거정은 치자治者로서 체제질서의 현상적 유지, 국가 수취 기반의 확보에 매우 충실한 면모를 보였으나, 바로 그러한 점 때문에 부세제도의 모순과 유민 발생의 악순환을 해결할 수 없는 한계를 보였다.

이와 함께 훈구공신의 정치론은 군주의 고립을 방지하고 왕권의 안정을 뒷받침한다는 '성취'의 측면에도 불구하고, 공신의 지속적인 배출을 합리화하고 그 정치권력의 독점을 정당화하는 한계도 함께 지니고 있었다. 1478년(성종 9) 이심원李深源과 남효온이 상소하여 소릉昭陵(단종의 모후인 현덕왕후의 능)의 복위를 요청한 일은 이러한 측면을 잘 보여주는 사례이다. 이심원·남효온의 상소는 세조의 집권과 그를 도운 공신의 녹훈이 '부정'한 것이었음을 주장한 것으로 훈구공신 중심의 지배체제에 대한 도전이라 할 만하였다. 이에 서거정을 비롯한 훈구공신은 부박한 신진이 본분을 벗어나 붕당을 일삼는다는 이유를 들어 이들을 엄히 다스려야 한다고 주장하였다. 여기에서 붕당이란 직분을 벗어나 사사로운 의론으로 국시를 세운 정령의 시비를 어지럽히는 행위를 말한다.

서거정은 국사의 사정邪正과 시비是非의 분변, 국정의 모의와 국론의 주도는 사람마다 모두 참여할 수 있는 일이 아니며 공신이나 정승 및 재상의 반열에 오른 뒤에야 가능하다고 보았다. 그는 관료제 내에서 하관下官이 상관上官을 공경하지 않는 풍조와, 유생이나 초야의 선비와 같은 미출사자未出仕者가 '공론'을 칭탁하며 국정의 시비를 논하는 '외의外議'를 부정적으로 바라보았다. 서거정은 출사자와 미출사자, 고위관직과 미관말직이 모두 각자의 직분을 충실히 지킴[守職]으로써 자연스럽게 기강과 질서가 유지되기를 바랐다. 그는 종래 백성들을 대상으로 강조하였던 상하·존비·귀천의 명분 질서를 지배층 내부에도 철저하게 적용, 관료 및 유자층 내부의 직분과 위계질서를 엄히 세워 훈구공신이 주도하는 수직적 정치운영을 지속시키고자 하였던 것이다.

이렇듯 왕권·국가의 안녕과 공신·훈벌의 확대 존속을 밀접히 연관시킴으로써 공신 집단의 권력 집중과 특권 강화를 합리화 한 훈구공신의 정론은 지배층 내에서조차도 직분과 위계를 엄격히 준수해야 한다는 수직적 정치운영으로 이어졌다. 이러한 주장이 양반지배층 다수를 권력과 특권에서 배제시키는 가운데 그들의 반발과 정치적 집결을 초래하였던 것은 당연한 귀결이었다.

서거정과 훈구공신, 사림

지금까지 살펴보았듯이 15세기 조선은 왕권 안정과 중앙집권체제의 재편이라는 시대적 과제를 안고 있었던 시기였다. 서거정을 비롯한 15세기의 훈구 공신들은 박학한 '통유'로서의 면모를 갖춘 가운데 문물제도를 완비하고 왕조의 기틀을 다지는 데 많은 공헌을 하였다.

서거정은 군주를 도와 공업을 쌓고 사공을 이루는 출처를 지향하였다. 이러한 가운데 공신은 단순히 높은 지위만이 아니라 신하로서 이룰 수 있는 최대의 공업을 이룬 존재라는 점에서 사대부가 지향해야 할 바람직한 출처의 상징으로 자리 잡았다. 공신은 관료제도 속에서 군주와의 특별한 유대관계가 전제된 존재였다. 공신의 맹약을 계기로 군주와 공신, 공신들 상호간의 관계는 공동운명체로서 특별한 유대감을 형성하였고 훈구대신은 국가와 운명을 같이 하는 존재로 각인되었다.

그러나 빛이 밝으면 그림자도 짙은 법, 15세기 내내 거듭된 공신 책봉과 공신들에게 편중된 정국 운영은 이들의 권귀화 현상을 수반하는 부작용을 초래하였다. 요컨대 15세기의 훈구공신은 국가의 제도문물을 정비하고 집권체제를 재정립하고자 노력하였던 이들이었지만, 동시에 비대해진 정치권력과 경제적 특권으로 인해 15세기 말에 이르면 점차 국가의 통치 질서를 위협하는 부패한 관료 세력으로 비판받는 상황에 놓이고 있었던 것이다. 훈구공신들은 누대에 걸친 특권 속에서 공신을 정점에 둔 수직적 권력구조를 옹호하였는데, 이는 공신 중심의 정치운영에 반발하는 대다수의 양반층을 양산해냈다. 이들은 점차 사림이라는 정치 세력으로 결집해나갔으며, 훈구대신 중심의 수직적 정치구조에서 양반 사대부 일반의 권력균형 · 권익균점을 보장하는 수평적 정치구조로의 재편을 주장하였다. 이 과정에서 사대부 일반의 정치 · 사회적 책무 의식이 반영된 '공론公論'의 의미가 새롭게 조명되었고 이심원 · 남효온의 소릉 복위 주장이 표출되었다.

건국 후 조선은 통유의 자질과 공업을 중시한 출처를 앞세워 공신의 위상을 새롭게 정립한 훈구공신들의 시대를 거치며 제도 문물을 정비하고 체제의 기틀을 다졌다. 이후 이어진 이른바 훈구와 사림의 갈등은 종래 훈구공신의 정치주도 속에 노정된 양반지배층 내부의 정치 · 경제적 불균不均을 내부에서 조정해 나가는 과정이었다. 이러한 정치적 흐름은 조선이 봉건적 집권체제를 다시 한 번 재정립하고 새롭게 도약할 수 있는 계기가 되었다는 점에서 중요한 의미를 갖는다고 할 수 있다.

제7강

한명회, 권력의 정점에 서다

압구정역

김영두(국사편찬위원회 편사연구관)

제7강 한명회, 권력의 정점에 서다

압구정역

압구정역과 한강

오늘날 서울의 한강 풍경이라고 하면 공원으로 말끔히 단장된 인공 둔치와 수많은 차들이 오가는 강변도로, 그 뒤로 병풍처럼 줄지어 서 있는 고층아파트가 떠오른다. 한강에는 20개가 넘는 다리가 놓였고, 전철, 기차, 자동차가 그 위를 분주히 오간다. 그리고 한강 위로는 유람선 몇 척이 이따금 오갈 뿐이다.

하지만 조금만 시간을 거슬러 올라가면 한강의 모습은 지금과 전혀 달랐다. 철마다 흐르는 물의 양이 크게 달라, 강 유역에는 백사장과 습지가 넓게 자리 잡고 있었고, 서울로 가는 주요 길목마다 이름난 나루터가 즐비하였다. 또한 한강은 상류 쪽으로는 멀리 강원도와 경상도에 닿고, 하류 쪽으로는 바다로 이어지는 수운의 대동맥이었다. 포구들 사이로 짐을 실은 배들이 분주히 오갔고 그 사이 고깃배들이 점점이 떠 있었다.

이런 한강의 풍경은 아름답기로 이름나서 중국에서 사신이 오면 풍광을

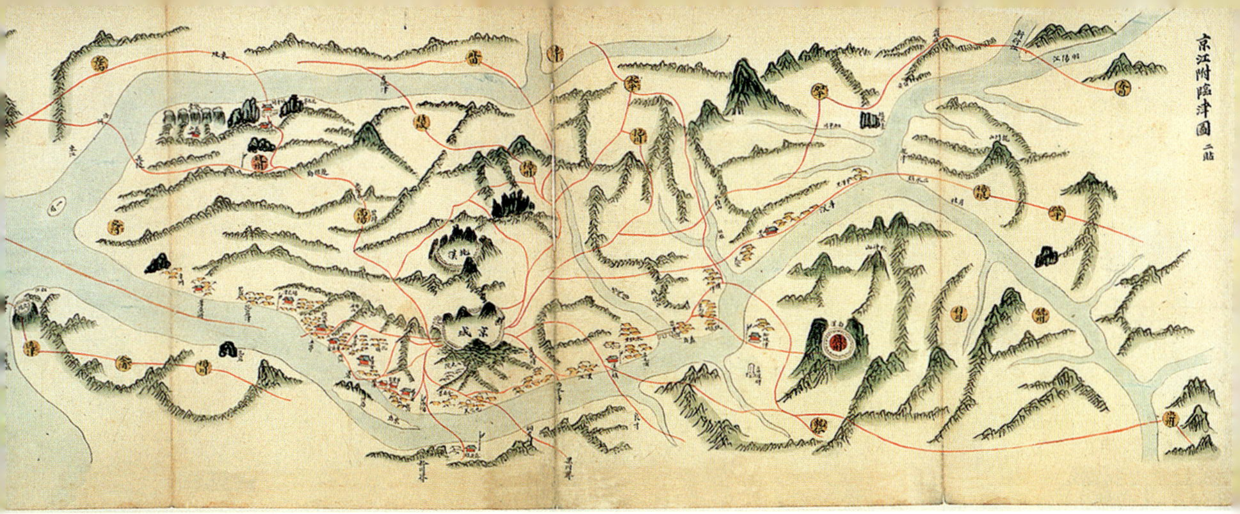

● 한강의 모습이 잘 나타난 〈경강부임진도〉

즐기러 나가던 대표적인 장소였다. 한강 주변에는 그 경치를 즐기려는 크고 작은 정자들이 들어섰는데, 조선 초기의 고위 관료인 한명회韓明澮가 지은 압구정도 그러한 정자 가운데 하나였다. 압구정은 중랑천이 한강과 만나는 지점에 있던 두모포豆毛浦 건너 남쪽 강안의 언덕 위에 자리 잡고 있었는데, 바로 앞 강 중간에는 저자도楮子島라고 불리는 모래섬이 있었다. 당시 그 일대는 동호東湖라고도 불렸는데 아름다운 경관을 자랑하던 곳이었다.

1960년대 말에서 70년대 초에 걸쳐 현대건설이 압구정이 있던 지역에 둑을 쌓고 저자도의 모래를 퍼내어 매립지를 조성하면서 그곳의 풍경은 완전히 바뀌었다. 그곳에는 지금 압구정 현대아파트가 들어서 있다. 오늘날 아파트 속에 비석으로만 그 흔적이 남은 압구정은 지하철 3호선 압구정역, 강남구 압구정로 등의 이름을 남겼다.

세상의 욕심을 잊고 갈매기와 친하게 지낸다는 '압구狎鷗'의 의미는 한명회의 삶을 반어적으로 설명해준다. 정권의 실세로 권력을 휘두르며 온갖 부귀영화를 누리며 살았던 그의 삶은 바로 세상 사람들이 다들 욕심내며 추구하는 것이 아니었던가. 오히려 그에게 '압구'는 지나쳐버린 두 갈래 길의 다른 쪽 끝과 같은 환상이었을 것이다.

• 압구정터 알림돌(서울 강남구)

공신 가문 후손의 불우한 어린 시절

한명회의 자는 자준子濬이며, 고려 말에서 조선 초에 걸쳐 유력한 가문이었던 청주 한씨 출신이었다. 그의 증조부인 한수韓脩는 조선 초에 밀직제학을 지냈고, 조부인 한상질韓尙質은 예문춘추관대학사藝文春秋館大學士를 지냈다. 한상질의 동생 한상경은 조선의 개국공신이었다. 한명회의 아버지인 한기韓起도 사헌감찰司憲監察의 벼슬을 지냈고, 어머니는 여흥 이씨로 예문관 대제학을 지낸 이적李逖의 딸이었다. 이처럼 한명회는 조선 초기 개국공신을 배출한 유력한 가문을 배경으로 태어났다.

하지만 정작 그의 어린 시절은 불우하였다. 한명회는 어머니가 그를 밴 지 7개월 만에 태어났다고 한다. 집안사람들은 버려두고 기르지 않았는데,

늙은 여종이 두어 달을 돌보아 겨우 살아났다. 이 이야기는 서거정이 지은 한명회의 신도비문에도 나오는 만큼 당시 널리 알려졌던 사실로 보인다. 오늘날 많은 사람들이 이 이야기 때문에 한명회의 모습을 작고 볼품없을 것으로 상상하는데 성년의 그는 그렇지 않았던 것 같다. 한명회가 명나라에 사신을 갔을 때 그를 만난 예겸倪謙의 기록에 따르면 그는 '큰 키가 옥처럼 섰고, 거동과 풍모가 빼어났다.'고 한다. 또한 그는 무인들과 많이 어울렸고 권력을 잡은 뒤에도 국방과 군사 방면에서 주로 활동하였다. 이런 사실들을 통해 한명회는 무인풍의 건장한 모습을 지녔을 것으로 짐작해 볼 수 있겠다.

한명회는 어릴 적 부모를 여의고 종조부인 참판 한상덕韓尙德에게 가서 의지하였다고 한다. 나이가 들자 한명회는 문과에 응시하기 위한 공부를 시작하였다. 그는 1439년(세종 21) 유방선柳方善에게 나아가 글을 배웠다. 거기서 서거정, 권람權擥, 강효문康孝文 등과 인연을 맺었다. 이들은 유방원의 원주 별장과 인근의 법천사에서 함께 공부하면서 친분을 쌓아나갔는데, 특히 권람과의 인연은 이후 세조 휘하의 최측근으로 다시 이어졌다.

하지만 한명회는 글공부에 크게 재주가 있었던 것 같지는 않다. 그는 끝내 문과에 급제하지 못했는데 이에 대한 기록을 검토해 보면 재미있는 점을 발견할 수 있다. 《국조선원보록》에는 그가 젊었을 때 일이 잘 풀리지 않았지만 과거 보기를 애쓰지 않았다고 기록되어 있다. 그리고 《성종실록》의 한명회 졸기卒記를 보면 그는 글을 읽어 자못 얻는 바가 있었지만 여러 번 과거에 합격하지 못하였다고 기록하고 있다. 서거정이 쓴 신도비문에는 여러 번 과거에 실패하였지만 서운하게 여기지 않았다고 기록되어 있다. 그가 과거에 여러 차례 낙방하고 관직을 제대로 얻지 못했던 것에 대해서 여러 가지로 변명을 하고 있는데 글마다 제각각 다른 모습인 점이 우습다. 결국 한명회는 1452년(문종 2) 38세가 되어서야 겨우 경덕궁직敬德宮直이란 낮은 벼슬을 얻었다. 이렇게 보면 한명회는 비록 유력한 가문의 후예로 태어났지만 어려서 부모를 잃고 과거에 거듭 실패하면서 고난과 패배의

• 한명회 신도비(충남 천안시)

• 한명회 묘(충남 천안시)

쓴맛을 깊이 느꼈다고 볼 수 있겠다. 그것은 이후 그의 삶에 적지 않은 영향을 끼쳤을 것이다.

수양대군과 만나 권력을 잡다

1452년 5월 문종이 병으로 세상을 떠났다. 왕위를 이은 문종의 아들 단종은 나이가 12살에 지나지 않았다. 문종이 죽고 단종이 왕위에 오를 무렵 국정의 운영은 황보인皇甫仁, 김종서金宗瑞 등 세종 때부터 많은 경험을 쌓았던 대신들이 주도하였다. 하지만 세종의 둘째 아들인 수양대군, 셋째 아들인 안평대군이 서로를 견제하며 세력을 키워가고 있었다.

1452년 7월 한명회는 권람權擥을 찾아가 수양대군을 도울 뜻을 보였고, 권람은 수양대군에게 그를 소개하였다. 권람은 같은 스승 밑에서 공부했던 한명회를 이전부터 잘 알고 있었지만 수양대군은 한명회를 당시 처음 만났다. 수양대군은 한명회를 처음 보고도 마치 옛 친구처럼 대할 정도로 서로 뜻이 통하였다. 수양대군의 부인인 파평 윤씨 집안은 한명회의 가문과 여러 겹의 혼인 관계를 맺었는데, 그 때문에 수양대군에게 한명회가 아주 남처럼 여겨지지 않았을 수도 있다. 수양대군과 권람, 한명회는 한두 살 차이 나는 동년배였는데, 거기서 오는 친밀감이 있었을 수도 있다. 수양대군은 늘 한명회를 '나의 장자방'이라고 불렀다고 하는데 이 말은 당시 한명회가 수양대군의 추종자들 사이에서 차지하고 있던 위치와 역할을 잘 보여준다.

수양대군과의 만남 이후 한명회는 권람과 함께 정변을 준비하는 핵심 인물로서 비밀 책사 역할을 맡아 활동하기 시작했다. 당시 정국은 긴장감이 높았다. 황보인, 김종서를 비롯한 대신들과 수양대군 및 안평대군의 주변 인물들은 서로를 견제했다. 예컨대 황보인은 권람의 형인 양주부사 권지權摯를 불러 권람이 수양대군의 문하에 드나들지 못하도록 하라고 종용하기도 했다.

이런 상황에서 공신의 후손으로서 넓은 인맥을 갖추고 있었지만 벼슬이라고 하기에 민망할 정도로 낮은 지위에 있던 한명회는 오히려 별다른 견제를 받지 않고 자유롭게 활동할 수 있었던 것 같다.

한명회는 세조정변(계유정난)을 성공시키는 전 과정을 조율하는 역할을 수행했던 것으로 보인다. 훗날 임금이 된 세조가 "정난의 일은 모두 한명회가 했고 나는 한 일이 없다."라고 말할 정도였다. 그 중에서도 한명회는 두 가지 핵심적인 일에 주력했다. 바로 정보를 관리하는 일과 군사력을 준비하는 일이었다. 한명회는 안평대군 측의 이현로李賢老, 조번趙藩, 이명민李命敏 등과 자주 만났다. 안평대군의 책사였던 이현로는 한명회를 안평대군에게 추천하려고 할 정도였다. 또한 한명회는 안평대군 주변의 종들을 이용하여 정보를 수집하기도 하였다. 이러한 과정을 통해 한명회는 안평대군 측에 서 있던 인물들의 범위와 그 친소의 정도를 소상하게 파악할 수 있었던 것으로 보인다.

한명회가 했던 중요한 역할 중의 다른 한 가지는 정변을 위한 세조 측의 군사력을 갖추는 것이었다. 세조 측에는 홍달손洪達孫, 양정楊汀, 유수柳洙 등 무장이 다수 가담하였다. 이들 중 상당수는 금군 출신이었는데 이들을 세조와 만나게 주선하고 거사에 참여하도록 설득한 사람이 바로 한명회였다. 또한 한명회는 정변 당일 세조 측에 선 군사들이 동요하지 않고 각각의 역할을 수행하도록 통솔하는 역할도 맡았다. 세조가 몸소 김종서를 찾아가 그를 살해하는데 성공하자 군사를 움직여 그 이후의 일을 처리한 것은 한명회였다.

정변이 성공하자 한명회는 곧 정난공신 1등에 책봉되고, 몇몇 관직을 거친 뒤 곧 승정원의 승지가 되어 정국 운영의 최일선에 섰다. 하지만 세조 정권의 안정을 위해서는 한 고비를 더 넘어야만 했다. 세조의 정변에는 찬동했지만 세조가 직접 왕위에 오르는 것을 용납하지 못하는 관료들이 있었던 것이다. 성삼문成三問을 비롯한 몇몇 관료는 정변의 주모자들을 제거하고 단종을 왕좌에 복위시키려고 마음먹었다. 그들은 중국 사신을 위한 연회장에서 운검들로 하여금 세조와 중신들을 제거하려는 계획을 세웠다. 하지만 한명회가 돌연 세조의 연회 참석을 취소하고 운검의 입시를 막아서자 그 계획은 물거품이 되고 말았다. 결국 이 일은 거사에 참여했던 김질의 고발로 들통 나고 말았다. 단종이 끝내 죽음을 맞기까지 몇 차례 피를 부르는 사건이 더 있었지만 이 단종복위 모의야말로 세조 정권이 자리 잡는 도중에 마주친 가장 큰 고비였다. 한명회는 거사의 성공을 눈앞에 둔 순간에 그것을 꺾어버리는 조치를 취함으로써 자신이 세조 정권에 없어서는 안 될 인물임을 다시 한 번 증명하였다.

한명회의 체찰사 활동과 권력의 부침

한명회는 1454년(단종 2) 8월 동부승지로 승정원에 들어간 다음 1457년(세조 3) 8월까지 약 4년간 승정원에서 여러 승지를 역임하였다. 이후 이조판서와 병조판서를 역임하였고, 1462년(세조 8)에는 우의정이 되었다. 그 뒤로 오랫동안 의정부의 정승 자리에 있었고 조정의 훈신으로 존중을 받았다.

세조대 한명회의 관직 생활 중 눈에 띄는 부분은 그가 세조의 명을 받아 여러 차례 지방을 순시하였다는 사실이다. 그는 1456년(세조 2) 8월 좌승지의 신분으로 사신을 영접하는 선위사로 평안도와 황해도에 파견되었다. 돌아와서 올린 보고서에 따르면 한명회는 단순히 사신을 접대하는 임무 외에도 지방 수령의 활동 감찰, 북방의 방어 실태에 대한 점검, 민간의 폐해에 대한 조사 등을 실시하였다. 이런 식으로 세조 집권기에 한명회는 모두 14차례 지방에 파견되었는데, 1459년(세조 5) 이후 주로 평안, 함경, 강원, 황해 등 북방 4도에 파견되었다. 특히 이듬해 여진 정벌이 단행되자 그가 북방에 체류하는 기간은 더욱 길어졌다. 많게는 300일이 넘는 기간을 북방에 머물면서 활동하였던 것이다.

한명회는 (도)순찰사 또는 (도)체찰사라는 이름으로 지방에 파견되었다.

이러한 자리는 중앙의 관직을 가지고 있는 상태로 국왕의 명을 받아 지방에 파견되는 임시 겸직이었다. 하지만 그 임시적인 자리는 또한 이례적인 자리이기도 했다. 국왕의 특별한 명을 받아 기존의 지방관들을 관할하였으니, 국왕의 명령을 보다 직접적으로 지방에 관철시키려는 의도를 가진 조치였다. 그러한 임무를 맡아 나가는 사람이 바로 세조 정권의 핵심 실세인 한명회였으니, 당시 파견되었던 지방에서 그의 권력은 절대적이었을 것이다.

하지만 권력이 높아질수록 그 그늘도 깊어진다. 이시애李施愛의 난에 연루된 것이다. 1467년(세조 13) 함경도 길주 지방의 토호로 회령부사를 지냈던 이시애는 함길도절도사 강효문康孝文과 휘하의 부하들을 죽이고 반란을 일으켰다. 그런데 이시애는 반란을 일으키면서, 함길도절도사 강효문이 조정의 중신인 한명회, 신숙주 등과 내통하여 반란을 도모하였기 때문에 자신이 이를 진압하기 위해 군사를 일으켰다고 주장하였다. 이런 주장을 그대로 믿을 수는 없지만 당시 강효문이 지역의 군사와 백성을 착취하고 중앙의 권문세가에 뇌물을 주면서 결탁하는 등 불법을 저질러 원망의 대상이 되었던 것은 사실로 보인다. 그리고 강효문과 결탁했던 중앙의 권세가로 한명회와 신숙주가 지목되었던 것도 사실로 보인다.

이시애의 반란이 심각해지자 세조는 한명회와 신숙주를 반란의 토벌 과정에서 제외하였다. 그리고 얼마 뒤 한명회와 신숙주를 구금하라고 명령하였다. 신숙주는 그 아들들과 의금부에 끌려왔고 한명회는 병을 이유로 가택에 연금되었다. 그들은 보름 남짓 만에 풀려났지만 논란에서 완전히 벗어난 것은 아니었다. 세조는 그들을 풀어주었지만 그들이 훈신으로서 권력을 마음대로 휘둘렀다는 점을 지적하였다. 그러자 중신과 대간은 한명회를 매일같이 공격하며 처벌해야 한다고 주장하였다.

그러나 세조는 끝내 한명회를 처벌하지 않았다. 하지만 그렇다고 해서 그가 예전의 신임을 다시 회복한 것도 아니었다. 이시애 난은 구성군龜城君 이준李浚과 조석문曹錫文, 남이南怡 등에 의해 진압되었고, 이들은 적개공신에 책봉되었다. 그리고 한명회가 맡고 있던 북방의 군사 관련 업무는 점차 이들에게로 이전되었다. 이시애의 난 진압군이 명의 요청으로 여진 공략에 동원되어 큰 승리를 거두자 이러한 분위기는 더욱 짙어졌다. 아마도 세조는 자신의 즉위에 큰 공을 세운 훈신들을 뒤로 물리고 세자 즉위 이후 조정을 지탱할 새로운 훈신 세력을 키우려는 의도를 가지고 있었는지도 모르겠다.

하지만 이러한 상황은 세조의 갑작스러운 죽음으로 크게 방향이 틀어졌다. 예종이 즉위하자 한명회는 원상院相의 일원으로 다시 정국을 주도하였던 것이다. 이는 예종이 세조 말의 적개공신들보다는 그 이전의 훈신들을 더 신임했기 때문이었다. 그리고 곧이어 남이의 옥사가 발생하여 강순, 남이와 같은 적개공신이 제거되었다. 예종이 왕위에 오른 지 1년 만에 죽고 어린 성종이 즉위하여 세조의 아내인 정희왕후가 대비로서 수렴청정을 하는 동안 한명회는 원상으로서, 외척으로서, 훈구대신으로서 정권을 안정시키는 역할을 수행하였다. 이 시기 한명회는 다시 익대공신과 좌리공신에 책봉되면서 두 번째 전성기를 맞았다.

수렴청정이 이어진 1476년(성종 7)까지 한명회는 원상으로서 다시 권력의 중심에 섰다. 하지만 정희왕후가 청정을 철회하는 과정에서 그에 대해 적극적인 반대 의견을 펼쳤던 한명회는 이후 곤란한 입장에 처하게 되었다. 성종의 친정에 반대했던 한명회를 처벌해야 한다는 주장이 대두되었기 때문이다. 결국 한명회는 면직되고 곧이어 원상도 혁파되었다. 성종은 직접 정무를 보기 시작하면서 상대적으로 젊은 사림 세력을 중용하였다. 국왕을 중심으로 국정이 정상적으로 처리되면서 중신의 권력은 견제를 받게 되었다.

애초에 정변을 통해 세조 정권을 세운 공신들은 혼인을 통해 서로의 결속력을 다졌다. 한명회의 동생 한명진은 권람의 누이와 결혼하였고, 큰 딸은 신숙주의 아들 신주申澍에게 출가하였으며, 둘째 딸은 영천군鈴川君 윤사로의 아들 윤반尹磻에게 출가하였다. 한명회는 왕실과도 혼인 관계를 맺었는데, 곧 그의 셋째 딸은 예종의 비인 장순왕후章順王后이고, 넷째 딸은 성종의 비인 공혜왕후恭惠王后이다. 하지만 예종과 성종에게 시집간 두 딸은 모두 일찍 죽고 말았다. 한명회로서는 왕실과 자신을 연결하여 자신의 입지를 튼튼하게 지켜줄 수 있는 보호막을 잃은 셈이다. 성종이 직접 정치에 나선 뒤로 한명회가 자신의 입지를 지키기 위해 주력한 분야는 명과의 외교 분야였다.

한명회의 외교 활동과 압구정

한명회가 처음으로 명에 사신으로 간 것은 1457년(세조 3)이었다. 당시 단종 복위 사건의 처리 와중에 왕세자가 병사하였고 단종도 죽음을 맞았다. 전해 4월 왕세자의 고명을 명에서 받아온 지 겨우 1년 남짓 만에 왕세자가 세상을 떠난 것이다. 한명회는 당시의 경위를 설명하고 아우인 해양대군을 대신 왕세자로 삼는 것을 추인받기 위해 그해 11월에 명에 사신으로 갔다. 그 뒤 1460년(세조 6) 훗날 예종으로 즉위하게 되는 왕세자는 한명회의 딸을 세자빈으로 맞이하였다.

한명회의 두 번째 사신 행차는 1475년(성종 6)에 있었다. 두 번째 사행의 목적은 성종의 친부모에 대한 고명을 보내 준 데 대한 감사의 뜻을 표하는 것이었다. 성종 즉위 이후 집권 세력은 성종의 정통성을 보다 굳건하게 하기 위하여 친아버지인 의경세자 부부를 왕과 왕비로 책봉해 달라고 명에 요청하였다. 명은 그 청을 받아들여 그들을 회간왕懷簡王과 회간왕비로 책봉해 주었다. 한명회는 명의 이러한 조치에 감사하는 뜻을 표하기 위하여 사행에 나섰던 것이다.

당시 명은 조선 출신으로 명 황실에서 환관으로 활동하는 인물을 사신으로 발탁하여 파견하는 일이 많았다. 성종 때 이렇게 명 사신으로 파견된 대표적인 인물은 정동鄭同이었다. 그는 세종 때 명 황제 선종의 후궁으로 뽑혀 간 한씨韓氏를 수종하여 중국에 갔다. 한씨는 한확韓確의 여동생으로 성종의

• 겸재 정선의 〈압구정도〉

친어머니인 인수대비의 고모가 된다. 한씨는 당시 명 황제 헌종을 양육한 공으로 상당한 권력을 누리고 있었는데, 그 권력을 바탕으로 조선에 다양한 물품을 요청하기도 하였다. 조선의 입장에서 이들은 공식적인 외교 질서를 흐트러뜨리는 골칫거리이기도 하면서 조선을 위해 힘을 보탤 수 있는 원군이기도 했기 때문에 조심스럽게 다루지 않을 수 없는 존재였다.

정동은 한씨를 뒷배로 하여 여러 차례 조선에 사신으로 방문했는데, 한명회는 그와 친밀한 교분을 쌓았다. 한명회는 1480년(성종 11) 왕비 책봉, 1483년(성종 14) 세자 책봉을 요청하는 임무를 맡아서 사신으로 명에 다녀왔다. 한명회의 딸인 성종비 공혜왕후는 일찍 죽고, 숙의 윤씨가 대신 중전의 자리에 올랐다. 그녀는 곧 원자를 출산하고 명으로부터 왕비의 고명을 받았다.

하지만 얼마 지나지 않아 성종과 윤씨의 관계가 틀어졌고 왕비는 쫓겨났다. 명으로부터 고명을 받은 왕비를 쫓아내고 다시 왕비를 세워 고명을 받는 일도, 쫓겨난 왕비 소생의 왕자를 세자로 책봉 받는 일도 다 쉽지 않은 문제였다. 게다가 활을 만드는 재료인 궁각弓角을 수입하는 문제 또한 해결해야 할 중요한 외교 현안이었다.

한명회는 정동과의 친분을 이용하여 이러한 문제를 해결할 수 있었는데, 그러한 역할을 수행하면서 조정에서 자신의 위상 또한 유지할 수 있었을 것이다. 하지만 한명회의 이러한 활동은 왕과 조정의 신료들로부터 결코 좋게 받아들여지지 않았던 것으로 보인다. 1481년 사신으로 온 정동을 접대하기 위해 압구정에서 연회를 준비하던 한명회는 장막을 빌리는 문제로 결국 성종의 노여움을 사 직첩이 회수되는 처벌을 받았다. 결국 1483년 정희왕후와 한씨, 정동이 모두 사망하자 한명회의 입지는 더욱 위축되었다. 이후 별다른 활동을 하지 못하고 지방을 오가며 휴양하다가 1487년(성종 18) 생을 마감하였다.

한명회와 그의 시대

한명회는 1457년(세조 3) 처음 중국에 갔을 때, 예겸이라는 관료에게 자신이 세운 정자의 이름을 지어달라고 했다. 조선에 사신으로 와서 한강을 둘러본 적이 있었던 예겸은 송나라 때의 재상 한기韓琦의 정자 이름을 빌려와 압구정이라고 지어주었다. 이후 1475년(성종 6) 한명회는 다시 명에 사신으로 갔는데, 이때 주고받은 압구정 시를 모아 만든 두루마리를 성종에게 바쳤다. 그러자 성종은 다음해 압구정에 대한 시 4수를 지어 내려주었다. 그는 그 시를 판에 새겨 정자에 걸었다. 그러자 조정의 뭇 신하들이 이를 칭송하는 시를 지었다. 그 다음 해 성종은 또 시 4수를 지어 하사하였고 여러 조신들은 이때도 무수한 시를 지어 그것을 기념하였다. 한명회에게는 참으로 특별한 영광의 순간이었을 것이다.

하지만 얼마 지나지 않아 경연에서 사장詞章을 일삼는 것은 좋지 않다는 비판을 받은 성종은 압구정의 시판을 내리게 했다. 그리고 1481년(성종 12) 압구정에서 중국 사신을 접대하는 연회를 준비하기 위해 장막을 빌리는 문제로 사단이 났다. 국왕의 신임과 자신의 공적을 드러내는 자랑거리가 한 순간에 비난과 곤경을 불러오는 골칫거리가 되어버리고 만 것이다.

무력을 동원하여 권력을 탈취하였고 권력의 정점에 서서 북방을 호령하였던 대신이 무엇 때문에 자신의 이미지와 맞지도 않게 '압구'라는 이름의 정자를 짓고 시를 걸었을까. 문학을 중요하게 생각하는 어린 임금과 좋은 관계를 유지하고 싶었거나 권력과 재력을 바탕으로 만년에 문화애호가의 흉내를 내고 싶었을지 모르겠다. 하지만 성종대의 문신들은 그러한 그의 행동을 대단히 비판적으로 바라보았고 지금 남아있는 그에 대한 인물평은 인색하기 그지없다. 또한 오랜 세월동안 많은 사람들이 한강을 오가며 '압구'의 의미를 생각했다. 그때마다 한명회와 그의 시대, 그 의미는 계속 되새겨졌다. 그것은 오늘날도 마찬가지이다.

제8강

폐비 윤씨의 일생과 연산군의 복수

회기역

한희숙(숙명여자대학교 교수)

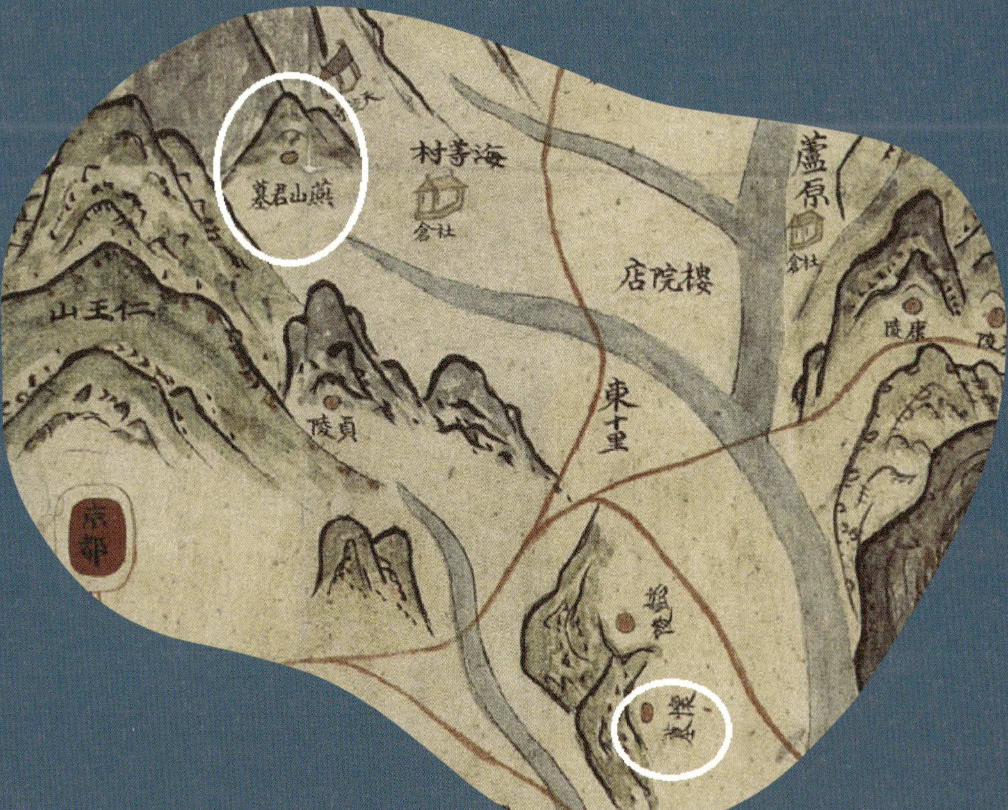

제8강 폐비 윤씨의 일생과 연산군의 복수

회기역

폐비 윤씨의 입궁과 왕비책봉

서울 전철 1호선 회기역의 이름은 이 근처에 있었던 연산군의 생모인 폐비 윤씨의 무덤인 회묘懷墓에서 유래한다. 성종에게 죽임을 당한 폐비 윤씨의 묘소는 원래 경기도 장단長湍에 있었다. 그러나 연산군은 즉위 직후 어머니의 비극적인 죽음을 알고 1496년(연산군 2)에 내시를 보내어 폐비의 묘를 살피게 했다. 묘소가 무너져 여우와 살쾡이가 시신을 해할 지경이라는 보고를 받고 연산군은 곧바로 묘를 옮기겠다는 명령을 내리고 반대하는 모든 사람은 용서 없이 참하겠다는 강경한 태도를 보였다.

이어 폐비 윤씨의 묘소는 넓은 묘역에 새로이 조성되었다. 그 이장자리가 지금의 경희의료원이 있는 회기동 일대였다. 연산군은 폐비 윤씨를 제헌왕후齊獻王后로 추존하고 회묘도 회릉으로 승격하였다. 그러나 중종반정 후 다시 윤씨가 폐비로 강등되어 도로 회묘가 되었다. 회묘는 1969년 경희의료원을 신축하면서 고양시 덕양구 원당동에 위치한 서삼릉으로 이장되었다.

• 회릉(경기 고양시)

1473년(성종 4)에 후궁으로 입궁한 연산군의 어머니 폐비 윤씨는 1476년(성종 7)에 왕비가 되었고, 연산군을 낳은 지 4개월 만에 폐비문제가 발생하여 그 후 2차례의 논의를 거친 뒤 1479년(성종 10)에 폐출되었다. 그리고 사가로 폐출된 지 3년 만인 1482년(성종 13)에 죽임을 당하였다.

왜 윤씨는 폐비가 되고 폐출되어야만 했으며, 죽임을 당해야 했을까. 그녀는 정말 알려진 바와 같이 질투와 못된 성격으로 인해서 죽임을 당해야만 했을까. 그의 아들 연산군은 어머니의 죽임에 대한 복수를 명분으로 피비린내 나는 갑자사화를 일으켰고, 결국 왕위에서 쫓겨났다. 폐비된 어머니와 폐위된 아들, 이들을 둘러싼 조선 왕조 궁중사의 비극 속으로 들어가 보도록 하자.

폐비 윤씨는 1473년(성종 4) 3월에 입궁한 간택후궁 출신으로 성종보다 2살 많았다. 폐비 윤씨의 아버지 윤기견尹起畎은 본관이 함안이며, 1439년(세종 21)에 생원으로 친시문과에 병과로 급제한 뒤 세종 문종대 대간활동을 적극적으로 하였다. 세조가 김종서를 죽인 계유정난에도 적극 동조한 인물이고, 사육신인 이개李塏 · 유성원柳誠源 등과도 함께 대간활동을 하였다. 그리고 세조가 즉위하자 원종공신 2등에 등록되었고, 세조로부터 많은 신임을 받았다. 그가 언제 죽었는지는 확실하지 않지만 그의 딸 윤씨가 성종의 후궁이 될 때는 이미 세상을 떠난 상태였다.

한편 폐비 윤씨의 어머니는 신평申枰의 딸이다. 신평은 세종대 정언을 지낸 인물로 신숙주의 아버지 신장의 동생이다. 즉 폐비 윤씨의 어머니는 신숙주와 사촌이고 폐비 윤씨는 신숙주의 오촌조카이다. 폐비 윤씨는 아버지가 일찍 돌아가심으로 인해 비교적 가난한 대간 집안에서 과부의 딸로 성장하였다. 윤씨가 궁으로 들어오자, 사람들은 "윤씨의 어미가 과부로 있어서 생활이 어렵더니, 이와 같은 복이 있다."고 했다.

폐비 윤씨가 입궁할 때는 정희왕후가 아직 수렴청정을 하고 있던 중이었다. 성종이 13세의 어린 나이로 왕이 되었기 때문이다. 그런데 폐비 윤씨가 입궁할 즈음 성종의 첫 번째 부인이었던 공혜왕후 한씨는 많이 아팠다. 공혜왕후는 세조 이래 당대 최고의 권력을 가지고 있던 한명회의 딸로, 1467년(세조 13) 정월 12일에 12세의 나이로 잘산군(후의 성종)과 혼인을 하였는데 세조와 정희왕후가 매우 총애하였다. 그러나 1474년(성종 5)에 병으로 자식을 남기지 못한 채 죽었다.

따라서 누가 계비가 될 것인가는 당시 후궁들 사이에선 큰 관심꺼리가 되었다. 궁중에는 폐비 윤씨와 같은 해 후궁으로 간택되어 들어 온 윤호尹壕의 딸 숙의 윤씨를 비롯해 정소용과 엄숙의 등 성종의 후궁들이 여럿 있었다.

새로운 왕비를 맞이하기 위한 간택령을 내렸지만 결국은 후궁 가운데에서 승격시켰다. 성종은 1476년(성종 7) 7월 11일에 대비의 뜻을 얻어 폐비 윤씨를 중전으로 삼았다.

대왕대비인 정희왕후는 "숙의 윤씨는 주상께서 중히 여기는 바이며 나의 의사도 또한 그가 적당하다고 여겨지며, 윤씨가 검소한 것을 숭상하며 일마다 정성과 조심성으로 대하였으니 중전의 일을 맡길 만하다."며 중궁으로 간택하는 이유를 밝혔다. 이에 성종은 곧 의정부에 명하여 숙의 윤씨를 중궁으로 승격시키는 일을 전국에 알리도록 하였다.

무엇보다 윤씨가 왕비가 될 수 있었던 이유는 윤씨가 후궁 서열 첫 번째이자 아이를 임신하고 있었기 때문이었다. 당시 왕실에는 자손이 매우 귀하였다. 문종의 외아들이었던 단종이 폐위되고 세조가 왕위에 올라 간 뒤에도 의경세자(성종의 부)와 예종은 일찍 죽었고, 그들이 남긴 아들도 적어 의경세자가 월산대군과 성종을, 예종이 제안대군을 남겼을 뿐이었다. 따라서 성종의 첫째 아이를 잉태한 윤씨는 성종은 물론 왕실의 대비들로부터 총애를 받을 수 있었다.

폐비 윤씨는 후궁으로 입궁한지 3년 만에 왕비가 된 행운의 인물이 되었다. 그런 만큼 후궁들의 부러움과 시기를 한 몸에 안게 되었으며, 왕비로서의 정통성과 위상은 약할 수밖에 없었다. 당시 성종의 후궁 가운데는 명문가의 여성도 있었다. 그녀의 일거수일투족은 성종을 둘러싼 왕실 여성들의 감시와 규제, 질투의 대상이 되었다.

1차 폐비 논의와 자수궁에서의 별거

폐비 윤씨는 왕비가 된지 불과 8개월만인 1477년(성종 8) 3월에 폐비가 될 위기에 처하였다. 윤씨가 연산군을 낳은 지 불과 4개월만의 일이었다.

아직 산고의 후유증으로부터 자유롭지도 못한 시기였다. 왜 폐비 논의가 일어난 것일까.

폐비 윤씨는 왕실에서 오랫동안 기다리던 성종의 첫 번째 아들 연산군을 낳긴 하였지만 한미한 집안의 후궁 출신이라는 점은 다른 후궁들로부터 최고의 권위와 존경을 받기에는 아직 일렀다. 왕비와 후궁들과의 사이에 시기와 질투가 생겨났다. 특히 임신을 한 정소용은 윤씨 눈에 가장 거슬리는 존재였다.

급기야 친잠례를 행한 며칠 후인 1477년(성종 8) 3월 29일에 대왕대비의 명으로 중궁을 폐하는 문제가 논의되었다. 그 발단은 3월 20일에 감찰 집에서 보냈다고 하면서 성종의 아버지 덕종의 후궁인 권숙의의 집에 던진 언문 투서에서 시작되었다. 투서의 요지인즉 '정소용과 엄숙의가 서로 모의하여 중궁과 원자를 해치려고 한다.'는 것이었다. 그러나 9일이 흐르는 동안 그 투서는 윤씨 측에서 보낸 것으로 판명되었고, 그로 인해 후궁을 제거하고자 했던 윤씨의 의도는 무산되고 오히려 논의가 반대로 이루어지게 되었다. 즉 대비는 정소용을 폐하는 것이 아니라 윤씨를 폐하고자 하는 뜻을 내비친 것이다.

폐비가 논의된 요인은 윤씨와 후궁 정소용 · 엄숙의와의 갈등에 있었다. 두 후궁은 서로 친하게 지내며 왕비인 윤씨를 소외시켰다. 윤씨는 출산 후 아들을 낳았다는 자신감에도 불구하고 후궁들의 참소로 자신과 아들이 제거될지도 모른다는 극도의 불안감에 휩싸여 있었던 것으로 보인다.

그런데 결정적인 것은 윤씨의 어리석은 행동 즉 굿하는 책을 보고 비상을 숨겨 둔 것이었다. 윤씨는 '작은 주머니에 비상이 들어 있고, 또 굿하는 방법의 서책'을 숨겨두었다가 발각되어 오히려 후궁들을 독살하려 했다는 혐의를 받게 된 것이다. 윤씨는 왕비로서 후궁들의 행동에 대해 의연하게 잘 대처해야 했음에도 불구하고 그러지 못했다.

이러한 갈등과 심리적인 요인 외에도 폐비가 논의된 간접적인 이유로는 윤씨의 한미한 친정세력을 들 수 있다. 윤씨에게는 그를 비호하거나 대변해 줄 이렇다 할 친정세력이 없었다. 한미한 함안 윤씨 가문 출신의 과부 딸로 의지할 곳 없는 윤씨는 오직 아들과 성종의 총애만이 자신을 버티게 하는 힘이라 생각했지만 후궁들에게 더 관심이 많은 성종은 그렇지 못하였다.

이에 비해 그녀를 둘러싸고 있는 여성들은 막강한 힘을 가지고 있었다. 당시 궁궐에는 3대비가 있었는데 시할머니 정희왕후와 시어머니 소혜왕후 한씨, 시숙모 예종의 계비 안순왕후 한씨는 파평 윤씨와 청주 한씨 가문으로 당대 큰 세력을 가진 가문의 딸들이었다. 또 같은 시기에 후궁으로 들어와 후에 성종의 3번째 왕비가 되는 윤호의 딸 윤씨도 정희왕후와 일문이었다. 당시 대비와 왕비의 가문을 살펴보면 〈표 1〉과 같다.

〈표 1〉 **성종대 대비와 왕비의 출신 가문**

왕	구분	칭호	가문			
			본관	부(관직)	조부(관직)	증조(관직)
성종	대비	정희왕후 윤씨	파평	윤번(영의정부사)	윤승례(판도판서)	윤척(중대광)
		소혜왕후 한씨	청주	한확(영의정)	한영정(순창군사)	한령(녹사)
		안순왕후 한씨	청주	한백륜(우의정)	한창(관찰사)	한계복(군사)
	왕비	공혜왕후 한씨	청주	한명회(영의정)	한기(감찰)	한상질(평양윤)
		폐비 윤씨	함안	윤기견(판봉상시사)	윤응	윤득룡
		정현왕후 윤씨	파평	윤호(우의정)	윤삼산(검교중추)	윤곤(우참찬)

윤씨의 소행이 드러나자 대비들은 윤씨를 더욱 의심하였다. 당시 3대비는 윤씨의 행동이 성종을 죽이려 한 것이 아니라 후궁을 제거하기 위한 소행이라 생각하면서도 의심의 끈을 놓지 않았다. 정희왕후는 자신이 윤씨의 됨됨이를 잘못 알았다고 후회하였다. 대비들과 마찬가지로 성종도 폐비의 뜻을 강하게

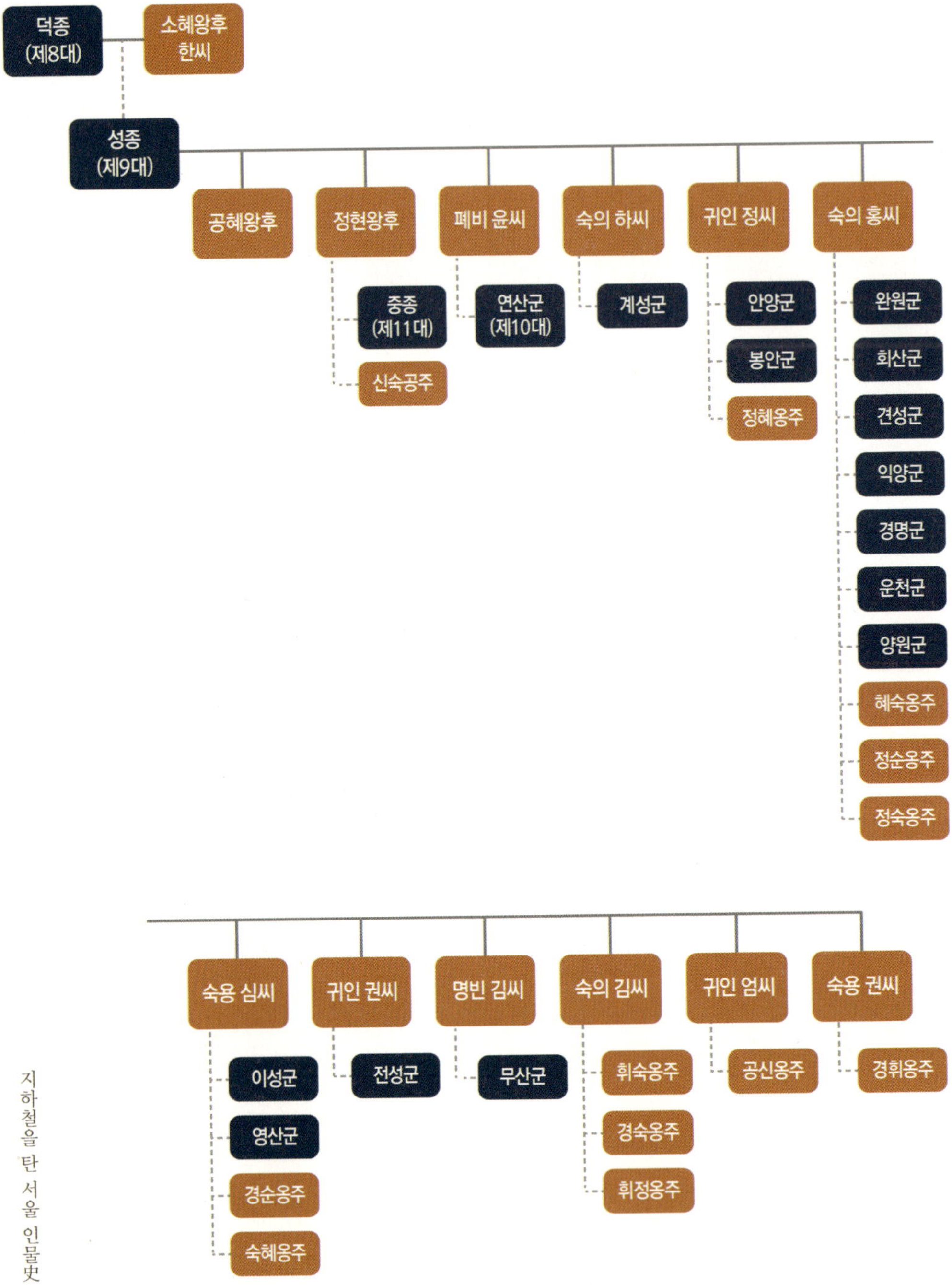
덕종
(제8대)
소혜왕후
한씨
성종
(제9대)
공혜왕후
정현왕후
폐비 윤씨
숙의 하씨
귀인 정씨
숙의 홍씨
중종
(제11대)
신숙공주
연산군
(제10대)
계성군
안양군
봉안군
정혜옹주
완원군
회산군
견성군
익양군
경명군
운천군
양원군
혜숙옹주
정순옹주
정숙옹주
숙용 심씨
귀인 권씨
명빈 김씨
숙의 김씨
귀인 엄씨
숙용 권씨
이성군
영산군
경순옹주
숙혜옹주
전성군
무산군
휘숙옹주
경숙옹주
휘정옹주
공신옹주
경휘옹주

• 성종 가계도

내비쳤다.

당시 성종은 유교적 여성정책을 수립함에 매우 단호하고 강경한 입장을 내세우고 있었다. 폐비 논의가 있은 지 불과 3달 정도 지난 1477년(성종 8) 7월에 성종은 부녀자의 재가를 금지하였다. 이즈음에는 여성의 부덕을 강조하고 여성에 대한 내외법과 순종 및 정절이데올로기가 점차 강화되어 엄한 규율이 제정되고 있었다.

또한 윤씨의 시어머니인 소혜왕후 한씨가 며느리들과 왕실여성들의 부덕 교육을 위해 여훈서인 《내훈》을 만든 지 얼마 되지 않은 시기였다. 따라서 이러한 궁중의 분위기에서 윤씨의 행동은 결코 용납되기 어려웠다.

그러나 성종의 윤씨 폐비 처사에 대해 대신들과 대간들은 반대를 하였다. 하지만 폐비논의는 거의 대비와 성종의 뜻에 따라 일방적으로 급하게 진행되었다. 따라서 성종과 대신 · 대간들 사이에 격한 논쟁이 이루어졌다. 예조판서 허종許琮은 "질투하는 것은 부인의 상정常情이고 원자가 지금은 비록 어리다 하더라도 장성한다면 어떻게 처리하겠는가. 그때는 후회해도 미칠 수 없으니 이런 일을 조정이나 민간에 반포하지 말고 별도의 방에 거처하게 하여 2, 3년 동안 개과천선함을 기다린 연후에 다시 복위시킴이 옳다."고 하며 폐비를 적극 반대하였다. 정창손鄭昌孫도 "윤비를 폐하여 사제에서 거처하게 하는 것이 옳지 않고 마땅히 별궁에 거처하게 해야 한다. 투기는 상정으로 종묘 · 사직에 간여되지 않는다."며 반대하였다. 그러나 성종은 고집을 부리며 '이것은 큰 사건이니 종묘와 사직에 고하고, 중외에 알리는 것이 옳다.'고 하며 대신들의 주장을 받아들이지 않았다.

이때 성종은 20살을 갓 넘긴 젊은 나이였다. 그러나 무엇보다도 성종이 정희왕후의 수렴청정에서 벗어나 막 친정親政을 시작한 시기였다. 성종은 왕권을 강화하기 위해 자신의 뜻을 결코 굽히려 하지 않았다.

그러나 다음 왕이 될 원자의 생모를 내쫓는다는 것은 큰 후환을 낳을 소지가 있었다. 게다가 이혼이 금지된 조선사회에서 모든 백성들의 모범을 보여야 할 왕이 정실부인을 내쫓는다는 것은 보통일이 아니었다. 이 같은 사정을 잘 아는 신료들은 차라리 별궁을 마련하여 별거를 하는 것이 좋다고 제안하였다.

1477년(성종 8) 3월 말에 논의되기 시작한 1차 폐비논의는 4월 초에 윤씨를 별궁에 거처하게 하는 것으로 일단락되었다. 윤씨는 선왕의 후궁들이 거처하는 자수궁으로 쫓겨나 별거를 하게 됨으로써 왕비로서의 위상과 체면이 구겨질 대로 구겨졌다.

2차 폐비 논의와 폐출

1477년(성종 8) 4월 초에 일단락 된 듯이 보이던 폐비 문제는 1479년(성종 10)에 들어 다시 논의되었다. 2년 2개월 만의 일이었다. 그 사이에 성종과 윤씨의 사이도 어느 정도 개선이 되었던 듯 윤씨는 둘째 아들을 낳았다. 그러나 두 번째 아들을 낳은 이후 윤씨의 질투와 실행失行은 더 심해졌고, 성종과의 마찰도 더 커졌다.

성종은 1479년(성종 10) 6월 2일에 윤씨를 폐비한다는 하교를 내리고 그녀를 친정으로 폐출하였다. 그럼 왜 이때 와서 다시 폐비 폐출 문제가 논의되었을까.

윤씨는 성종이 총애하는 후궁의 방에 들어가 질투를 하였으며, 이로 인해 성종과 크게 싸웠던 것으로 추측된다. 야사에서는 윤씨가 질투로 인해 성종의 얼굴에 상처를 낸 것이 원인이라고도 하였다. 이 문제로 화가 난 성종은 윤씨를 폐비시켰다. 한번 폐비 논의로 진통을 겪고 대신들의 주장으로 별거를 했던 성종은 다시 윤씨와 불화가 생기자 이번에는 아예 사가로 폐출함으로써 그 인연을 끊고자 하였다. 대비들도 "일찍이 화가 주상의 몸에 미칠까 두려워했는데, 이제 마음이 편안하다."며 폐출시킨 일에 대해 안도감을 표하였다.

이 외에도 정희왕후는 폐비 폐출은 결코 우연이 아니라고 강조하면서 여러 가지 이유를 들었다. 그 이유는 이전보다 강도가 높았다. 첫째, 그동안 윤씨에 대한 의혹으로 대비들이 안심을 못했다는 것이다. 대비는 "내가 일찍이 화가 주상에게 미칠까 두려워하여 하루도 안심을 하지 못했으므로, 드디어는 가슴앓이가 생겼는데, 이제는 점점 나아진다."고 하였다. 즉 대비는 윤씨를 폐비시킴으로 인해 안심이 된다는 것이다.

둘째, 비상에 대한 의혹이 더욱 확대되었다. 처음에는 윤씨가 몰래 비상과 비상이 묻은 건시를 주머니에 넣어 두었던 것은 엄씨와 정씨를 제거하려던 것이라 생각했는데 이때에 오면 성종을 죽이기 위해 마련한 것이라는 의심받게 되었다. 성종은 윤씨가 독한 마음을 먹고 자신에게 독극물이 든 음식을 먹인다면 쥐도 새도 모르게 죽을지 모른다는 불안감과 공포감을 느꼈다. 성종은 비상을 자신에게 먹여 자식을 못 낳게 하거나 혹은 반신불수가 되게 하는 일을 꾸밀지도 모른다고 의심하였다.

셋째, 윤씨는 갖가지 술수를 쓴다고 의심을 받았다. 윤씨가 사람을 해하는 방법을 작은 책에 써서 상자 속에 감추어 두었는데, 그것은 후궁 엄씨와 정씨로 하여금 아들을 낳지 못하도록 하고 혹시 아들을 낳더라도 병신이 되도록 하는 비법을 사용했다는 것이다.

넷째, 윤씨가 성종을 볼 때 항상 낯빛을 온화하게 하지 않았으며, 혹은 성종의 발자취를 취하여 버리려고 한다고 말했다는 것이다. 왕비가 임금에게 할 수 없는 일이라는 것이다.

다섯째, 성종과 윤씨가 크게 싸우는 과정에서 성종은 윤씨의 뺨을 때렸고 이에 화가 난 윤씨가 궁궐을 나가 살겠다고 말했다는 것이다.

여섯째, 윤씨는 성종을 무시하고 제멋대로 행동했으며, 늦도록 일어나지 않고 게을렀다는 것이다. 조회를 받는 날에는 윤씨가 성종보다 먼저 일찍 일어나야 마땅한데도, 조회를 받고 안으로 돌아온 뒤에 일어나니, 부도婦道에 어긋난다는 것이다.

일곱째, 윤씨는 정치에도 관심이 많아 조정 대신들의 집안일이나 시세에 대해 이야기하길 좋아했다는 것이다. 당시가 정희왕후의 수렴청정을 거쳤던 시기인 만큼 성종은 윤씨가 자신을 독살하고 어린 아들을 왕위에 앉힌 뒤 수렴을 시행하려 한다고 의심을 갖게 되었다. 이에 성종은 자신이 살아 있을 때에는 변을 만들지 않겠지만 자신이 죽으면 반드시 난을 만들어낼 것이라 의심하였다.

이와 같은 여러 가지 원인을 들어 윤씨를 폐출시켰다. 성종과 윤씨 사이에는 불화로 인한 씻기 어려운 편견과 감정이 놓여 있었다. 특히 둘째 아들을 낳은 이후에 성종과 윤씨의 갈등은 더욱 더 심해졌다. 1차 폐비 논의가 윤씨가 연산군을 낳은 지 4개월 만에 이루어졌고, 2차 논의 역시 둘째 아들을 낳은 지 얼마 되지 않은 시기에 이루어졌으며 부덕不德으로 표현되는 수많은 일들이 이 사이에 이루어진 것들로 보아 윤씨는 산후 우울증이나 출산으로 인한 심한 스트레스와 이로 인한 히스테리적인 증상을 나타낸 것으로 추측된다. 결국 성종은 '윤씨가 후궁의 방에 들어가 투기를 한 것이 허물이 된 것이 아니라, 평소에 실덕이 많았기 때문에 폐출하는 것'이라 하며 윤씨를 친정으로 쫓아냈다. 조선이 건국된 후 왕이 부인을 폐출시킨 첫 번째 사건이 발생하였다.

윤씨 폐출과 처우를 둘러싼 군신 갈등

윤씨 폐출에 대해 당시 조정의 반응은 어떠했을까. 1479년(성종 10) 6월 2일 왕비 윤씨를 폐비하여 폐출시킨다는 교지가 내려지자 다시 종친과 대신들을 비롯하여 많은 사람들이 반대하였다. 폐출 당일 날 은천군 이찬, 옥산군 이제 등 종친들은 윤씨가 이미 원자를 낳았고, 또 대군을 낳았으니, 국본으로 생각해야 할 것이라며 폐출을 반대하였다. 승지들뿐만 아니라 사헌부와 사간원이 합사하여 성종에게 폐비의 죄에 대해 설명하라고 요구하였고, 폐출을 반대하였다. 예조판서 이승소李承召도 성종이 폐비한 일은 지나치게 급했다며 다시 여러 번 생각하기를 청했다. 그러나 성종은 하루 이틀 생각한 것이 아니라며 말을 듣지 않았다.

대신들도 갑자기 이루어진 폐비 폐출처사에 대해 비판하며 반대하였다. 그리고 홍귀달洪貴達·김승경金升卿·채수蔡壽 등은 "대사를 처리함에 있어 위로는 종묘에 고하고, 안으로는 3대비에게 고하며 밖으로는 군신에게 알려서 사람들로 하여금 그 실덕失德함을 알게 해야 한다."고 하였다. 온 조정이 폐비 폐출 문제로 시끄러워지고, 이에 대한 반대가 심해지자 성종은 '왕을 가볍게 보고 왕후를 무겁게 본다.'고 하며 화를 냈다. 성종은 윤씨와 영원히 절교를 하려면 신하들의 말을 따를 수 없다고 하였다.

그러나 대신들의 반대는 끊이지 않았다. 대신들은 여전히 윤씨를 다시 별궁에 안치할 것을 청하며 '원자와 대군을 위하는 것'이라고 강조하였다. 그러나 성종은 '비록 백 가지로 그대들이 말하더라도 듣지 않을 것'이라며 대신들의 의견을 따르지 않았다.

이에 대간들도 폐비 폐출에 대해 극구 반대하며 그녀를 받들어 이바지해야 한다고 주장하였다. 그러나 성종의 반응은 강경하였다. 홍문관에서 상소했을 때에는, "임금의 허물을 드러낸다."고 하였으며, 성균관의 유생들이 상소하자 그들을 의금부에 가두었다. 성종은 반대하는 자들을 죄로 다스렸다.

곧이어 폐출된 중궁의 거취에 대한 절목을 마련하여 시행케 하였다. 즉 윤씨를 연금하여 그 형제를 만나지 못하게 하고, 그 어머니와 동거하게 하였다. 그리고 이어 폐비 윤씨의 집에 외부인의 출입을 금하고 이를 범하는 자는 징계하여 다른 사람들을 경계시키도록 하였다. 폐비 윤씨는 완전히 고립되었다. 윤씨가 친정으로 쫓겨난 지 며칠되지 않아 그녀가 낳은 둘째 아들도 죽었다.

그러나 대간들은 다만 투기라는 이유로 원자를 낳은 왕비를 폐출시킨 것은 잘못이라며 폐비 윤씨의 거처문제와 아울러 그녀의 처우문제에 대해 계속 문제를 제기하였다. 대간들은 윤씨를 사저에 그냥 두어서는 안 된다고 주장하였고, 성종은 그러한 주장에 계속 반대하며 주장하는 사람들을 처벌하였다.

그러나 성종은 신하들의 반대를 받아들이지 않았다. 성종은 의금부에 명하여 반대하는 자들을 추국하라고 하였다. 그러자 대간들과 대신들은 성종의 태도가 지나치다고 주장하며 대간에 대한 처벌로 인해 언로가 막힐 것을 우려하였다. 그러자 성종은 다시 폐비의 일을 거론하며 자신의 결정에 대해 이의를 제기하는 대간들에 대해 강하게 반대의 뜻을 보였다.

그런데 이와 같이 윤씨의 처우를 둘러싸고 성종의 강력한 반대가 있은 지 얼마 되지 않은 1479년(성종 10) 10월 22일, 윤씨 집에 도적이 들었다. 이에 판윤 정문형은 폐비 윤씨 집에 담을 쌓을 것을 청했다. 그러나 성종은 "자신이 도적을 방비하지 않고서 도둑을 맞았는데, 어찌 이웃 사람을 추문推問하겠는가?" 하며 감정적인 태도를 보였다. 심지어 "지금 도둑을 맞은 일로 인하여 윤씨 집의 담을 쌓도록 한다면, 서울 안의 도둑을 맞은 집들도 담을 쌓도록 하겠는가?" 하며 오히려 대간들을 책망하였다. 이에 뒤지지 않고 대간들은 폐비 윤씨의 집에 담을 쌓아 도적을 막아야 한다고 주장하였다. 그러나 성종은 "지금 비록 좁은 뒷골목의 미천한 백성일지라도 모두 도적을 방비하고 있는데, 윤씨가 도둑을 맞은 것이 어찌 국가에 관계되느냐?"며 윤씨의 처우에 대해 좌우에 물었다. 많은 대간들이 윤씨의 거처에 대해 재고할 것을 주장하였으나 성종은 자신의 뜻을 굽히지 않았다.

계비 정현왕후의 책봉

폐비 윤씨가 사가로 폐출된 지 불과 보름밖에 지나지 않은 1479년(성종

10) 6월 21일에 정희왕후는 예조에 새로운 왕비를 간택하겠다는 명을 내렸다. 그러나 왕비간택령은 잘 시행되지 않은 듯 했다. 성종은 이듬해인 1480년(성종 11) 10월에 폐비 윤씨와 같은 시기에 숙의로 간택되어 궁중에 들어온 윤호의 딸 파평 윤씨를 계비로 택하였다. 그리고 11월 8일에 인정전에 나아가 윤씨를 왕비로 책봉하였다. 중종을 낳은 정현왕후貞顯王后이다.

정현왕후는 파평 윤씨로써 세조비 정희왕후와 일문이었으며 아버지 윤호는 세조 즉위시 원종공신 3등에 녹훈된 인물로 당시 병조참지를 지내고 있었다. 든든한 아버지를 둔 정현왕후는 당시 후궁 서열 1위로 정희왕후와 소혜왕후의 총애를 받고 있었다. 그녀는 성종보다 5살이나 어렸다. 결국 폐비 윤씨의 자리를 정현왕후가 대신함으로써 폐비윤씨의 처지는 복위되기 더욱 어려워졌다.

명나라에 보고된 윤씨의 폐비 원인은 '왕을 억눌러 이기고자 하는 술책을 자행하고 3대비에게 불순하였다.'는 것이었다. 성종은 미리 명 사신들에게 부탁하거나 고명사신을 보내고, 인수대비의 고모가 되는 명황제의 후궁 공신부인 한씨에게도 사신을 보내어 도움을 청하는 등 여러 가지 방법을 통해 명황제에게 폐비사실과 새 왕비 책봉에 대한 고명을 받기 위해 노력하였다. 그 결과 성종의 뜻대로 명황제는 폐비사실을 인정하고 새 왕비의 고명을 내려 주었다.

왕권강화를 위한 극단적 선택, 폐비 윤씨 사사

새로운 왕비가 책봉되었음에도 불구하고 폐비 윤씨의 처우문제는 계속 조정의 논란거리가 되었다. 그것은 윤씨가 다음 왕이 될 원자의 어머니였기 때문이었다. 폐비가 되어 사가로 폐출된 지 3년이 지난 1482년(성종 13) 8월에 조정에서는 윤씨의 거처 문제가 또 다시 새로운 문제로 떠올랐다.

● 1872년 〈지방도〉에 보이는 회묘·연산군묘

8월 11일(정미)에 경연을 마치자 그동안 유배를 갔다 온 원자의 시독관 권경우가 폐비 윤씨의 처우개선 문제를 제기했다. 그는 "이미 국모가 되었던 분을 여염백성들이 사는 곳에 함께 하는 것을 온 나라의 신하와 백성들이 마음 아프게 여긴다."며 처소를 따로 장만해 주고 관에서 물자를 공급해 주어야 한다고 건의했다. 이러한 주장은 그동안 비교적 잔잔해졌던 폐비 문제에 새로운 불을 지폈다.

그러나 왕실에는 이미 새로 책봉된 왕비가 있었다. 윤씨를 궁궐로 불러들일 수도 없는 일이었다. 폐비 윤씨의 거처를 다시 고려해야 한다는 논의는

1482년(성종 13) 8월 11일에 시작되어 15일까지 적극적으로 이루어졌다. 대간뿐만 아니라 대신들도 일찍이 국모가 되었던 분에 대해 처우를 바르게 해야 한다고 주장하였다.

이와 같이 대간들과 대신들은 윤씨를 현재대로 두어서는 안 된다고 주장했지만 그럴수록 성종의 고집은 더욱 강해졌고, 대간들의 주장을 묵살하였다. 성종은 윤씨가 국모로서의 행동이 있었다면 마땅히 국모로서 대우하였을 것인데 이미 서인庶人이 되었기 때문에 여염에 살게 하는 것은 당연한 것이며, 신하들이 국모로서 말을 하는 것은 장차 원자에게 아첨하여 후일의 지위를 위하려고 하는 짓이라며 반대하였다.

성종이 이처럼 단호하게 자신의 의사를 표명하였음에도 불구하고 대간들은 조금도 물러서지 않고 자신들의 주장을 거듭 반복하였다. 폐비 윤씨의 처우문제를 둘러싸고 성종과 대간의 대립은 더욱 심해졌다. 성종은 대간들에게 "그대들은 윤씨의 신하인가, 이씨의 신하인가? 나는 알지 못하겠다."라고 하며 짜증을 냈다.

이러한 성종의 태도에 대해 대신들과 대간들은 대간의 말을 받아들여 언로가 막히지 않도록 할 것을 주장하였다. 그리고 윤씨를 별전에 맞아들이고 그 처우를 한결같이 법도에 따르게 하라고 주장했다. 그러나 성종은 회답하지 않았다. 대간들과 성종은 끝없는 논쟁을 하고 있었고 윤씨가 살아 있는 한 그 논쟁은 끝나지 않는 것이었다.

폐비조치로 인해 생긴 성종의 부담은 쉽게 사라지지 않았다. 폐비 거처와 처우 문제를 둘러싼 언관들과의 극한 대립에서 막중한 심리적인 부담을 안게 된 성종은 결국 윤씨를 죽이는 것으로 마음을 굳혔다.

성종은 1482년(성종 13) 8월 16일에 '폐비 사사賜死'라는 극단적인 결정을 내렸다. 성종은 좌승지 이세좌에게 명하여 윤씨를 그 집에서 사사하게 하고, 우승지 성준에게 명하여 이 뜻을 3대비전에 아뢰게 하였다. 그리고 주서 권주로 하여금 전의감에 달려가서 윤씨를 죽일 비상을 가지고 가게 하였다.

성종은 윤씨에게 사약을 내림으로써 그녀를 둘러싼 모든 문제를 종결하고자 하였다.

이렇게 하여 결국 폐비 윤씨는 죽임을 당하였다. 사가로 쫓겨난 지 3년만의 일이었다. 그녀가 이 3년 동안 사가에 격리된 채 외롭고 가난하게 지낸 것 이외에는 어떻게 지냈는지 구체적으로 알려져 있지 않지만 그녀의 거처를 둘러싼 논의는 그동안 내내 계속되었다. 성종은 폐비사사 조치가 '종묘와 사직을 위하는 큰 계책'이라 하였다. 대비전에서도 윤씨 사사에 동의하며 원자를 보호하기 위해 대의로써 결단한 일이라며 성종의 결정을 칭찬하였다.

이러한 폐비의 사사에는 성종 · 대비와 윤씨의 갈등이 있었고, 또 왕비였던 윤씨를 대우해야 한다는 대간들과 이를 반대하는 성종사이 극도의 갈등도 존재하고 있었다. 성종은 세자가 생모의 죽음에 대해 알까 걱정이 되어 자신이 죽은 뒤 100년까지는 폐비문제에 관해 논하지 말라는 유명을 남기고 죽었다고 전해진다. 자신의 처사를 드러내고 싶지 않다는 마음의 표현일 것이다.

피비린내 나는 복수극, 갑자사화

세상에 비밀은 없는 법, 연산군은 즉위 직후 그의 출생의 비밀을 알게 되었고 그의 재위 12년 동안의 숙원사업은 생모 폐비 윤씨를 왕비로 추숭시키고, 그 원수를 갚는 일이었다.

연산군은 점차 어머니를 그리워하는 마음을 드러내면서 성종이 남긴 유언을 뒤엎고 폐비 윤씨의 추숭사업을 진행해 나갔다. 연산군은 1500년(연산군 6) 5월에 폐비 윤씨의 사당인 효사묘에 내관 대신 조정 관원으로 하여금 제사를 드리게 했다. 그 무렵 연산군은 "다른 개가 어미를 물자 강아지가 그 개에게 덤벼들었는데, 그냥 그런 것인지 정이 있어서 그런 것인지 모르겠다."면서 어미를 위해 보복을 하겠다는 마음을 드러냈다.

연산군은 1502년(연산군 8) 2월에는 "국왕이 첩의 참소를 살피지 않고 왕후를 폐위시킬 때 조정의 신하들은 목숨을 잊고 간언하는 것이 옳은가, 죽음을 두려워해 순종하는 것이 옳은가."라는 물음을 던졌다. 이것은 폐모사건을 지칭한 발언으로 그 책임을 묻겠다는 말이었다. 이 말에는 성종의 오판을 유도하고 그렇게 하도록 종용한 인수대비와 참소를 일삼았던 성종의 후궁들, 그런 오판을 막지 못한 신하들에게 책임이 있다는 판단이 담겨 있었다. 아울러 그 비극을 만든 자들에 대해 바로 갚아야 할 빚, 복수로 다져졌다.

결국 모후를 추숭하고자 마음먹은 연산군은 1504년(연산군 10) 3월, 폐비사건의 전말을 자세히 조사해 아뢰라고 지시했다. 대간들은 "10여 년이 된 일이어서 지금 밝히기는 어렵다."고 했지만 연산군은 대간의 하옥과 국문을 명령한 뒤, 당시 그 사건에 개입된 모든 신하들의 명단을 보고하라고 지시했다.

이어 연산군은 폐비의 일을 밝힌 교서를 짓게 했다. 연산군은 자신이 이 일을 하는 것은 곧 '근본에 보답하고 원통함을 씻으려 하는 것 뿐'이며, "이것이 부왕의 일이기는 하지만 보복하지 않으면 천백년 뒤 혼백이 되어서도 오히려 잊을 수 없다."는 뜻으로 교서를 지어 바치라고 했다. 그리고 연산군은 참소하는 말 때문에 끝내 폐비를 죽게 한 것이라며 참소를 미워한 뜻으로 다시 지어 바치라고 했다.

연산군은 신하들의 반대에도 불구하고 드디어 폐비 윤씨를 제헌왕후로 추존하고 시호와 책보를 혜안전에서 올림으로써 숙원사업이었던 생모 윤씨의 신원을 마침내 회복했다. 회묘도 높여 회릉으로 하고, 효사묘孝思廟에는 종묘에서 받드는 의식대로 하도록 했다. 이제 폐비의 죽임에 대한 책임을 묻는 복수만이 남아 있었다.

연산군은 먼저 윤씨 사사 사건에 관련된 성종의 후궁 귀인 엄씨와 정씨를

• 연산군 묘(서울 도봉구)

정씨의 아들 안양군 이항과 봉안군 이봉으로 하여금 창덕궁 뜰에서 때려죽이게 하고, 뒤에 내수사를 시켜 엄씨, 정씨의 시신을 찢어 젓을 담가 산과 들에 흩어 버리게 하였다. 그리고 그 아들들도 귀양을 보낸 뒤 사사하였다.

또한 성종이 윤씨를 폐출하고자 할 때 이에 찬성한 윤필상尹弼商 · 이극균李克均 · 성준成俊 · 이세좌 李世佐 · 권주權柱 · 김굉필金宏弼 · 이주李胄 등 10여 인을 사형에 처하고, 이미 죽은 한치형韓致亨 · 한명회韓明澮 · 정창손鄭昌孫 · 어세겸魚世謙 · 심회沈澮 · 이파李坡 · 정여창鄭汝昌 · 남효온南孝溫 등은 부관참시하였으며, 그들의 가족과 제자들까지도 처벌하였다. 이 밖에도 홍귀달洪貴達 · 이심원李深源 등 많은 사람들이 참혹한 화를 당하였다. 이것이 바로 1504년(연산군 10) 3월부터 10월까지 7개월에 걸쳐 일어난 피비린내 나는 복수극 갑자사화이다.

이 갑자사화는 어머니의 원수를 갚는다는 명분도 있었지만, 평소에 자신을 무시하고 비판하는 신하들의 기를 꺾기 위한 것이었다. 그러나 결국 이 갑자사화 직후 연산군도 반정세력들에 의해 쫓겨나게 되었다.

제9강

문정왕후와 그녀의 천하

태릉입구역

정해은(한국학중앙연구원 책임연구원)

제9강 문정왕후와 그녀의 천하

태릉입구역

학식 있는 왕비

문정왕후文定王后는 조선왕조사상 최초로 여자 임금이라는 의미가 담긴 '여주女主'로 불렸다. 문정왕후에 앞서 이미 세조의 비 정희왕후貞熹王后도 수렴청정을 했으나 그렇게 불린 적이 없다. '여주'는 좋은 의미가 아니었다. 그 말 속에는 바깥일에 관여해서는 안 되는 '여성'으로서 무소불위의 권력을 휘두른 것을 비판하는 시각이 담겨있다.

문정왕후의 행보가 담긴 《명종실록》은 문정왕후에 비판적인 사림 관료들이 편찬했다. 암울한 명종의 시대를 딛고 선조 대에 찬란하게 부활한 사림파는 실록을 편찬하면서 문정왕후를 향한 붓끝을 날카롭게 휘둘렀다. 엄중한 역사적 평가를 내려야했기 때문이다. 그래서 실록을 통해 문정왕후의 삶과 행적을 좇아가려면 이 점을 감안해야 한다.

문정왕후는 조선의 제11대 국왕 중종의 왕후다. 중종에게는 3명의 왕후가 있었는데 문정왕후는 세 번째 왕후였다. 문정왕후의 본관은 파평이고, 아버지는 윤지임尹之任이며, 어머니는 전의 이씨다. 형제는 모두 여섯 명으로 위로 오빠 셋과 언니 한 명이 있으며 아래로 남동생 윤원로尹元老와 윤원형尹元衡이 있었다. 아버지 윤지임은 문정왕후가 왕비가 되기 전까지 눈에 띄는 벼슬을 하지 못한 상태였으므로 가세가 좋지는 않았던 것 같다.

문정왕후는 여성으로서 한글은 물론 한자도 읽고 쓸 줄 알았다. 어느 정도의 학문적인 성취도 일궈낸 것 같다. 《중종실록》을 편찬한 사관은 문정왕후가 왕후가 되어 궁궐에 들어올 때에 "왕비가 학식이 있었다."고 했다. 문정왕후에 대해 적대적인 《명종실록》의 사관조차 "천성이 강하고 사나우며 문자를 알았다."고 기록했다. 천성이 사납다고 하면서도 글을 알았다는 지적을 빠트리지 않은 것은 그만큼 학식이 있었다는 의미다. 명종은 어머니에 대해 "학문을 두루 닦으셨다."고 회고했다.

문정왕후는 어린 나이에도 사리분별이 뛰어났다. 11살에 어머니가 돌아가시자 크게 슬퍼하며 어른 못지않게 삼가면서 상을 치렀다. 《중종실록》에는 이와 관련해 이런 일화가 전한다. 그녀가 어머니 상을 당했을 때 그 형이 웃고 장난치자 책망하면서 "형은 무슨 좋은 일이 있기에 이렇게 웃고 장난하는가요?"하고 타박하면서 삼년상을 마쳤는데 슬프고 사모하는 마음이 매우 간절했다고 한다.

가세가 조금 기운 집안

문정왕후는 1517년(중종 12) 17세에 왕후가 되었다. 이전까지만 해도 첫 번째 왕비가 죽으면 후궁 중에서 왕비의 지위를 이어받을 계비繼妃를 선발했다. 문정왕후는 이 전례를 깨고 처음으로 외부에서 간택한 계비였다.

혼례도 조선 왕실 최초로 친영親迎으로 이뤄졌다. 친영이란 신랑이 신부 집에 가서 신부를 직접 맞아와 신랑 본인 집에서 혼인을 치르는 방식이었다.

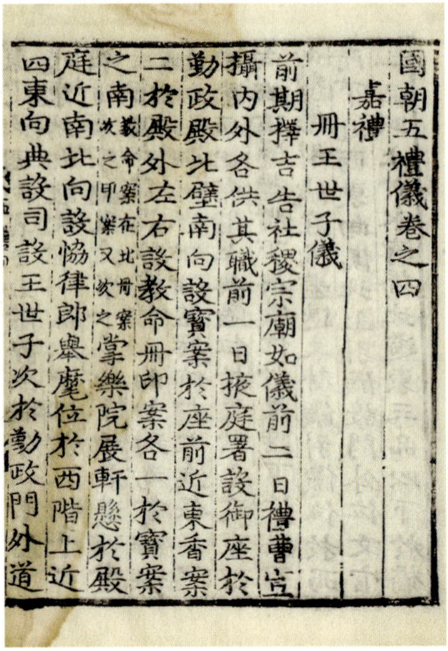

國朝五禮儀卷之四
嘉禮
冊王世子儀
前期擇吉告社稷宗廟如儀前二日禮曹宣
攝內外各供其職前一日掖庭署設御座於
勤政殿北壁南向設寶案於座前近東香案
二於殿外左右設教命冊印案各一於寶案
之南(敎命案在北冊案次之印案又次之)掌樂院展軒懸於殿
庭近南北向設協律郞擧麾位於西階上近
四東向典設司設王世子次於勤政門外道

● 《국조오례의》〈가례〉

중종은 1515년(중종 10) 사대부가의 혼례를 남귀여가혼男歸女家婚 대신에 《주자가례朱子家禮》에 나오는 친영대로 실시하라고 전교했다.

하지만 정작 본인이 문정왕후를 맞이할 때에는 국왕이 사갓집에 나가 신부를 맞아올 수 없다는 이유로 《국조오례의國朝五禮儀》의 방식대로 사신使臣을 왕비 집에 대신 보내 왕비를 궁궐로 맞아와 가례를 하려 했다. 하지만 신료들이 국왕이 모범을 보여야 한다고 주장하자 결국 1517년(중종 12) 7월 19일에 태평관으로 나가 문정왕후를 친영으로 맞이했다.

이처럼 문정왕후의 가례는 두 가지 측면에서 기억할 만한 사례였다. 그리고 그만큼 그 과정이 순탄하지 않았다. 1515년(중종 10) 2월 중종의 두 번째 왕후 장경왕후章敬王后가 원자(인종)를 낳고 엿새 만에 세상을 뜨자 왕비 자리는 화두가 되었다. 중종은 예전 방식대로 본인이 총애하는 경빈 박씨를 왕비로 올리고자 했다. 경빈 박씨 역시 아들 복성군福城君의 보위를 꿈꾸면서

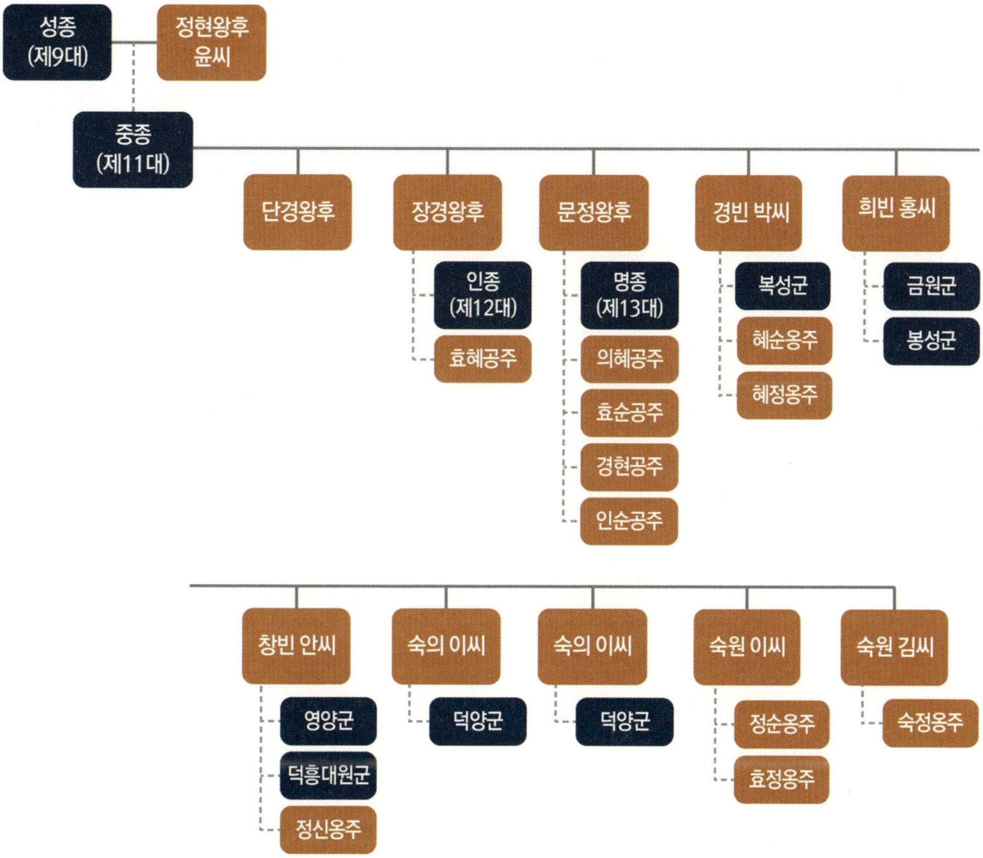

• 중종 가계도

왕비가 되고자 했다. 또 일각에서는 반정 직후 폐위된 첫 번째 왕후인 단경왕후端敬王后의 복위까지 주장했다.

왕비 자리를 놓고 이해관계가 충돌하자 성종의 왕비이자 중종의 생모 정현왕후가 나섰다. 정현왕후는 파평 윤씨로 연산군의 생모 윤씨가 폐위되자 후궁으로서 성종비로 책봉되었다. 그녀는 반정이 일어났을 때에 자신의 아들(중종)을 보위에 세우는 것을 승낙한 야망 있는 여성이었다. 그런 그녀가 왕실의 번영을 위해 선택한 여성이 본인과 같은 집안의 먼 친척이자 가세가 크지 않은 윤지임의 딸이었다. 가세가 약한 집안의 딸이 원자(인종)를 위험에 빠뜨리지 않고 잘 돌보아 주리라 기대했던 것이다.

문정왕후는 그 삶이 파란만장해서인지 왕비가 되는 과정과 관련해 이런 일화가 하나 전한다. 왕비 간택을 앞두고 그녀는 큰 병을 앓았으며, 중종은 새 왕비로 윤금손尹金孫의 딸을 맘에 뒀다. 실제로 《중종실록》에는 문정왕후와 윤금손의 딸을 포함해 4명의 여성이 물망에 올랐다.

당시 유명한 점쟁이가 시골에서 올라와 본인의 점을 쳐보고, "오늘은 귀한 손님이 맨 먼저 오겠구나." 하였다. 과연 첫새벽에 초라한 행색을 한 윤지임이 찾아왔다. 윤지임이 딸 사주를 보이면서 병이 위독해서 찾아왔다고 하자 점쟁이가 "이 분은 앞으로 나라의 어머니가 될 운명이며 손님도 매우 귀하게 될 운명입니다. 지금 관직에 있지 않습니까?" 하고 물었다. 윤지임이 별좌別坐로 있다고 하자 점쟁이가 "나리는 마땅히 임금의 장인이 될 것입니다."고 하니 과연 윤금손의 딸은 다른 사람과 혼인하고 문정왕후가 왕비가 되었다고 한다.

문정왕후는 가례를 올린 뒤 왕비로서 첫 선을 보이는 날부터 구설수에 올랐다. 내외명부命婦의 인사를 선정전宣政殿에서 받았기 때문이다. 선정전은 국왕이 신료를 접견하는 자리인데 왕비가 국왕의 집무 공간에서 인사를 받은 것이 문제였다. 사관은 이 일에 대해 "어떤 이는 비록 한때의 실수이지만, 다른 날 바깥 정사에 간여하게 되는 징조가 여기서 먼저 나타난 것이라고도 했다."고 평가했다.

'여자 임금'으로 불리다

조선 정치사에서 16세기를 '권신權臣의 시대'라 한다. 권신이란 왕의 신임을 받아 권력을 휘두르는 관료를 뜻하며, 대표적으로 왕이나 왕비의 혈족이나

인척들이 정치 일선에 전면으로 나선 시대였다. 그만큼 누가 왕 또는 왕비가 되느냐에 따라 권력의 향방도 달라졌다는 의미다.

중종이 승하하자 장경왕후의 아들 인종이 즉위했다. 하지만 불행하게도 재위 8개월만에 세상을 떴다. 그러자 문정왕후에게 기회가 찾아왔다. 바로 본인의 아들 경원대군(명종)이 보위를 차지하게 된 것이다. 당시 조정은 대윤大尹과 소윤小尹으로 불리는 두 외척 사이에 갈등의 골이 깊었다. 대윤은 인종을, 소윤은 명종을 지지한 일파를 가리켰다.

문정왕후는 냉혹한 여성이었다. 명종이 즉위하자마자 대윤 일파를 포함해 반대파를 숙청해 정국을 확고하게 장악했다(을사사화). 이뿐만이 아니었다. 1547년(명종 2) 양재역에 붉은 글씨로 쓴 익명의 대자보가 나붙었다. 양재역은 한양에서 남쪽으로 오가는 교통 요지로 수많은 사람들이 오가는 길목이었다.

대자보 내용은 "여자 임금이 위에서 정권을 잡고 간신 이기 등이 아래에서 권력을 농단하고 있으니 나라가 곧 망할 것이다."는 것이었다. 이 대자보를 빌미로 또 한 차례 피바람이 몰아쳤다. 이렇게 해서 명종이 즉위한 지 몇 년 동안 1백 여 명이 반대파라는 이유로 목숨을 잃었다.

문정왕후의 입장에서 볼 때 명종의 즉위는 본인과 동생 윤원형이 온 몸을 던져 치열하게 싸운 결과였다. 문정왕후는 명종에게 "내가 아니면 너가 어떻게 이 자리에 오를 수 있었으랴?"하거나 "그대가 왕이 된 것은 모두 나의 오라버니와 나의 공이다."고 하면서 본인의 정치적 지분을 요구했다.

명종은 34세에 요절했다. 그런데 국왕으로 재위한 기간은 23년으로 결코 짧지 않은 세월이었다. 명종이 승하했을 때에 왕을 위해 달려와 곡을 한 선비들이 수천 명이며 민간의 백성까지 통곡이 그치지 않았다고 한다. 그만큼 선정을 베풀었다는 의미나 그 결실은 그다지 눈부시지 못했다. 1565년(명종 20) 명종은 문정왕후가 세상을 뜨자 보우普雨를 제주도로 유배시키고 윤원형을 숙청하면서 새로운 정치를 시도했다. 하지만 그 역시 2년 뒤에 세상을 뜨면서 결실을 맺지 못하고 말았다.

명종이 승하했을 때에 사관들은 하나같이 이렇게 말했다. 국왕이 총명하고 예지의 덕이 있으며 탐욕이 없었는데도 백성에게 해를 끼쳤으니, 문정왕후의 존재와 간사한 권신 무리들 때문이라고 진단했다. 그만큼 문정왕후가 끼친 영향력이 컸다는 의미이다.

어린 아들을 대신해 수렴청정을 하다

조선에서 국왕을 대신한 왕실 여성의 대리 정치를 '수렴청정垂簾聽政'이라 했다. 발簾을 드리우고 정사를 듣는다는 뜻으로 어린 국왕이 즉위할 경우 대궐의 가장 높은 어른인 대비나 왕대비, 대왕대비 등이 발을 치고 왕과 함께 정사를 담당했다. 이것은 중국 송나라 시절 선인태후宣仁太后의 섭정을 고례로 삼고 있다.

조선에서 수렴청정을 한 여성은 6명이다. 세조의 비 정희왕후가 최초이며 문정왕후가 두 번째였다. 문정왕후가 대리정치를 시작한 나이는 45세였다. 당시 조정에는 인종의 비 인성왕후仁聖王后도 있었으나 문정왕후가 대리정치를 맡았다. 《연려실기술燃藜室記述》에는 이 부분을 단순하게 기록했지만 그녀의 대리청정이 결코 쉽게 단박에 이뤄지지 않았음을 읽을 수 있다.

> 임금이 왕위를 계승하고 대비의 대리정치 의례에 대해 빈청에서 회의를 열었다. 윤인경尹仁鏡이 "지금 대왕대비(문정왕후)와 왕대비(인성왕후)가 계시는데 어느 분이 정치를 대리할 것이냐?" 하고 제의하자 모두 말없이 앉아 있었다. 그때 이언적李彦迪이 말하기를, "옛적 송宋의 철종 때에 태황태후가 함께 정사를 다스린 전례는 있습니다. 하지만 어떻게 형수와 시숙이 함께 궁전에 나앉을 수가 있겠습니까?" 하니 그제야 조정에서 다른 의견이 없었다.

문정왕후는 발을 치고 정사를 보았다. 세조의 비 정희왕후 때에는 발을 치지 않았으나 문정왕후 때에 처음 발을 쳤다. "대왕대비가 수렴하고 방안에 좌정했으며, 임금은 발 밖의 약간 동쪽에서 남면南面하고 앉았다."고 했다. 그러다가 3년 정도 지나면서 명종도 발 안에 함께 앉게 되었다.

문정왕후는 아들 명종을 대할 때 말과 얼굴을 부드럽게 하지 않은 엄한 어머니였다. 그래서 "마치 민가의 어머니가 어린 아들을 대하듯" 했다. 일설에는 그녀가 명종의 빰이나 종아리를 때리기까지 했다는 이야기가 있을 만큼 아들이라 해도 정치적으로 모질고 혹독한 존재로 군림했다.

그 뒤 문정왕후는 명종이 20세가 되자 8년 만에 대리 정치를 마감했다. 1553년(명종 8) 문정왕후는 "나는 본래 불민한 사람이다. 일찍이 서책을 보니 부인이 국정에 참여하는 것은 매우 아름답지 못하다고 했다. 우리나라가 불행하게도 두 대왕이 연달아 승하해서 주상이 어린 나이에 보위를 이어 국정을 맡길 수 없었기 때문에 내가 부득이 섭정했으나, 미안한 마음을 일찍이 하루도 잊지 못했다."고 하면서 정치 일선에서 물러났다.

문정왕후의 이 선언은 조정에서도 예상치 못한 일이었다. 그래서 "하루아침"에 정치를 국왕에게 되돌린다는 명을 내리자 온 나라 사람들이 모두 다행으로 여겼다고 한다. 그녀가 수렴청정을 그만두었다고 해서 정치적인 영향력이 줄어든 것은 아니었다. 적어도 불교 정책에서는 여전히 영향력을 행세해 '이문二門' 곧 왕의 명령이 두 곳에서 나오고 있다는 비판을 받았다.

불교 중흥을 향한 집념

조선이 개국된 뒤 개혁가들은 고려와 다른 새로운 전통을 창안하기 위해 불교를 억제했다. 사찰들은 세금 면제의 특권을 상실하고 소유한 토지마저 몰수당했다. 승직僧職을 폐지하고 승려의 인원도 제한했다. 그럼에도 개국

• 회암사지(경기 양주시)

초부터 왕실에서는 불사佛事를 행하거나 불경을 간행했는데 그 핵심에는 왕실 여성들이 자리하고 있었다.

문정왕후 역시 독실한 불교 신자였다. 문정왕후가 병에 걸려 죽은 이유도 명종의 아들 순회세자가 13세의 나이로 죽자 회암사檜巖寺에서 수십일 동안 재를 올리다가 건강을 해쳤기 때문이다.

문정왕후는 평소 불교는 이단이니 마땅히 끊어야 한다면서도 불사를 그만두지 못하는 이유를 이렇게 말했다. "조종조 이래로 아주 끊어 버리지 않았으니 내가 어찌 유독 폐지하랴. 내가 이 일 때문에 임금에게 부끄러움이 있으나 이 또한 내가 나라를 위하는 조금만 성의다." 하지만 이것은 어디까지나 곡진한 표현일 뿐 문정왕후의 불교 사랑은 파격적이었다.

문정왕후 이전에 왕실 여성들이 불심을 드러내는 방식은 주로 여러 사찰에 시주하고 불경을 간행하는 소소한 행위들이었다. 여기서 소소하다는 의미는

• 봉은사(서울 강남구)

비록 불사의 규모가 크다 해도 불교나 승려들을 위한 정책 입안까지 가지 못했다는 뜻이다.

하지만 문정왕후는 그동안 단절된 선종과 교종을 부활시켰으며 승과僧科도 다시 실시했다. 그녀가 내세운 이유는 백성이 군역을 괴로워한 나머지 모두 도망가 중이 되어서 군액이 감소하므로, 이 문제를 해결하기 위해서는 잡승雜僧을 막고 승도들을 통솔할 수 있는 교단이 있어야 한다는 것이었다.

그러자 반대 여론이 들끓었다. 1550년(명종 5) 12월부터 그 이듬해인 1551년(명종 6) 5월까지 반대 상소만 400여 건이나 되었다. 관료와 유생들은 이 조치가 불교만 치성하게 할 뿐 군역 문제를 해결하지 못한다고 주장했다. 하지만 그 누구도 문정왕후의 의지를 꺾을 수 없었다.

문정왕후는 1551년(명종 6) 봉은사奉恩寺를 선종의 본산으로, 봉선사를 교종의 본산으로 정하였다. 그리고 봉은사 주지에 보우를, 봉선사 주지에

• 정업원구기비(서울 종로구)

• 정업원구기비 비각(서울 종로구)

수진守眞을 임명했다. 이듬해부터는 승려의 신분 증서인 도첩度牒도 발급하여 2년 사이에 3,042명이나 증서를 받았다. 전국적으로 300여 개의 사찰도 승인해주고, 비구니 사찰인 정업원淨業院을 인수궁의 부속 불당으로 재건했다.

이뿐만이 아니었다. 1552년(명종 7)에 승과僧科도 다시 실시했다. 《경국대전》에 따르면 선종 · 교종 두 종단에서는 3년마다 각각 시험을 실시해 30명씩 총 60명을 뽑았다. 이 시험에 합격한 승려에게는 '대선大選'의 칭호를 내렸으며 선종 및 교종의 종단별로 대사 및 대선사까지 올라갔다. 하지만 성종 대 이후로 승과는 중단을 거듭하다 1507년(중종 2)에 완전히 폐지되었다. 그로부터 45년만에 승과가 부활된 것이다.

문정왕후는 수렴청정을 그만두고 나서도 불교 교단을 후원했다. 조정 신료들은 승려들이 문정왕후를 믿고 무소불위하다는 비판을 끊임없이 재기했다. 어느 관료는 "수렴청정을 하고 계신 때가 아닌데도 중사中使를 밖으로 보냈으니 이것은 정사政事에 두 문이 있는 것이고, 수령은 관찰사가 고과考課를 매기게 되어 있는데도 중들의 고소로 쫓겨났습니다."라고 하면서 불교 지원 중지를 요청했다.

하지만 이것도 다 문정왕후가 살아있을 때의 일이었다. 문정왕후는 세상을 뜨면서 "불교가 이단이나 조종조 이래로부터 있어왔고, 선종과 교종 역시 국가가 승려들을 통솔하기 위해 설립한 것이오. 승려들이 비록 쓸 데 없다고는 하나 모름지기 내 뜻을 잘 알고 끝까지 그대로 보존"해달라고 유언했다. 하지만 소용없었다. 그녀가 일궈놓은 불교 관련 정책은 모두 폐지되고 말았다.

문정왕후의 불교 정책을 뒷받침한 승려 보우는 오래 전에 금강산과 함흥 일대에서 고승으로 명망이 높았다. 문정왕후와 인연을 맺게 된 보우는 불교 중흥을 위해 다양한 노력을 펼쳤다. 선교와 교종 두 종파를 부활하고 수륙재 및 왕실 법회를 주관했다. 또 보우가 주관한 승과에서 임진왜란 당시 큰 공을 세운 서산대사 휴정西山大師 休靜과 사명당 유정四溟堂 惟政 등이 배출되었다.

> 이때 보우가 하고 싶은 일이 있으면 바로 한글로 글을 써서 궁궐에 보냈으나 그 누구도 감히 뭐라 말하지 못했다. 또 승려들이 입을 바지나 버선을 모두 궁궐에서 만들어 주었고, 인수궁의 여승이 궁궐에 들어올 적이면 대왕대비(문정왕후)가 반드시 함께 자리하면서 말하기를 '부처는 받들지 않을 수 없다.' 했으니 독실하게 높이고 받듦이 이러했다.

하지만 보우 역시 문정왕후의 사후에 사림파의 탄핵을 받아 제주에 유배되어 그곳에서 장杖을 맞아 죽임을 당했다. 하지만 불교사에서는 보우의 죽음을 '순교'라 표현할 정도로 불교 중흥에 기울인 공로를 높이 사고 있다. 요컨대, 조선왕조실록에 '요승'으로 표현되는 보우는 한국 불교사에서는 기념비적인 인물이며 휴정과 유정이라는 걸출한 승려를 배출한 주역으로 평가받고 있다.

냉혹한 리더십

문정왕후가 누린 천하는 20년간이나 되었다. 여성이 장기간 권세를 누린 이 사례는 조선의 역사에서 전무후무한 일이나 평가는 혹독한 편이다. 당시 재야에서 영향력을 행사한 학자 조식曺植은 문정왕후의 국정 운영을 "깊은 궁宮 안의 한 과부에 지나지 않은" 여성의 빗나간 야망으로 평가했다.

남성들은 여성의 정치 참여에 대한 불편함을 숨기지 않았다. 이들은 문정왕후가 '국모國母'이기만을 원했지 '여성 임금'이기를 원하지 않았다. 아들 명종이 왕위에 오르는 순간부터 죽을 때까지 수많은 정적들을 제거해 나가면서 권력을 공고히 한 문정왕후는 남성 입장에서 보면 불편하기 그지없는 존재였다.

그 결과 문정왕후는 사후에 권력을 남용했다는 온갖 비판에 직면했고 "이교異敎(불교)를 깊이 믿어 신봉한" 여성으로 기록되었다. 효심이 깊던 명종은 문정왕후가 세상을 뜨자 임금의 예에 따라 장사를 지내고자 했다. 이 일에 대한 사관史官의 평가는 혹독했다.

> 하늘에는 두 해가 없고 나라에는 두 임금이 없으니 만일 등급을 나누지 않고 예절을 허물어 버린다면 이는 해가 두 개이고 임금이 두 사람인 것이다. 지금 왕대비의 상을 대왕의 예를 따르도록 한 조치는 비록 무궁한 효심에서 나왔다 하나 그 예절이 마땅한 것인가.

이 사관은 "한漢 대의 마후馬后와 등후鄧后, 송宋 대의 고후高后와 조후曹后는 공이 크지 않은 것이 아니나 모두 황후의 예로 장례를 치렀지 천자의 예로 했다는 말을 듣지 못했다. 그것은 정해진 예법이 있기 때문이다. 지금은 그렇지 아니하니 예로써 장례지내는 뜻이 어디에 있는가?"라고 하면서 강력하게 비판했다.

오늘날 여성의 리더십을 말할 때에 '어머니'라는 이미지에 기대서 온화한 감성을 지닌 포용력을 큰 장점으로 꼽는다. 그런 기준으로 볼 때 문정왕후는 부합되는 측면이 전혀 없다.

오히려 반대로 냉정하면서 호전적인 리더십을 보여준다. 문정왕후의 장기 집권은 왕의 어머니이기 때문에 가능했으나, 정치적 집념과 추진력이 없었다면 이뤄낼 수 없는 일이었다. 그런 면에서 문정왕후의 존재는 여성의 새로운 리더십 창출과 관련해 주목할 만한 유형이라 여겨진다.

태릉 이야기

문정왕후는 살아생전 두 번의 존호를 받았다. 모두 명종 대였다. 1547년(명종 2) 1월에 '성렬聖烈'을, 같은 해 9월에 '인명仁明'을 추가로 더 받았다. 아들이 보위에 오른 뒤 수렴청정을 하는 와중에 받은 이 존호들은 문정왕후의 권세를 실감케 해준다. 참고로 '문정文定'은 죽은 뒤에 받은 시호다.

문정왕후가 세상을 뜨기 한 해 전에 그녀의 죽음을 예언한 사람이 있었다. 《대동야승大東野乘》에 따르면, 강원도 출신의 남사고南師古라는 유명한 점쟁이였다. 그는 명종 말년에 서울에 와 살았는데 김윤신과 함께 동교東郊 밖을 지나다가 태릉 근처를 가리키면서 말하기를, "내년에 동쪽으로 태산泰山을 봉할 것이다."고 했다. 태산이란 곧 태릉을 말한 것으로 그 이듬해에 그의 말대로 되었다고 한다.

그런데 문정왕후의 능 이름이 처음부터 태릉은 아니었다. 처음에는 '신정릉新靖陵'이라 했다. '정릉'은 중종의 능 이름이다. 원래 중종의 능은 장경왕후의 능(희릉, 경기도 고양시 서삼릉)에 함께 조성했고 이름도 그대로 '희릉禧陵'이라 했다가 1545년(인종 1) 윤1월에 고쳐서 '정릉'이라 했다. 그 뒤 1562년 문정왕후는 보우의 도움을 받아 중종의 능을 봉은사 인근인 오늘날의 정릉(서울시 강남구 삼성동)으로 옮겼다. 그리고 장경왕후의 능 이름을 원래 이름인

• 정릉(서울 강남구)

• 희릉(경기 고양시)

• 태릉(서울 노원구)

'희릉'으로 돌려놓았다. 문정왕후의 능 이름을 처음에 '신정릉'이라 한 것은 문정왕후를 중종의 능에 함께 조성할 의도였기 때문이다. 하지만 결과적으로 문정왕후는 그토록 원하던 정릉으로 가지 못했다. 명종은 중종의 능을 옮긴 뒤로 나라에 나쁜 일이 많아졌다면서 새 장지를 선정하게 했다. 이렇게 해서 문정왕후는 새로 정한 묘지에 묻혔는데, 그곳이 바로 오늘날 태릉泰陵이다. 사관은 "이때 와서 다시 새 능을 정했으므로 같은 묘역에 묻히려는 계책이 마침내 이루어지지 못했으니, 어찌 하늘의 뜻이 아니겠는가."라고 하였다. 죽어서 땅에 묻히면서까지 사관의 비난을 받은 문정왕후가 안타깝지만 한편으론 왜 이렇게까지 비난했는지 살펴보는 것도 오늘날 우리에게 주어진 과제라 생각한다.

제10강

충무공 이순신의 생애와 리더십

충무로역

이민웅(해군사관학교 교수)

제10강 충무공 이순신의 생애와 리더십

충무로역

충무로역과 이순신

'충무忠武'는 조선시대 무관에게 내리는 최고의 시호로서, 1643년(인조 21)에 이 시호를 받은 이순신이 가장 대표적인 인물이다. 충무라는 시호는 조선 전기에 조영무趙英茂, 남이南怡, 귀성군 이준李浚, 임진왜란 시기에 활약한 이순신李舜臣과 김시민金時敏, 정충신鄭忠信, 그 이후부터 정묘 · 병자호란 시기의 김응하金應河, 이수일李守一, 구인후具仁垕 등 모두 9명에게 내려졌다. 중국에서는 제갈공명諸葛孔明으로 알려진 제갈량諸葛亮과 송나라의 장군 악비岳飛의 시호가 '충무'이다.

우리나라에는 충무공 이순신과 관련된 지명이 많이 남아 있다. 우선 현재의 통영시는 1955년부터 1995년까지 40년간 '충무시'라는 명칭을 사용하였다. 동洞의 명칭으로도 사용되어 경남 진주시에는 김시민에서 유래한 충무공동이 있고, 부산시 서구, 경남 창원시 진해구, 전남 목포시, 전남 여수시 등에 충무동이 각각 있다.

• 충무로역(서울 중구)

그 외에 이순신을 모신 사당祠堂 중에 충무사가 해남, 순천, 고흥, 완도군 고금도 등 여러 곳에 있다. 대한민국 해군에서는 KDX-Ⅱ 1번함에 충무공 이순신이라는 함명을 붙인 바 있다. 또한 공원, 유원지, 음식 이름으로까지 널리 사용되고 있다.

오늘의 주인공 충무로는 서울시 중구에 있는 도로명이고, 충무로역은 같은 곳에 있는 서울 지하철 3호선과 4호선의 환승역이다. 충무로 역시 서울시 중구에만 있는 것은 아니고 대전광역시 중구와 동구, 경남 창원시 진해구, 경북 포항시 남구, 전남

• 이순신 생가터 동판(서울 중구)

여수시, 충남 천안시, 충남 아산시 등 여러 곳에 같은 명칭이 있다.

서울시 중구는 충무공 이순신이 태어난 곳이다. 역사적 기록을 보면 홍길동전으로 유명한 허균許筠이 남긴 《성소부부고惺所覆瓿藁》 저서에 건천동乾川洞을 소개한 내용이 있다.

> 나(허균)의 친가는 건천동에 있다. 청녕공주青寧公主 저택 뒤로 본방교本房橋까지 겨우 서른네 집인데, 이곳에서 국조 이래로 많은 인물이 나왔다. 김종서 · 정인지 · 이계동이 같은 때이고, (중략) 근세에는 류성룡柳成龍과 가형家兄(허봉許篈) 및 이순신과 원균이 한 시대이다. (후략)

건천동은 마른내의 한문 표기이고, 오늘날 인현동仁峴洞 1가 부근이다. 조선시대 남산 산록에 해당하는 남촌南村의 일부라고 볼 수 있다. 그런데 충무공 이순신의 생가가 어디인지는 명확하게 규명되지 못하고 있다.

충무공 생가터 표석은 1985년 10월에 처음 세워졌는데, 명보아트홀 앞에 있다. 이후 좀 더 정확한 위치 고증을 위해 2008년 중구에서 연구용역을 추진하였고, 그 결과로 현재의 중구 인현동 1가 31-2번지 신도빌딩에 '충무공 이순신 생가터'라는 표지판을 부착하였다. 이곳은 기존의 표석보다 골목 안으로 150m 들어간 위치라고 한다. 현재까지 충무로는 영화 관련 사업과 인쇄소 골목으로 유명하다.

그렇다면 충무공 이순신은 건천동에서 태어난 후 어떻게 성장했을까? 그가 언제까지 건천동에 거주했는지에 대한 정확한 기록은 확인되지 않는다. 대략 학업을 닦았던 결혼 이전 시기까지 주로 건천동에서 성장했을 것으로 보인다.

그의 정신적 멘토이자 평생의 지우이기도 한 류성룡은 이순신의 중형仲兄 요신堯臣과 동갑 친구였다. 그들은 어려서 근처에 있던 동학東學(서울의 사부학당四部學堂 중 하나로 동부 창선방彰善坊에 위치)에서 함께 수학하였다. 요신은 초시에만 합격하고 대과에 합격하지 못했지만, 유성룡은 20대 중반에 문과에 합격한 후 본격적인 관직생활을 시작하였다.

• 이순신 장군 동상 제막식(1968)

이순신도 어린 시절 형님과 형님 친구인 유성룡과 함께 동학에 다녔을 것으로 추정된다. 10대 어린 시절에 유성룡은 이순신을 만났고, 몇 년에 걸쳐 함께 지냈던 것이다. 그리고 이 시절부터 이순신의 성품이나 자질에 대해 잘 알게 되었고, 이를 바탕으로 교유를 지속하며 정읍현감(종6품)에서 전라좌도수군절도사(정3품)로 7품계를 뛰어넘는 천거를 하였던 것이다.

일설에는 이순신이 10여 세 때, 그의 본가(혹은 외가)가 있는 아산으로 이사한 것으로 알려지고 있다. 그러나 예나 지금이나 동일하게 학업은 한성에서, 즉 건천동에서 계속 하였을 것으로 보인다. 아산은 서울과의 거리도 비교적 가깝기 때문에 아산과 서울을 오갔을 수도 있을 것이다.

이순신은 두 차례 무과를 치렀고, 무과 급제 후 두 번째 관직은 훈련원 봉사(종8품)로서 한성에서도 생활했을 것이다. 그 이후에도 선전관 시절이나 백의종군을 시작할 무렵 등 잠깐씩이나마 한성에 머물렀을 것으로 보인다.

현재 서울시에는 이순신과 관련해서 광화문광장에 충무공 이순신 동상이 있고, 광장 지하에는 '세종 이야기'와 함께 '충무공 이야기'라는 전시 시설도 있다. 때문에 서울시와 중구는 전국 어느 도시보다 충무공 이순신과 관련성이 높다고 할 수 있다.

그중에서도 충무로나 충무로역은 이런 역사적 상징성을 보여주는 대표적인 지명(도로명), 역명이라 하겠다. 21세기가 시작된 후 우리나라에서는 벌써 두 번의 이순신 열풍이 불었다. 첫 번째는 2004년과 2005년 사이에 TV 드라마 〈불멸의 이순신〉이 방영되면서, 수십 편의 관련 서적이 함께 쏟아져 나오기도 했다. 이후 10년 만에 다시 영화 〈명량〉이 1,761만여 명의 관객을 동원하면서 또 한 번 국민의 관심이 집중된 바 있다.

왜 그럴까? 다른 이유도 있겠지만, 결론부터 말하자면 우리나라의 역사가 19세기 말 개항 이후 현재까지 국가적 위기상황이 거듭되고 있는 것이 그 원인이라고 생각한다. 이러한 거듭되는 위기 속에서 16세기 말 임진왜란이라는 미증유의 국난을 맞아 훌륭한 리더십과 능력으로 나라와 백성을 구한 충무공 이순신의 리더십에서 그 해답을 찾고자 함이 아닐까.

그런데 이런 와중에서 한 가지 아쉬운 점이 있다. 우리나라에서 가장 존경받는 위인 중 한 분인 이순신을 전문적으로 연구하는 역사학자는 몇 명이나 될까? 아쉽게도 이순신을 전공하는 역사학자는 손에 꼽을 정도로 드문 실정이다. 우리와 비교도 안 되는 짧은 역사를 지닌 미국에서 그들이 가장 존경하는 위인인 링컨을 전문적으로 연구하는 학자가 수백 명 이상이고 그에 관한 서적이 2만 권 이상인 것에 비하면, 아무리 우리가 약소국이라 해도 그 차이가 너무 심한 것이 아닐 수 없다.

전쟁사 연구 분야도 상황은 비슷한데, 전쟁의 역사로 점철되다시피 한 우리나라에서 전쟁사를 전공하는 연구자가 소수에 그치는 점도 아이러니한 문제라고 생각한다. 지나친 염전厭戰 의식 때문일까? 지금부터라도 충무공 이순신에 대한 전공자뿐 아니라 전쟁사 분야에 대한 연구자가 더 많아져야 할 것이다.

이 글은 크게 두 부분으로 나눌 수 있는데, 그 하나는 충무공 이순신의 생애에 대한 기존의 인식이 올바른가 하는 것이고, 다른 하나는 역사학자가 본 이순신의 성공 리더십의 덕목은 어떤 것들인가 하는 점이다.

전자에 대해서는 두 가지 점에 착안해서 서술하고자 한다. 하나는 이순신

• 이순신 표준영정(충남 아산시)

가계家系의 가정 형편이 조부 때부터 몰락했고, 어머니가 고생을 하면서 집안 살림을 꾸려갔다고 하는데, 이것이 사실일까? 둘째로 그의 관직 생활 가운데 우리에게 알려진 것처럼 상관들과의 알력과 갈등만 있었던 것일까? 이 점에 대해서는 전반부에 살펴보기로 하고, 후반부에는 역사가의 입장에서 본 그의 성공 리더십의 핵심은 무엇일까에 대해 여섯 가지 덕목으로 나누어 살펴보고자 한다.

충무공의 생애

이순신의 가계와 성장배경 충무공 이순신李舜臣은 1545년(인종 원년) 3월 8일(음력)에 서울의 건천동乾川洞에서 덕수 이씨, 정貞의 네 아들 중 셋째로 태어났다. 앞에서 지적했듯 조선중기의 천재 허균이 남긴 《성소부부고》라는 저서에 의하면, 건천동은 지금의 인현동 일대라고 하는데, 그리 크지 않은 동네지만 조선 전기부터 나라를 좌지우지했던 인물들이 많이 난 곳이라 한다. 세종 대에 학문과 부富로 제일이었던 정인지鄭麟趾, 세조의 부국강병에 큰 역할을 했던 양성지梁誠之 등이 그 동네 출신이고, 허균 당대의 인물로는 서애 유성룡柳成龍과 충무공 이순신, 원균元均과 자신의 형 허봉許篈을 꼽고 있다.

다음으로 이순신의 직계 조상에 대해 살펴보고자 한다. 이순신의 중시조中始祖는 이돈수李敦守로 고려말기에 중랑장中郎將을 지냈다. 중랑장은 고려시대 무반 정5품으로 장군을 보좌하는 부지휘관이었는데, 오늘날로 따진다면 대대장이나 연대장급에 해당한다고 볼 수 있다. 이돈수로부터 이순신은 12대째이고, 이돈수 아래로 3대까지는 무장 벼슬을 역임하거나 무장 가문과 혼인관계를 맺은 것으로 보아 실제 고려말기까지는 무반 가문이었다.

그러던 중 4대 윤번允蕃이 처음 문과에 합격하면서 조선시대로 접어들었다. 그런데 정작 윤번은 정5품의 도사都事 벼슬에 오른 것이 전부였다. 이것은 이때까지 문반으로서의 기반이 없었기 때문일 것으로 추정된다. 즉, 이순신 가문은 고려말기까지 무반 가문에서 조선으로 왕조가 바뀌는 무렵에 문반 가문으로 전환된 것을 알 수 있다.

그의 집안 기틀을 다진 이는 7대조 변邊이었다. 변은 30세에 문과에 급제한 후 한어漢語를 수학하여 세종대를 대표하는 대명對明 외교관리가 되었다. 이미 참판까지 올랐던 그는 계유정난때에 수양대군 편에 선 이후 판서로 승진하였고, 세조의 지우知遇를 입었다. 술을 하지 않고 건강해서 70대 이후에도 특명으로 치사致仕하는 대신에 어전통사御前通事를 맡았고, 역관을 배출하는 승문원 도제조를 오래 역임하였다. 한 마디로 변 할아버지는 이순신 집안의 사회경제적 기틀을 다지는 역할을 했다.

다음으로 9대조 거琚는 이순신의 증조부로 역시 문과에 급제한 후, 경연관經筵官을 비롯하여 청요직을 두루 역임하였다. 그는 사헌부 장령掌令 시절 별명이 '호랑이 장령'일 정도로 강직한 인물이었다. 특히 그는 연산군의 세자 시절 스승으로 재위 8년까지 생존했는데, 순천부사와 병조참의를 역임하는 등 순탄한 관직생활을 영위하다가 50대에 졸하였다.

이순신의 조부가 되는 백록百祿은 조광조趙光祖의 제자 군群에 속한 촉망받는 신진사류였다. 기묘사화 이후 벼슬길에 나서지 못하는 상황이 지속되었고, 자신의 아들을 경상도의 종친과 혼인시키다가, 중종 사후 금혼령을 어겼다는 죄명으로 한성부와 의금부에서 심문을 받다가 장사杖死하였다.

이순신의 부친 정은 단 1회 실록에 나오는데, 명종이 즉위한 후 그의 부친 백록의 죽음이 억울하다고 상소를 올린 내용이 전해진다. 유성룡의 《징비록懲毖錄》에 의하면 그는 평생 벼슬하지 않고 낙향한 처사處士였다고 한다. 그러나 이순신과 그의 형 요신의 과거 방목에 의하면 그는 병절교위秉節校尉와 창신교위彰信校尉로 무반 정6품과 종5품 관직명을 띠고 있다. 단지 직첩만 받은 것인지 아니면 실제로 무반 직책을 수행했는지 자세히 알 수는 없지만, 어쨌든 무반 직함을 갖고 있었던 것은 사실이다.

비록 조부가 사화士禍에 연루되어 과거 급제를 못하였지만, 선대의 영향으로 평시서平市署 봉사奉事를 역임하는 등 사회경제적 기반은 유지했던 것으로 볼 수 있다. 부친 정은 현감을 지낸 변수림卞守琳의 딸과 혼인했는데, 이로 보아 어느 정도 사회경제적 기반이 유지되었던 것으로 추정된다.

이순신 역시 친가와 외가가 모두 양반 사대부 가문으로서 사회경제적 기반을 갖춘 가운데, 한양의 동학東學에서 어린 시절 유성룡과 함께 수학하면서 당시 확고한 기반을 다지고 있던 조선성리학의 교육을 받고 자란 것이 분명하다. 그리고 이순신은 무과 출신으로 보성군수寶城郡守를 지낸 방진方震의 무남독

녀와 혼인을 하였다. 이 또한 그의 사회경제적 기반이 그리 나쁘지 않았다는 증거라고 하겠다.

즉, 지금까지 위인전이나 드라마 등을 통해 알려진 '이순신의 집안이 조부 이래 몰락하여 가정 형편이 안 좋았고, 때문에 그의 모친이 고생해서 가정경제를 이끌었다.'라는 내용은 성웅사관聖雄史觀이 만들어 낸 잘못된 스토리에 지나지 않는다고 요약해 볼 수 있다.

이순신의 주요 관력 이순신은 1576년(선조 9), 식년무과式年武科에 병과丙科 제4인으로 급제하였다. 급제한 해 연말에 그가 최초로 받은 직책은 함경도 내륙의 동구비보童仇非堡 권관權管이었다. 오늘날로 표현하자면 소위로 임관하여 휴전선 G.P. 소대장으로 근무한 것이다. 이곳에서 2년을 근무한 후 승진해서 옮긴 자리가 훈련원 봉사奉事였다.

그런데 동구비보 권관 시절에 한 가지 기억할만한 사건이 있었다. 당시 함경도 감사였던 청련青蓮 이후백李後白이 변경의 진보鎭堡를 순찰하면서, 다만 한 가지라도 부족한 점이 발견되면 그곳의 장수들을 곤장으로 다스렸다. 이에 도내의 모든 장수들이 떨면서 긴장했는데, 동구비보에 온 그가 이순신에게 별다른 지적 없이 후대해 주었다. 이에 이순신이 오히려 그 까닭을 물었는데, 그 답이 동구비보의 모든 준비 상황이 전혀 흠잡을 것 없기 때문이라는 것이었다. 이처럼 이순신은 자신의 첫 번째 관직에서부터 실력과 능력으로 상관의 인정을 받고 있었다.

한편, 우리에게는 훈련원 봉사 시절 그의 직속 상관이던 정랑正郞 서익徐益과의 알력 관계가 오히려 더 익숙하다. 훈련원에서 이순신은 장교들의 진급에 대한 직임을 맡았는데, 직속 상관인 서익이 관례대로 자신이 승급시키고 싶은 인물을 그에게 전하자 이순신은 강직한 태도로 이럴 경우 응당 진급해야 할 사람이 안되기 때문에 명을 따를 수 없다고 하였다. 이 일로 당시 서인西人 중에 유망한 인물이었던 서익이 개인적인 감정을 갖게 되었고, 이후 두

● 이순신 신도비(충남 아산시)

차례에 걸쳐 이순신이 관직에서 쫓겨나는 악연으로 이어졌다.

다음으로 우리에게 잘 알려진 이야기는 그가 세 번째 관직인 발포鉢浦 만호 시절, 직속 상관이었던 관찰사 손식孫軾과의 갈등과 전라좌수사 성박成鏄과의 오동나무 사건을 들 수 있다. 먼저 전자를 살펴보면, 당시 감사 손식은 참소를 듣고 이순신을 혼내주기 위해 능성綾城(오늘날의 고흥)을 방문하는 길에 그를 불러 여러 가지 꼬투리를 잡으려 하였다. 그러나 병서 강독과 진도陣圖 그리기를 시켜본 후 오히려 인재를 알아보지 못했노라 하고 태도를 바꾸고 그를 정중히 대했다고 한다.

후자는 좌수사 성박이 발포 만호영萬戶營 뜰에 있던 오동나무를 베어 바치라고 요청한 데 대해, 이순신이 국가의 관물을 사사로이 쓸 수 없다고 해서 거절한 일이다. 이후 성박은 주변에 이순신에 대해 험담을 하였고, 성박을 대신한 수사 이용李庸이 불시에 휘하 5포를 점검하면서 그의 결점을 잡아 치죄하려 하였으나 결국 실패하였다. 그러나 이후 이용 역시 이순신에 대한 오해를 풀고, 훗날 함경도 남병사가 되었을 때에는 그를 휘하의 군관으로 기용한 바 있다.

우리는 대체로 상관들과의 불편한 관계에 대해서만 알고 있지만, 사실 앞에서 살펴본 바와 같이 상관들이 이순신에 대해 능력 있는 훌륭한 장수라는 사실을 알게 된 이후, 그를 중용한 예들이 더러 있었다. 즉, 위기를 기회로 만들 만큼 이순신은 평소 실력을 갖추고 있었다는 것과 자신의 임무를 완벽하게 수행하였던 점을 주목해야 할 것이다.

이후 북방에서 근무할 때에도 그의 능력으로 이룬 전공戰功이 몇 차례 있었지만, 그때마다 상관들과의 관계 때문에 상을 받지 못하였고, 오히려 처벌을 받아 제1차 백의종군을 경험하는 상황을 맞기도 하였다. 그러나 분명한 것은 그의 출중한 능력과 객관적인 전공으로 인해, 불차탁용不次擢用의 명이 내려졌을 당시 3~4명의 천거를 받을 정도로 탄탄한 입지를 다지고 있었다는 것이다.

이순신은 1589년(선조 22), 기축옥사로 인해 국내 정정이 불안한 상황에서 무관에게 주어진 지방관 직책을 맡아 정읍현감井邑縣監이 되었다. 정읍현감을 할 때 마침 옆 고을인 태인泰仁의 현감 자리가 비게 되자 그가 겸직을 하였는데, 태인현의 백성들이 이순신을 현감으로 보내줄 것을 요청할 정도로 행정 능력을 발휘하기도 하였다.

요컨대 이순신은 여러 관직을 거치는 가운데 수군만호를 2회 역임하고 정읍현감을 지내는 등 미관말직을 전전하며 화려하지는 않은 관직생활을 이어갔다. 하지만 그런 가운데서도 상관이나 주변으로부터 실력과 능력으로 인정받는 훌륭한 장수로 성장해 갔던 것이다.

그러던 중 그가 47세 되던 1591년(선조 24) 2월, 당시 우의정 겸 이조판서였던 류성룡의 천거와 국왕 선조의 지지로 드디어 전라좌도수군절도사全羅左道水

軍節度使가 되어 여수麗水에 부임하였다. 전라좌수사가 된 후 이순신은 14개월에 걸쳐 다가올 임진왜란을 철저히 준비하였다. 수군 병력을 원칙대로 확보하여 훈련하고, 휘하의 5관 5포에는 전선戰船 건조와 함께 화기 및 병기를 준비케 하는 등 만반의 대비태세를 갖추었고, 이는 곧 임진왜란 초기 여러 해전 승리의 밑거름이 되었다.

임진왜란 첫 해 10여 회의 크고 작은 해전에서 이순신 등이 이끈 조선 통합함대는 일본 수군을 맞아 320여 척을 분멸하는 완벽한 승리를 거두었다. 이 과정에서 조선 수군의 주축으로 여러 해전을 주도했던 이순신은 그 공을 인정받아 전쟁 중이던 1593년(선조 26) 8월, 초대 삼도수군통제사가 되었다.

전쟁 중에 조선 수군을 통솔하기 위한 임시직책이던 삼도수군통제사는 이후 1895년 조선 수군이 폐지될 때까지 이어졌다. 이순신은 초대 통제사 임명 이전에 전라좌수사를 2년 6개월여 역임하였다. 이후 1597년(선조 30) 2월 파직되어 원균과 교체될 때까지 약 3년 6개월간 통제사 직책에 있었다. 칠천량 해전 패전 이후인 정유년 8월 3일 원균을 대신해 제3대 통제사로 재임명되었고, 이듬해 11월 19일 노량해전에서 승리하고 전사할 때까지 1년 4개월에 걸쳐 두 번째 통제사 직책을 수행하였다.

이상과 같이 이순신은 1591년 2월, 전라좌수사가 된 이후 약 4개월간의 백의종군 기간을 제외한 7년 이상을 전라좌수사로 2년 반, 통제사로 4년 10개월 재임하면서 조선 수군을 이끈 최고의 지휘관이었다. 마지막 해전에서 전사함으로써 그 수명을 다하지는 못했지만, 생애 말년의 관운은 비교적 좋은 편이었다고 볼 수 있을 것이다.

충무공의 성공 리더십

지장 장수의 유형을 들자면 덕장德將, 용장勇將, 지장智將 등으로 구별해

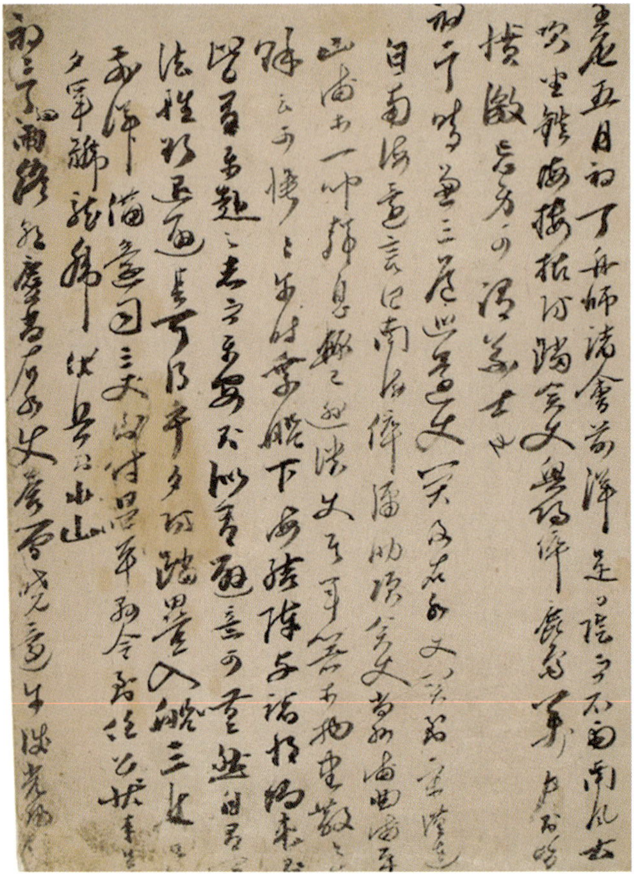

• 《충무공전서》에 수록된 《난중일기》의 초본

볼 수 있다. 덕으로써 부하의 충성을 이끌어내는 장수, 용맹함으로 부하를 이끌어가는 장수, 지적 능력과 실력으로 부하를 통솔하는 장수 등 장수로서 주요 강점이 무엇이냐가 그 기준이다. 필자는 이순신에 대해 지장이라고 꼽기를 주저하지 않는다.

이순신은 젊은 시절 무과로 전향하기 이전에 조선 성리학의 주요 경전을 공부하고 체득하였다. 당시 최고의 지성을 갖추었다는 의미이고, 여기에 무경칠서武經七書 등 당대까지 이어져온 병서류를 섭렵했을 것이다. 이 때문에 훗날 정조는 그를 위해 《이충무공전서李忠武公全書》라는 문집을 직접 만들어 주었고, 당시 신하들의 반대가 심해지자 이순신에 대해 '유장儒將'이라는 칭호까지 내린 바 있다.

전술한 바와 같이 이순신은 당시까지 전해진 여러 병서에 정통했지만, 신무기나 새로운 전략전술에도 주목하고 있었다. 즉, '전쟁에서 승리하기 위해 어떤 준비를 해야 하며, 또 실제로 전투에서 어떻게 싸울 것인가'라는 문제에 항상 관심을 쏟고 새로운 전법을 받아들이기 위해 노력하고 있었다.

그 실례를 들어보면 임진왜란이 발발하기 한 달여 전인 1592년(선조 25), 3월 5일자 《난중일기》에 다음과 같은 내용이 전한다.

> 한양에서 온 유성룡의 편지와 《증손전수방략增損戰守方略》이라는 책을 받았다. 밤새 참모진과 연구해 보니 참으로 만고에 훌륭한 책이다.

이날 이순신은 당시 좌의정 겸 이조판서였던 유성룡이 보내준 최신 전법서를 받았다. '싸우거나 지키는 방법을 더하거나 뺀 책'이라는 제목에서 볼 수 있듯이 당시 명나라로부터 수입된 것으로 추정되는 최신 전쟁 교본을 받고서는, 참모들과 밤 세워 연구했다는 것이다.

이처럼 리더로서 최고의 실력과 능력을 갖추는 것은 아무리 강조해도 지나치지 않은 덕목임이 분명하다.

솔선수범 이순신의 성공 리더십 두 번째 덕목은 '솔선수범率先垂範'이다. 솔선수범이란 '남보다 앞장서서 행동하여 몸소 다른 사람의 본보기가 되는 것'이다. 그는 누구보다 규정을 중시했고, 자신부터 모든 업무를 규정대로 실시하였다. 통상의 리더들이 빠지기 쉬운 함정이 규정이다. 규정은 지키라고 있는 것이지만, 소수의 리더는 그 규정이 틀린 것이라고 판단하고 규정을 개정하도록 요구하는 경우도 있다.

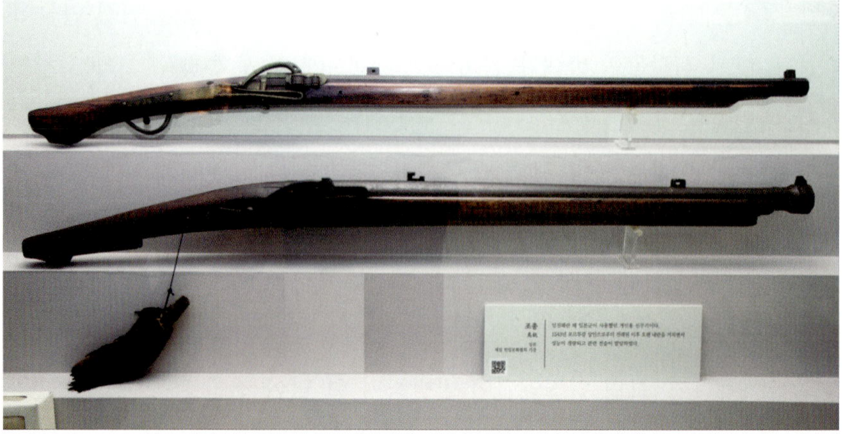

● 일본군 조총

이순신은 '노블리스 오블리제'의 정신을 몸소 실행하였다. 자신에게 부여된 임무를 완수하기 위해 자신이 할 수 있는 모든 일을 실행해 나갔다. 그 과정에서 자신이 먼저 앞장서서 모범을 보일 수밖에 없었던 것이다.

예를 들자면 《난중일기》에 가장 많이 나오는 활쏘기 훈련일 것이다. 활쏘기는 《난중일기》에 150여 회 이상 나오는데, 왜 이순신은 늘 동헌에 나가 공무를 본 뒤 사정射亭에 올라 직접 활을 쏘기도 하고, 활쏘기 연습을 감독하였을까. 그 답은 간단하다. 활쏘기가 그만큼 중요했기 때문이다.

임진왜란 당시 육전에서는 일본의 조총이라는 신무기에 연전연패를 거듭했다. 그러나 해전에서는 반대의 현상이 일어났다. 오히려 육전에서보다 훨씬 더 완벽하게 승패가 갈렸다. 그것은 알려진 바와 같이 일본 수군에게는 없던 화포인 총통銃筒을 조선 수군이 사용한 것과 개인용 살상무기인 화살의 성능이 결코 조총의 그것에 뒤지지 않았기 때문이다.

《난중일기》뿐 아니라 《임진장초壬辰狀草》에도 적의 목을 베기보다는 사살에 힘쓸 것을 여러 차례 지시한 기록이 있다. 그의 보고서에 나오는 분멸焚滅, 즉 태워 없애버렸다는 것도 화포가 아니라 불화살을 쏘아 태웠던 것이다.

• 현자총통

• 주자총통

• 황자총통

이런 이유에서 이순신은 백 마디 말보다 자신이 몸소 특별한 일이 없는 경우 항상 사정에 올라 장수들과 함께 활쏘기 연습에 임했던 것이다.

창조적 경영마인드: 안되면 되게 하라! 세 번째 성공 리더십 덕목은 창조적 경영마인드이다. 임진왜란 당시 조선 조정의 수군에 대한 지원은 거의 없었다. 임진왜란 4년 전에 있었던 스페인 무적함대의 영국 원정 당시 정부의 지원과는 좋은 비교가 된다. 당시 스페인의 필립 2세는 모든 준비를 마치고, 무적함대를 이끌 사령관을 차출해서 원정을 시작했다. 새로 사령관을 맡았던 메디나 시도니아(Medina-Sidonia) 공작은 단지 출항 지시만 내리면 될 정도였다.

반면에 전라좌수사로 부임한 이순신은 모든 전쟁 준비를 자체적으로 할 수밖에 없었다. 물론 상황이나 체제가 다르다고 할 수도 있지만, 어쨌든 정부의 도움이 없었던 것은 사실이다. 이순신은 병력을 징발하고, 본영과 5관 5포의 전선을 새로 건조하거나 수리해서 전력을 100%로 유지하였다. 그가 첫 번째 해전 때 이끌고 나간 24척은 그가 지닐 수 있는 100% 전력이었다.

특히 그의 창조적 경영마인드가 빛을 발한 것은 강화교섭이 진행 중이던 위기 상황 때이다. 3년에 걸친 흉년과 전염병의 치성으로 참전 3국은 모두 전쟁을 더 이상 이어갈 수 없었다. 조선 수군 역시 큰 위기를 맞았는데, 전쟁 초기에 통제사 휘하에 2만여 명을 상회하던 수군 병력이 1595년(선조 28) 봄에 4천여 명에 이를 정도로 엄청난 손실을 입고 있었다.

이런 위기 상황에서도 이순신은 전선戰船 250척 건조를 목표로 해서 그 80%선인 200여 척의 전선을 건조하였다. 또한 군량을 마련하기 위해 둔전屯田 경영, 어염漁鹽의 생산과 유통 등 다양한 노력을 기울였고, 그 외에도 병력의 충원 노력, 군사들의 훈련과 각종 화기의 준비 등 자신이 할 수 있는 모든 방면의 준비를 자체적으로 진행해 나갔다.

최근에 경영학자들이 이순신의 리더십에 관심을 갖고 많은 연구를 하는 것은 아마 현재의 세계 경제가 한 치 앞도 내다볼 수 없을 정도로 어려운 상황이기 때문일 것이다. 전쟁이라는 급박한 상황 속에서 자신의 권한을 활용해서 전승을 이끌어내기 위한 준비와 시행, 그 모든 것을 스스로 해결했던 최고 경영자 이순신에게서 뭔가 돌파구나 해법 같은 것을 찾기 위함이 아닐까 생각한다.

유능한 참모 운영: 믿고 맡긴다. 네 번째 리더십 덕목은 유능한 참모 운영인데, 앞의 세 번째 덕목과 서로 연결되는 점이 있다. 이순신의 창조적 경영이 가능하게 된 것은 그의 성공적인 인사 운영이 뒷받침되었기 때문이다. 전쟁 중에 이순신 휘하에 많은 인재들이 모여든 까닭도 있겠지만, 이순신은 그 인재들을 적재적소에 배치하여 자신이 원하는 일들을 하나씩 맡겼고 성공적인 결과를 이끌어냈다.

그의 휘하에는 《선조실록》에도 언급된 다섯 아들로 일컬어지는 최측근 부하 장수들이 있었다. 순천부사 권준權俊은 문과 출신으로 그의 참모장이었고, 광양현감 어영담魚泳潭은 경상도 해역 지리에 밝은 작전참모, 항상 선봉장을 자임했던 녹도만호 정운鄭運, 그리고 전쟁 초부터 끝까지 측근에서 보좌한

흥양현감 배흥립裵興立과 동명이인의 용장 방답첨사 이순신李純信 등이 그들이다. 이들은 모두 이순신과 생사고락을 같이 했고, 전쟁 이후까지도 활약한 유능한 장수들이다.

거북선 그림

이들만 있었던 것이 아니다. 오히려 이들은 최측근 소수에 불과할 뿐이고, 이들말고도 다양한 분야에 다양한 인재들을 조직적으로 활용하고 있었다. 대표적인 몇 명만 예로 들면 다음과 같다. 우선 거북선 창제 과정에서 역할을 한 나대용羅大用, 초대 통제사 종사관으로 이순신이 한산도에 출전 중일 때 좌수영 본영에서 행정과 군수軍需 등을 담당했던 정경달丁景達, 역전의 노장으로 판옥선 창제와 전쟁 중에도 그의 자문역할을 수행한 정걸丁傑, 후임 통제사로 추천을 받았던 유형柳珩과 이운룡李雲龍, 초기에 그와 함께 조선 수군을 이끌었던 동료 수사 이억기李億祺 등등 일일이 열거하기 힘들만큼 수많은 인물들이 그를 보좌했고, 조선 수군의 성공적인 임무 수행에 함께 하였다.

이순신이 부하 장수들과 함께 하면서 그들의 전폭적인 지지와 성원을 이끌어 낼 수 있었던 하나의 원칙이 있다. 그는 부하 장수들과 목적을 공유하고 충분한 소통을 통해 서로 의견을 나눈 상태에서 일의 추진을 그들에게 일임하는 방식으로 믿고 맡겼던 것이다.

신상필벌 그의 다섯 번째 성공 리더십 덕목은 '신상필벌信賞必罰'이다. '상을 믿을 수 있게 하고 벌할 이를 반드시 처벌한다.' 어찌 보면 지극히 당연하고, 군대라면 더구나 이것이 잘 지켜졌을 것이라고 예상해 볼 수 있다. 그러나 이순신의 성공적인 군사 경영과 인사 조직은 신상필벌의 원칙을 확고하게 지킨 것이 그 바탕이었다.

우선 그는 군기 유지를 위해 엄정한 법 집행을 통한 필벌을 행하였다. 그는 첫 번째 출전에 앞서 도망한 수군 황옥천黃玉千을 효수梟首하였다. 적의 머리를 베기 전에 도망한 병사를 먼저 베어 '도망자는 사형'이라는 점을 전군에 각인시킨 것이었다. 이후에도 도망자를 처형하는 장면은《난중일기》 등의 기록에서 10회 이상 찾아 볼 수 있다.

또 한 예는 1594년(선조 27) 연초에 각 고을의 병력 징발을 담당했던 도병방都兵房들 중에 남원과 남평 두 고을이 징발 실적이 전무하자, 이순신은 이들을 처형하였다.《조선왕조실록》에 의하면 이순신이 이처럼 혹독한 형벌을 가해 연안 백성의 원성이 자자하다는 기록이 보일 정도이다.

보기에 따라서는 이것이 지나친 형벌이라 할 수도 있겠지만, 전쟁을 이끌어 가는 삼도수군통제사 입장에서 보면 이는 가장 중요한 임무인 병력 징발을 약속대로 이행하지 못한 것이 중죄가 된다는 점과 이들을 처형해서 다른 징발 책임자들을 독려하려 했던 것으로 이해해 볼 수 있다.

한편 그는 필벌 못지않게 신상을 위한 노력도 상당히 기울였다.《임진장초》에 있는 임진년 첫해의 전승 보고서를 분석해보면, 이순신의 전과 보고서가 상당히 치밀하고 자세하다는 점을 알 수 있다. 그는 왜 이처럼 자세한 보고서를 작성해서 올렸을까? 그것은 자신의 부하 장수들이 논공행상을 통해 상을 받거나 진급이 잘 되도록 하기 위함이었다. 그리고 그의 이러한 처사는 실제 원균의 부하 장수들보다 이순신의 부하 장수들이 진급이 잘 되어 공평하지 못하다는 비판을 받을 정도였다는 기록을 통해서도 확인이 가능하다.

훗날 부하들에 대한 공적보고 때문에 이순신이 어려움에 처하기도 하였지만, 단지 그것 때문만으로 파직과 백의종군에 처해진 것이라고 볼 수만은 없다. 여하튼 신상필벌은 이순신이 조선 수군을 성공적으로 이끈 하나의 요인이었음은 분명하다.

완벽한 인품: 먼저 인간이 되어라! 여섯 번째 성공 리더십의 덕목은 완벽한 인품이다. 이순신은 조선이라는 국가체제와 교육 시스템이 만들어낸 역사적 산물이었다. 그는 어려서부터 부모에 효를 다하고 형제간에 우애를 지킨다는 조선성리학의 충실한 교육을 받았고, 이를 평생 실천했다.

첫째로 그의 모친에 대한 효는 '지성至誠'이라는 단어가 어울릴 듯하다. 《난중일기》에는 그가 어머니의 안부를 확인하기 위해 군관을 보내고, 보낸 군관이 돌아와 모친이 평안하시다는 소식을 전해 듣는 장면이 수없이 반복된다. 시간이 지날수록 그 정도가 심해지는데, 심지어 모친 소식이 며칠만 늦어져도 안절부절 못하는 모습을 기록하고 있다. 이처럼 전쟁 중임에도 모친을 지극정성으로 모신 모습은 '참 대단하다.'라는 느낌을 주기에 충분할 정도이다.

둘째로 그는 도덕적으로 무결점을 지향하는 삶을 살았다. 그는 관직생활을 하면서 청렴한 모습을 보였고, 백성을 위한 애민 정신을 실천하였다. 가정에서도 형들이 남기고 간 많은 조카들을 거두었고, 전술한 바와 같이 모친에 대한 효성도 지극했다.

한 가지 문제로 그 역시 첩을 두었고, 첩에게서 훈薰과 신藎 두 아들을 얻었다. 그러나 첩은 당시의 사회적 관행이었기 때문에 현재의 기준으로 판단할 수는 없다. 첩에게서 낳은 두 아들은 역시 부친과 같이 무과를 거쳐 한 아들은 이괄의 난 때 전사했고, 한 아들은 정묘호란 때 조카 완莞과 함께 의주성에서 전사하고 말았다.

마지막으로 백의종군 당시, 그가 보여준 모습은 그의 인품이 고매했음과 지극히 평범한 아들이자 아버지였음을 보여준다. 이순신이 한양의 감옥에 갇히자, 구순九旬의 모친이 아들을 만나기 위해 상경하던 길에 그만 돌아가시고 만다. 부친에 이어 모친의 임종도 보지 못한 이순신이 애통해 하는 모습이 《난중일기》에 잘 남아 있다.

명량해전 이후 고군산열도古群山列島까지 후퇴했다가 일본 수군이 남하했다는 정보를 듣고 이순신은 함대를 이끌고 다시 전라우수영까지 내려왔다. 이어서 월동할 만한 장소를 물색하던 중, 임시로 발음도發音島에 있을 때 그의 셋째 아들 면葂의 전사 조식을 전해 듣게 된다. 울기 위해 집을 빌리고, 코피를 됫박이나 흘리며 애통해 하는 아버지의 모습에서 '고해苦海'라는 단어를 떠올리게 된다.

그의 생애를 보면 삶 자체가 드라마와 같다. 그리고 그 속에는 훌륭한 인품으로 나라와 백성을 구하고, 가족을 위해 최선을 다한 인간 이순신이라는 주인공이 있다.

전반부는 이순신의 생애에 대한 두 가지 사실에 대해 살펴보았다. 그 하나는 이순신의 가계가 위인전 등에 알려진 바와는 달리 그의 현조인 변 할아버지 때부터 사회경제적 기반을 다졌고, 증조 거 역시 연산군의 세자 시절 스승으로 순탄한 관직생활을 영위하면서 양반 사대부 가문의 기틀을 확고히 하였다. 비록 조부 때 기묘사화에 연루되면서 문과 급제를 못했지만, 그의 집안이 몰락한 것은 아니었다. 결론적으로 이순신의 친가, 외가, 처가는 모두 어느 정도 사회경제적 기반을 지난 양반 사대부 혹은 무반 가문이었다.

둘째로 이순신은 관직을 거치면서 상관들과의 알력으로 항상 불편했던 것만은 아니었다. 그는 오히려 능력을 인정받아 상관들의 신임을 받았던 상황이 더 많았음을 살펴보았다. 이같이 상관들과의 불편한 관계만을 강조했던 것 역시 난관을 극복하고 성공을 거둔 것을 강조하려는 의도에서 '성웅사관'이 만들어낸 오류라고 볼 수 있다.

후반부에 언급한 이순신의 성공 리더십은 지장智將, 솔선수범率先垂範, 창조적 경영마인드: 안되면 되게 하라, 유능한 참모 운영: 믿고 맡긴다, 신상필벌信賞必罰, 완벽한 인품: 먼저 인간이 되어라 등 여섯 가지 덕목으로 나누어 설명해 보았다.

여기에 더해 끝으로 일곱 번째 덕목을 더해 본다면, 그것은 그의 '소통' 능력이다. 그는 국왕 선조와 장계狀啓와 유서諭書 · 유지諭旨 등을 통해 정확한 전장 상황과 자신의 소신과 소견을 끊임없이 보고하고 또 지시받고 있다.

나아가 서애 유성룡을 비롯한 조정의 고관들과는 서신을 통해 전쟁 상황에 대해 서로 소통하였다. 《난중일기》를 보면 하루에 십 수 통의 편지를 보내기도 하고, 심지어 원균을 지지하고 후원했던 서인의 영수 윤근수와 당시 병조판서 심충겸沈忠謙의 답장을 받기도 하였다.

동료나 부하 장수들과 소통을 위해 그는 함께 식사를 하거나 술자리를 많이 했다. '전쟁 중에 이래도 되나?'라고 할 정도로 《난중일기》에는 부하들과 회식하는 장면이 많이 나온다. 이 모두가 소통을 위한 그의 노력이었음은 불문가지의 사실이다.

또한 그는 천민을 포함한 일반 백성들과도 스스럼없이 소통하였다. 이것은 그의 전과 보고서를 통해서 확인해 볼 수 있는데, 전장 주변의 백성들로부터 정보를 얻는 장면이나 한산대첩 당시 결정적인 제보를 했던 목동 김천손金千孫은 그 대표적인 예라 할 것이다.

이상에서 살펴본 바와 같이 이순신의 성공 리더십 덕목들은 우리에게 익히 잘 알려진 것들이다. 최고의 명장으로 우리 국민 모두가 존경하는 이순신의 리더십 덕목은 결코 어려운 것들이 아니다. 다만, 이러한 덕목들을 가슴에 새기고 실천하는 것이 중요하다. 우리나라가 위기 상황을 극복하고 앞으로 더 발전해 나가기 위해, 이상과 같은 리더십을 갖춘 제2, 제3의 충무공이 나오기를 기대하는 마음으로 이 글을 맺는다.

제11강

민영환이 지킨 충절

충정로역

조재곤(서강대학교 연구교수)

제11강 민영환이 지킨 충절

충정로역

충정로와 민영환

충정로는 서대문로터리에서부터 미동초등학교를 거쳐 아현삼거리에 이르는 8차선 도로를 말한다. 이 도로는 일제강점기에 1884년 갑신정변 당시 일본공사였던 다케조에 신이치로[竹添進一郞]의 이름을 따서 다케조에마치[竹添町]로 불리다가 1946년 10월 1일 충정로로 명칭을 변경하였다. 지하철 2호선과 5호선의 환승역인 '충정로(경기대입구)역'은 충정로 3가에 있다. 이 충정로는 1905년 을사조약乙巳條約 때 순국한 충정공忠正公 민영환閔泳煥의 시호를 붙인데서 유래되었다.

집안과 관직생활

민영환의 본관은 여흥驪興이고, 자는 문약文若, 호는 계정桂庭이다. 조선

말기와 대한제국 시기 고위관료 이자 교육자로 활동하였고 1905년 '을사조약' 체결 후 자결 순국하였다. 그는 1861년 7월 서울 전동(지금의 종로구 견지동)에서 출생하였다. 조선 후기 이른바 '삼방파三房派'의 한 사람으로 유명했던 숙종 계비 인현왕후仁顯王后 민씨의 아버지 여양부원군驪陽府院君 민유중閔維重이 그의 8대 조가 되고 흥선대원군의 막내처남 민겸호閔謙鎬가 그의 친아버지였다. 따라서 고종황제와 내외종 간이었다.

• 민영환

그는 큰아버지 민태호閔台鎬가 후사 없이 사망한 관계로 큰집으로 입적되었고, 친아버지 민겸호의 후사는 둘째인 민영찬閔泳讚이 이어 나갔다. 1877년 동몽교관童蒙教官이 되었으며, 1878년 약관 17세의 나이로 정시문과庭試文科에 병과로 급제하였다. 1881년 20세의 나이로 일약 정3품 당상관으로 고속 승진하여 동부승지同副承旨가 되었고, 1882년 성균관 대사성大司成에 발탁되는 등 순탄한 관직생활이 이어졌다. 그러나 그해 임오군란이 발생하였고, 이때 민씨 척족의 대표인물로 역할을 하던 친아버지 선혜청 당상宣惠廳堂上 민겸호를 잃어 모든 관직을 사직하고 3년간 상복을 입고 예를 갖추었다. 그리고 탈상한 해인 1884년 이조참의에 임명되었다. 이후 도승지 · 전환국 총판 · 홍문관 부제학 · 이조참판 · 내무협판 · 개성유수 · 광복 총관 · 친군 연해 방어사 · 한성우윤 · 기기국 총판 · 친군 전영사를 역임하였다. 협판내무부사 시절인 1886년 3월 국왕의 명을 받아 미국인 외교고문 데니(O. N. Denny)와 김가진金嘉鎭 · 김학우金鶴羽 등 신진개화파들과 함께 러시아 공사 베베르(K. Weber)를

● 데니(O. N. Denny)

통해 청국을 견제하고 조선이 자주적 입장을 견지할 수 있게 하기 위한 목적으로 러시아와 밀약을 추진하였다[제2차 조로밀약]. 그러나 이 사실을 민영익閔泳翊이 조선 주재 청국의 실력자 위안스카이袁世凱에게 밀고하였다. 그 결과 흠차북양대신欽差北洋大臣 리훙장李鴻章을 통한 국왕의 폐위까지도 거론되는 심각한 상태에 도달하게 되었다. 결국 국왕의 의도는 무산되었고 김가진과 김학우 등이 유배되었으나 민영환 자신에게 직접적인 피해는 돌아가지 않았다.

1886년 6월 민영환은 협판내무부사로서 한규설韓圭卨과 함께 군무사軍務司를 담당하였다. 같은 해 7월 기연해방영畿沿海防營을 창설하고 미국인 군사교관을 초빙하여 근대적 해군양성에 주력하였다. 1887년 27세 때 예조판서로 승진하였고, 1888년과 1890년 두 차례에 걸쳐 병조판서를 지내면서 군사권을 장악한 바 있었다. 그러나 1891년부터 1893년까지 부인 안동 김씨(판서 김명진金明鎭의 딸)의 사망을 계기로 관직을 맡지 않았다. 1893년 형조판서 · 한성부윤, 갑오개혁 직전까지 독판내무부사 · 형조판서로 활동하였다.

그는 1888년 4월 군제개혁 시 병조판서로서 통위영統衛營을 겸하여 맡았고, 장위영壯衛營의 한규설, 총어영摠禦營의 이종건李鍾健과 3영 체제를 갖추면서 이후 군사권은 그가 부인의 상을 당하던 기간을 제외하면 당분간 큰 변동없이 이들 세 사람에게 독점되었다. 그러던 중 청일전쟁 과정에서 1894년 7월 23일 일본군의 경복궁 점령과 갑오개혁으로 김홍집金弘集 내각이 들어섰고

특별 입법기구인 군국기무처軍國機務處가 설립되었다. 그가 맡았던 통위영사는 이준용李埈鎔으로 대치되었고, 7월 26일 별입직別入直에, 동학농민군의 제2차 봉기 기간인 10월에는 순유사巡諭使에 임명되었다.

• 한규설

2차례의 사행, 넓은 세상을 보다

1896년 2월 11일 국왕이 러시아 공사관으로 급거 도피하는 이른바 '아관파천俄館播遷'으로 친미 · 친러 내각이 들어서자, 그해 4월 특명전권공사로 임명되어 러시아 황제 니콜라이 2세(Nicolai Ⅱ) 대관식에 참석하였다. 그가 공사에 임명된 이유는 정동구락부貞洞俱樂部 일원으로 구미 공사관의 외교사절들과 친밀감을 가지고 있었으며 정부 내에서 영향력이 있으면서도 비교적 온건 합리적인 인물로 평가되었기 때문이었다. 대관식 참석 일행은 특명전권공사 민영환과 수석 수행원 윤치호, 중국어 통역관 김득련과 러시아어 통역관 김도일, 민영환의 개인비서 손희영, 주한 러시아공사관 서기관 스테인(E. Stein)이었다. 민영환 일행은 중국과 일본을 거쳐 태평양을 횡단한 다음 기차로 캐나다 · 미국을 관통하였고, 대서양을 지나 영국을 거쳐 도버해협을 건너 유럽대륙으로 들어갔다. 유럽에서는 네덜란드 · 독일 · 옛 폴란드를 경유하여 목적지인 러시아에 도착하였고, 모스크바와 상트페테르부르크에서 공적 임무를 수행한 후에 오랜 기간 남아서 이모저모를 살폈다. 이후 시베리아를 횡단하여 연해주의 블라디보스토크를 거쳐 배를 타고 동해와 남해, 서해를 지나 처음 떠났던 제물포항에 도착하는 여정을 거쳤다.

이들의 주목적은 국왕의 환궁 이후 신변보호를 위한 왕실수비병의 파견과 경비 지원, 일본 국채 상환을 위한 300만 엔 차관 제공, 조선-러시아 간

• 러시아공사관

전신선 가설 등이었다. 재정고문과 군사교관을 초빙하여 일본의 침략을 막아보려는 고육책을 내놓기도 하였다. 그러나 실무 교섭과정에서 타결된 것은 군사교관과 재정고문 초빙문제뿐이었다. 일행은 한 달 반가량 상트페테르부르크에 머물면서 이후 러시아의 문화와 예술뿐만 아니라 대표적 근대 시설물들을 시찰하는 데 많은 시간을 할애하였다. 러시아와 조선의 문화·풍속 등을 비교할 기회도 가졌다. 시베리아 횡단철도(TSR)를 통해 조선으로 돌아올 때는 육로로 지나는 곳마다 각급 지방총독들과 환담하면서 그들의

● 모스크바에서 러시아 관원들을 만나는 민영환(앞줄 가운데)

생활과 문화, 지역사정 등을 이해하는데 집중하였다. 더불어 모스크바에서 블라디보스토크로 이어지는 귀국 과정에서 이르쿠츠크로부터 조선의 국경에 이르는 동안 수차례에 걸쳐 조선인 이주민들과 만나 환담하면서 그들을 깊이 이해할 수 있었다. 이를 기록한 것이 《해천추범海天秋帆》이었다. '해천추범'이란 '넓은 세상을 향해 나아가다'라는 뜻으로, 조선 근대화라는 과제를 안고 선진문물을 면밀하게 고찰하고 이를 조선에 적용하기 위해 부심했던 민영환이 남긴 일기식 기행문이다.

1896년 10월 21일 귀국한 뒤, 민영환은 의정부 찬정 · 육군부장 · 군부대신에 임명되었다. 군부대신 시절인 1897년 1월 19일 각 부대의 장관과 관원을 인솔하고 새문[新門] 밖 천연정에 제물을 배설하고 축문을 지어 의병진압차 출동하여 전투 과정에서 사망한 병졸의 제사를 지낸 바 있었다. 1900년 장충단奬忠壇을 조성할 때도 주도적인 역할을 하였다. 장충단은 1895년(고종 32) 8월에 일어난 명성황후 시해사건 당시 경복궁에 난입한 일본 낭인들을

● 장충단 비(서울 중구)

물리치는 과정에서 순사한 훈련대 연대장 홍계훈洪啓薰, 궁내부 대신 이경직李耕稙과 1895년 11월 춘생문春生門 사건으로 일제가 처형한 전 시종 임최수林最洙, 참령 이도철李道徹과 1894년 동학농민군 봉기 당시 희생된 군사 중 염도희廉道希 · 이경호李璟鎬 · 김홍제金鴻濟 · 이학승李學承 · 이종구李鍾九 등의 영혼을 위로하기 위해 만든 제단이었다. 장충단 단호는 고종황제가 내렸고 앞면의 '장충단奬忠壇'이란 글자는 황태자인 순종이, 뒷면 장충단비 비문은 당시 표훈원 총재 민영환이 썼다.

1897년 1월 다시 영국 · 독일 · 러시아 · 이탈리아 · 프랑스 · 오스트리아-

헝가리 6개국 주재 특명전권공사에 임명되었다. 같은 해 3월 영국 빅토리아(Victoria) 여왕 즉위 60주년 기념 축하식(Diamond Jubilee celebration)에 참석을 위해 다시 유럽으로 떠나게 되었다. 이 시기 고종은 민영환 사행을 통해 당시 러시아는 물론 러시아와 긴밀한 협력관계에 있던 프랑스와 독일로부터도 조선독립을 보장받고자 하였다. 민영환의 임무에는 그러한 내용의 비밀협정 체결 문제도 포함하고 있었다.

민영환 일행은 6월 5일 런던에 도착하였고 6월 22일 열린 빅토리아 여왕 즉위 60주년 기념식에 참석하였다. 런던에서는 40여 일 체류하면서 영국의 국민생활과 선진 문물을 두루 견학한 뒤, 7월 17일 런던을 떠나 미국 수도 워싱턴으로 출발하였다. 이를 기록한 것이 《사구속초使歐續草》이다.

민영환의 2차 러시아 방문 결과로 한국정부는 1897년 11월 3일 조병식-시페이에르 간에 재정고문 알렉세예프 고빙雇聘합동을 체결하게 되었다. 1897년 7월 이후부터 미국의 수도 워싱턴 일대에서 머물다가 1898년 9월 하와이를 거쳐 귀국하였고 궁내부 특진관에 임명되었다.

한편 1899년 2월 민영환은 본인이 이전에 바랬던 주미공사에 임명되었다. 그러나 2차 사행시 무단으로 근무를 이탈했던 자신의 과오를 시인하면서 적임이 아니라는 이유로 사양하였다. 그런데 그해 5월 중추원에서는 의관들이 상주공사 파견을 반대하였고, 주미공관에는 단지 외국인 서기생을 두는 것으로 결론을 내렸다. 그 결과 예정된 3차 사행인 주미공사 파견은 결국 불발로 끝나게 되었다.

대한제국의 기반 마련

민영환은 대한제국이 출범하기 직전 《천일책千一策》에서 시국해결 방안을 제안한 바 있었다. 그는 자신의 평소 생각을 《천일책》을 통해 기록하고 정리하여 내놓았다. 그 중 〈시세 4조時勢四條〉에서는 러시아와 일본에 대한 방어책과 '동학란' 평정 방법을, 〈비어 10책備禦十策〉에서는 인재등용과 과거제 폐지, 육해군 창설, 산업장려, 신식무기 구입과 제조, 포대설치, 인삼전매, 지폐발행, 근대적 학교설립 등 내수內修와 자강自强의 방책을 제시하였다.

민영환은 1898년부터 서재필 · 이상재 등이 지도하는 독립협회 운동을 적극 지지하였고 10월에는 만민공동회에도 참여하였다. 그러나 황제와 보수파는 공화정을 수립하고 군주제를 폐지하려고 한다는 모략으로 보부상과 경찰 · 군대를 동원해서 독립협회를 탄압하여 해산시켰다. 그 결과 의회설립 운동은 좌절되고 민영환도 일시 파면되었다. 독립협회 해산 이후 얼마 지나지 않아 그는 다시 내부대신이 되었고, 이어 참정대신과 탁지부대신으로 활동하였다.

1899년 6월 민영환은 초대 표훈원表勳院 총재로서 대한제국의 훈위 · 훈등 · 훈장 · 포장 · 연금 등에 관한 일을 관장한 바 있다. 한편 1902년 표훈원 총재 민영환의 주청에 따라 러시아 전권대신 베베르, 일본국 특명권판리대신 이노우에 카오루井上馨에게 훈1등 태극장을, 프랑스 전권대신 코고르당, 프랑스 공사 플랑시, 독일 사신 젬부쉬, 이탈리아 전권대신 크라비오사, 벨기에 전권대신 방칼에게 훈2등 태극장을 하사하였다. 명목은 이들이 우리나라와 조약을 체결하고 교환한 사신들이기 때문이었다.

민영환은 1899년 10월 그간 유명무실한 조선은행朝鮮銀行을 한흥은행漢興銀行으로 개명하고 은행사무를 개시하였다. 이때 사장은 권재형權在衡이었고, 민영환은 평의장, 이채연李采淵과 김영준金永準은 장부조사위원 등을 맡았다. 1900년 '경제상 이익발달을 위해' 농업회사인 목양사牧養社를 설립하고 사장이 되어 농부農部 관할 해관에 비치된 농기구 등의 대부를 요청한 일도 있었다. 1903년 11월 수상운송을 목적으로 각 항구에 선박영송회사船舶迎送會社 설치를 위해 농상공부에 인허를 청구하기도 하였다. 1905년 9월 이겸래李謙來 · 홍종훤洪鍾萱 · 이현상李鉉相 · 김교선金敎宣 등이 설립한 대동상회大東商會의 회장이 되었고, 아울러 은행설립 계획으로 탁지부에 청원한 바 있었다.

1900년 2월 민영환은 자신의 헌의책獻議策인 원수부元帥府가 설치되자 회계국 국장(3월 이후 총장)에 임명되고 헌병대 사령관을 겸임하면서 활발한 활동을 이어 나갔다. 하지만 1902년 9월 순비純妃 엄씨가 황제에게 밀고하여 황제를 격노케 하여 경질에 처해지게 되었다. 밀고내용은 무반武班인 민영환과 이종건이 협력하여 경축대전 관병식觀兵式 당일에 황태자를 옹립하려는 음모가 있었다는 것이다. 또한 군인과 경찰관들에 대한 단발이 이때 실시되었는데, 그 파급으로 원수부의 네 총장은 모두 경질되었다.

• 에케르트

1902년 7월 1일 원수부 회계국총장 민영환의 서문을 붙인 애국가의 가사와 악보가 출간되었다. 이때 악보는 에케르트(Franz Eckert)가 작성하였다. 그러나 이후 1907년 7월 군대해산에 따라 그해 9월 군악대도 폐지되면서 그의 초빙도 해지되었다. 한편 유민원綏民院은 궁내부에 소속되어 외국여행권을 관장하던 관청으로, 1902년 설치되었다. 유민원의 초대 총재는 당시 표훈원 총재였던 민영환이 맡았고, 통신원 총판 민상호閔商鎬가 부총재, 서병규徐丙珪가 총무국장이었다. 이 유민원은 세계를 여러 차례 유람한 바 있던 그의 지식과 경험이 반영되어 설립되었을 것은 예견하기 어렵지 않다. 유민원의 사무소는 서울 종로 계동 입구에 마련하였다. 1903년 10월 27일 기장조성소旗章造成所 감동당상監董堂上으로 상주하여 황제, 황후, 황태자, 황태자비, 영친왕의 기장旗章을 조성하고 음력 9월 13일로 택일하여 거행할 것을 청하여 윤허를 받았다.

민영환은 학교설립과 운영에도 적극적이었다. 1898년 11월 사립 흥화학교

• 이준 열사 묘(서울 강북구)

興化學校를 설립하였다. 흥화학교 설립자 또는 발기인은 그를 비롯하여 한우 · 김신영 · 임병구 · 정교 등이고, 설립 당시 교장은 민영환, 교사는 임병구 · 정교 · 남순희였다. 교과목은 영어 · 산술 · 지지 · 역사 · 작문 · 토론 · 체조 등이었다. 교육진흥을 위한 새로운 방안도 제시하였다. 그는 '학문을 일으켜 인재를 교육'하는 것이 나라의 급선무로, 서양의 '궁리격치窮理格致'를 배울 것을 주장하였다. 그러나 흥화학교는 1902년 3월 19일 학도모집 광고 이후부터 활발한 활동을 벌이지 못하였던 것으로 보인다. 특별한 활동기록도 많지 않다. 흥화학교는 식민지 직후인 1911년에 폐교되었다.

러일전쟁 기간인 1905년 4월 민영환은 국민교육회國民敎育會에 막대한 액수의 돈과 함께 토지와 건물을 기부하였다. 국민교육회는 1904년 8월 국민교육의 진흥을 목적으로 설립된 계몽단체로 이준李儁 등이 주도하고 있었다. 그러나 일본공사의 압력으로 참정대신의 자리에서 면직되었고 1905년 5월 시종무관장이라는 한직으로 좌천되었다가 그해 9월 외부대신에 임명되었다. 그러나 같은 달 11일 국가의 위기상황에서 자신에게 주어진 직임의 버거움을 설파하면서 직책을 사양하였다. 이 때의 외부대신 임명은 참정 한규설을 수반으로 하는 내각 조직에 참여하는 것이었으나, 각 대신이 취임치 않아 성립되지 못하였다.

을사조약에 반대하여 자결

민영환은 1905년 11월 다시 시종무관장에 임명되었다. 그러던 중, 일제는 11월 17일 이른바 '을사조약'을 강제 체결함으로써 국권을 강탈하였다. 이날 민영환은 전 부인인 정경부인 안동 김씨의 산소 이장 문제로 경기도 용인군 수지면水枝面 토월리吐月里에 내려가 있다가 소식을 듣고 바로 대궐로 달려갔다고 한다. 매국 대신들을 성토하고 조약 파기를 위해 11월 27일 원임 의정대신 조병세趙秉世와 함께 백관을 거느리고 조병세가 소수疏首가 되어 매국 5적을 처단할 것과 조약 파기를 상소하였다. 조병세와 함께 28일 재차 상소를 올렸다. 같은 날 두 번째 상소를 올려 나라가 망하는 지경의 약조를 폐기할 것을 거듭 주장하였다. 오히려 일제는 일본 헌병을 출동시켜 백관들을 강제로 해산시키고 법부로 하여금 조병세와 함께 민영환을 잡아 가두고 말았다.

1905년 11월 29일 평리원 감옥에 갇혀 있다가 석방되었으나, 민영환은 이미 기울어진 대한제국의 운명을 바로잡을 길이 없음을 개탄하였다. 아무리 상소해도 별다른 효과가 없으리라 깨달았다. 이제 남은 길은 스스로 목숨을 끊어 황실의 은혜에 보답하고 국민들을 깨우쳐 나라와 민족이 자유 독립을

• 민영환 신도비

회복하는데 초석이 되는 것뿐이라고 생각하였다. 그리하여 그는 11월 30일 오전 6시경, 회나무골[檜木洞] 의관醫官 이완식의 집에서 45세의 나이로 2천만 동포와 각국 공사, 대한제국 황제에게 보내는 유서 3통을 남기고 품고 있던 단도로 목을 찔러 자결・순국하였다.

이를 계기로 전 좌의정 조병세, 전 대사헌 송병선, 전 이조참판 홍만식, 학부 주사 이상철, 병사 김봉학 등도 연이어 자결 순국하였다. 을사조약 강제 체결과 민영환 등이 순국 자결하자 일본공사는 하세가와 요시미치[長谷川好道] 대장의 권유를 받아 민심진정에 착수하였다. 그럼에도 불구하고 전국 각지에서의 상소투쟁이 이어졌다. 상인들의 철시투쟁이 있었고, 각급 학교 학생들은 동맹휴업을 통해 시국을 성토하고 순국열사들의 넋을 기렸다. 대한제국 정부는 자결하여 순국한 민영환에게 시호를 충정忠正으로 내리고 의정대신으로 추증하였다. 조의를 표하기 위해 3일간 조시朝市를 철폐하고 형륙刑戮도 피하도록 분부하였다. 그의 유해는 용인군 수지면 토월마을에 봉분없이 평장되었다가, 광복 이후 지금의 경기도 용인시 기흥구 마북동에 이장되었다. 대한민국 정부는 1962년 건국훈장 대한민국장을 추서하였다.

민영환의 뜻은 국외로 망명한 독립운동가나 지식인들을 통해 지속적으로 계승되었고, 그들의 애국과 독립의지를 확산시키는데 크게 기여하였다. 민영환 등을 비롯한 많은 우국인사들의 순국 자결로써 일제 침략에 대한 강력한 투쟁 방략의 하나로 의열투쟁이 자리 잡게 되었다. 나아가 그의 순국은

• 민영환 묘(경기 용인시)

국권회복을 위한 항일의병운동과 구국 계몽운동이 발흥하는 기폭제가 되었고, 죽음으로서라도 조국과 민족의 독립은 지켜야 한다는 교훈을 남겨주었다.

제12강

서재필이 만들고자 했던 나라

독립문역

장규식(중앙대학교 교수)

제12강 서재필이 만들고자 했던 나라

독립문역

서대문독립공원

지하철 3호선 독립문역 4번 출구로 나오면 독립문과 서대문형무소역사관 사이에 광장이 나온다. 여기서 왼쪽으로 눈길을 돌리면 맨 아래쪽의 독립문에서부터 새로 복원한 독립관 건물과 독립신문 발행인 서재필 선생의 동상이 시야에 들어온다. 그 뒤로 3·1운동 기념탑이 있는데, 종로 탑골공원에 있다가 1980년 공원 정비 때 철거되어 삼청공원에 방치되어 있던 것을 독립공원을 개원하면서 옮겨온 것이다. 이러한 건축물과 기념물로 이루어진 남쪽 공간이 서대문독립공원의 독립협회 영역이다.

서대문독립공원은 1987년 11월 서울구치소가 경기도 의왕시로 옮겨가면서, 그 자리의 서대문형무소 유적과 독립문을 연계하여 독립공원으로 조성하는 공사에 착수하여, 1992년 8월 15일 광복절을 맞아 개원하였다. 현재 서대문독립공원은 독립문, 독립관 등 독립협회 관련 유적과 서대문형무소 관련 유적으로 나뉘어져 있다.

서대문독립공원(서울 서대문구)

독립문(서울 서대문구)

서대문독립공원 동남쪽 끄트머리에 우뚝 서 있는 독립문(사적 제32호)은 과거 중국 사신을 영접하던 사대외교의 상징물 영은문을 부수고 만든 대청對淸 자주독립의 상징적 기념물이다. 독립문의 건립은 1896년 7월 서재필의 발의로 시작하여 왕실과 관료 그리고 일반 민인의 기부금을 받아 같은 해 11월 21일 정초식을 거행하고, 1년 뒤인 1897년 11월 20일 완공하였다.

건축양식은 서재필의 구상에 따라 파리의 개선문을 모방하였다. 서재필의 자서전에 의하면 설계는 독일공사관의 스위스인 기사가 하고 심의석이라는 우리나라 목수가 시공하였다고 되어 있으나, 《경성부사》에는 러시아인 사바틴이 설계한 것이라고 기록되어 있어 확실치 않다. 화강암으로 만들어진 이 문은 높이 14.28m, 폭 11.48m로 중앙에 홍예문이 있고, 내부 왼쪽에 옥상으로 통하는 돌계단이 있으며, 정상에는 돌난간이 둘러져 있다.

독립문 앞에는 사적 제33호인 영은문 주춧돌 두개가 서 있다. 영은문은 조선 12대 임금 인종 때에 만들어졌다. 이후 사대 외교관계의 의전에 따라 이 영은문에서 중국 사신을 맞았다. 그리고 영은문 안쪽의 모화관에서 중국 사신을 환영하는 연회를 베풀었다. 서대문밖 의주가도에 자리한 영은문과 모화관은 중국에 대한 조선의 사대외교를 상징하는 건축물이었다. 독립문을 건립하면서 영은문은 사라지고, 그 주춧돌만 독립문의 부속 건축물처럼 남아 사대와 독립의 대비 효과를 연출하였다. 그리고 모화관은 개보수를 거쳐 독립협회의 회관인 독립관으로 탈바꿈하였다.

건립 당시의 사진을 보면 아무 것도 없는 거리에 독립문이 서 있고, 그 안쪽으로 영은문의 주춧돌과 오른쪽의 독립관(이전 모화관)이 나온다. 일제하 사진에는 독립문 옆을 통하는 도로가 정비되고, 도로에 노면전차가 달리는 모습이 보인다. 광복 후 사진에는 교통이 복잡해져 노면전차가 철거되면서 문의 양 옆이 도로가 된다. 이후 독립문은 1979년 서울시에서 금화터널과 사직터널을 연결하는 고가도로를 건설하면서 원 위치에서 서북쪽으로 약 70m 떨어진 현재의 위치로 옮겨졌다.

• 독립문과 독립관

독립관은 독립문과 함께 조선의 자주독립을 상징하는 건축물이다. 1895년 12월 하순에 귀국한 서재필은 독립문과 함께 자주독립의 상징으로 독립관의 건립을 추진하였다. 당시 모화관은 중국 사신을 접대하던 사대외교의 상징적 건물이었는데, 조선 정부가 청으로부터의 자주독립을 선언한 갑오개혁 이후 사용하지 않아 방치된 채로 있었다. 이에 독립협회는 약 2천 원의 경비를 들여 모화관을 개수한 뒤 독립관이라 부르고, 1897년 5월 23일 현판식을 거행하였다. 현판은 왕태자가 한글로 '독립관'이라고 직접 썼다.

이후 독립협회는 독립관을 사무실 겸 집회장소로 사용하면서 매주 일요일 오후 강연회를 개최하였다. 8월부터는 강연회 대신에 토론회를 준비하여 8월 29일 첫 토론회를 개최하였다. 패널 토론 형식으로 열린 토론회는 학생과 시민들의 커다란 호응 속에 회를 거듭하면서 성황을 이루었다. 시민의 참여가 늘어감에 따라 독립협회는 계몽단체로서 확고히 자리를 잡을 수 있었다.

협회의 주도권 또한 초기의 고위 관료들로부터 소장 신진세력에게 넘어갔다. 이렇듯 독립관은 공론을 형성하는 토론의 마당으로서 우리나라 시민사회 형성에 커다란 역할을 한 장소였다.

본래 독립관의 위치는 독립문 남쪽 아래편, 현재의 영천시장 자리였다. 당연히 본 건물은 사라진 지 오래였다. 그러던 것을 서울시가 독립문에서 서대문형무소에 이르는 일대를 독립공원으로 조성하면서 새롭게 복원하는 공사에 착수하여 1996년 12월 완공하였다. 현재 이전 복원된 독립관은 순국선열의 위패를 모시는 현충사로 사용되고 있다.

서재필, 그는 누구인가

송재松齋 서재필徐載弼은 전라도 보성의 외가에서 향반가의 자제로 태어나 어린 시절을 보냈다. 그리고 7세 무렵 충청도 대덕군에 사는 7촌 아저씨 서광하徐光夏의 양자로 입양된 뒤 양어머니 안동 김씨의 뜻에 따라 다시 서울로 유학을 떠났다. 서울 북촌에 있는 외삼촌 김성근의 집에 머물며 곁다리로 북촌 양반자제의 대열에 합류한 서재필이 개화사상에 처음 접한 것은 1880년 무렵이었다. 이때 그는 13촌 아저씨벌 되는 서광범徐光範을 통해 김옥균金玉均을 소개받고, 그의 지도를 받으며 봉원사 승려 이동인李東仁이 일본에서 가져온 구미문명에 관한 신서적들을 통해 조선이라는 울타리 바깥 세상의 사정을 차츰 알게 되었다고 한다.

서재필은 어린 시절부터 양자로 입양되어 낳아주신 부모의 품을 떠나야 했고, 서울 유학을 하며 낯선 환경에 자신을 맡겨야 했다. 그만큼 새로운 환경에 대한 남다른 적응력을 키울 수 있었고, 앞선 경험이나 전통 내지 인연에 얽매이지 않았다. 야심만만하고 빈틈이 없으며 인정에 매이기보다 냉철하게 이해타산을 앞세우는 그의 사람 됨됨이는 그러한 가운데 형성된

품성이라 할 수 있었다.

1882년 서재필은 문과에 합격하였다. 그 뒤 김옥균의 권유로 1883년 5월 다른 16명의 청년들을 이끌고 일본 유학길에 올라, 도쿄 도야마(戶山)육군학교에서 1년 동안 군사훈련을 받았다. 1884년 12월 갑신정변에 토야마 육군학교 출신들을 이끌고 일선 행동대로 참여하여 새 정부의 병조참판에까지 임명되었던 서재필은 정변이 '삼일천하'로 끝나자 김옥균 박영효 서광범 등 개화당 동지들과 함께 일본으로 망명을 하였다. 일본에서 서재필은 요코하마에 있는 루미스 목사 집에 기거하면서 약 3개월 동안 루미스에게 한국어를 가르치고 대신 영어를 배웠다고 하는데, 그러한 인연으로 그는 박영효 서광범과 함께 1885년 5월 26일 다시 미국 망명의 길에 올랐다.

서재필

서재필을 비롯한 망명객 일행이 샌프란시스코 항구에 도착한 것은 1885년 6월 11일이었다. 아는 사람도 없고 돈도 없고 언어 풍습도 익숙치 못한 속에서 여러 주일 고통을 겪은 그들은 제각기 살길을 찾기로 하였다. 그리하여 서광범은 언더우드(Horace G. Underwood) 선교사의 형 존 언더우드의 도움을 받아 뉴욕으로 떠나고, 현지 적응에 실패한 박영효朴泳孝는 일본으로 되돌아갔다.

본국의 부모 형제, 아내와 자식이 모두 몰살당하고, 만리타향에서 동지들마저 떠나버린 가운데, 그는 낮에는 노동을 하고 밤에는 YMCA 야학에 나가 영어공부를 하며 살 길을 찾았다. 또 일요일마다 교회에 출석했는데, 일자리도 얻고 영어도 배우려는 목적에서였다고 한다. 그러던 중 다니던 교회 장로의 소개로 홀렌백(John W. Hollenback)이라는 독지가를 만나, 그의 도움으로

1886년 9월 미국 동부 펜실베니아주 윌크스바레(Wilkes-Barre)에 있는 사립 고등학교 해리 힐맨아카데미(Harry Hilman Academy)에 입학하였다.

1889년 6월 힐맨아카데미를 졸업한 서재필은 신학교에 진학하여 장차 고국에 선교사로 가기를 기대했던 홀렌백의 제안을 거절하고, 필라델피아를 거쳐 워싱턴으로 갔다. 워싱턴에서 그는 미육군 군의감도서관의 사서 자리를 얻어 일하면서, 콜럼비안대학(죠지 워싱턴대학의 전신) 부설 야간대학에 등록하여 의학을 공부하였다. 그 사이 그는 'Philip Jaisohn'이란 이름으로 미국 시민권을 취득하였다. 1892년 3월 콜럼비안대학 의학부를 졸업한 그는 1894년 6월 미국 철도우체국 초대 국장을 역임한 죠지 암스트롱의 딸 뮤리엘과 결혼을 하였다.

결혼 후 워싱턴에서 병원을 개업하고 미국인으로서 안정적인 생활을 하던 서재필이 귀국을 결심하게 된 것은 박영효의 권유에 따른 것이었다. 갑오개혁 이후 사면 복권되어 내부대신으로 활약하다 1895년 6월 역모사건에 연루되어 재차 망명길에 오른 박영효는 워싱턴으로 서재필을 방문하여 간곡하게 귀국을 권고하였다. 박영효를 만난 뒤 서재필은 미국에서 오랫동안 마음깊이 그리던 자유와 독립의 이상을 실천할 천재일우의 기회가 왔다고 생각하고 고국으로 발걸음을 옮겼다고 한다.

1895년 12월 25일 서재필이 귀국하자 김홍집 내각은 그를 외부협판에 임명하려 하였다. 특히 내부대신 유길준俞吉濬은 1896년 1월 19일 남별궁에서 서재필의 귀국 강연회를 개최하는 등 대대적인 환영을 하였다. 그러나 옛날과 조금도 다름없이 모해와 살벌한 권력투쟁이 난무하는 고국의 광경을 목도하고 그는 다시 미국으로 돌아갈 뜻을 내비쳤다. 유길준이 백방으로 만류하자, 서재필은 미국으로 돌아가지 않더라도 벼슬은 하지 않고 민중교육의 의미로 신문을 발간하여 민중을 계몽하는 일을 하겠다는 제안을 하였다. 이에 유길준은 서재필의 제의를 쾌락하고 재정적인 후원을 확약하는 한편, 그를 중추원 고문으로 임명하여 300달러의 월급을 주면서 자유로운 국내활동을 보장해

독립신문

뎨일권

뎨일호

조션 셔울 건양 원년 사월 초칠일 금요일

• 《독립신문》 창간호

• 독립신문사터(서울 중구)

주었다.

이후 서재필은 1896년 4월 7일 한글전용의 《독립신문》을 창간한 데 이어, 자주독립의 기념비적 상징물로 독립문과 독립관의 건립을 구상하고, 그것을 실현시키기 위해 정동구락부의 개혁파 관료들을 주축으로 1896년 7월 2일 독립협회를 출범시켰다. 그리고 1896년 5월부터 1년여 동안 배재학당에 특별강사로 출강하여 세계지리와 역사, 정치 등을 가르치면서 학생들로 하여금 협성회라는 토론회를 조직하게 하였다. 협성회의 토론회는 1897년 8월 독립협회의 토론회로 발전하여, 관료들의 사교클럽에 머물러 있던 독립협회를 계몽단체로 탈바꿈시키는 발판이 되었다.

이처럼 서재필은 1898년 5월 다시 미국으로 돌아갈 때까지 《독립신문》을 창간하고 독립협회와 배재학당 협성회의 조직을 주도하면서 민간 차원으로 개화 개혁 여론을 확산시켜 나갔다. 그리하여 밑으로부터 개화 개혁운동의 물꼬가 트이고, 운동이 대중화하는 과정에서 이승만, 안창호 같은 새로운 세대의 지도력들이 배출되기 시작하였다.

서재필이 꿈꾼 나라

서재필은 개화란 헛된 의식을 버리고 이치를 가지고 생각하여 실상대로 만사를 행하자는 뜻이라고 하여, 서구 실용주의 내지 공리주의의 견지에서 근대화를 정의하였다. 그러면서 실상학문과는 거리가 먼 유교 전통과의 과감한 절연과 구습타파를 촉구하였다. 나라가 열리면 지체와 문벌을 따지는 것은 없어지고, 실상학문을 배워 무슨 일이든 한 가지를 능히 할 수 있는 사람들이 벼슬도 하고 큰 장사도 하고 큰 농부도 될 것이라는 것이었다.

이렇게 조선의 유교 전통을 타파해야 할 구습으로 규정한 가운데, 서재필은 10년 동안의 미국 망명유학을 통해 습득한 실용주의와 공리주의, 만국공법과 자강주의, 천부인권론과 법치주의의 프리즘으로 근대를 인식하였다. 그는 나라와 나라, 사람과 사람 사이의 법적 평등과 자유경쟁이라는 지평에서, 나라 사이의 법적 평등이라는 만국공법萬國公法의 논리에 기대어 조선의 자주독립을 전망하였다. 특히 나라의 다리인 백성과 머리인 정부가 서로 돕고, 대소인민이 저마다의 직무를 다할 때 나라의 영구독립도 가능할 수 있다고 하여, 독립을 위한 '상하만민의 동심합력同心合力'과 자강 노력을 강조하였다.

한편 인권 문제와 관련해 그는 일관되게 천부인권론을 견지하였다. 사람의 권리가 법률에 종속된 것이 아니라, 오히려 하나님께서 주신 권리를 지키기 위해 나의 권리를 남에게 뺏기지 않고 남의 권리를 아무나 빼앗지 못하도록 하려고 나라에 법률이 만들어졌다는 것이다. 또한 법치주의의 원칙을 내세워 사적으로 형벌을 가하는 구습을 비판하고, 상하·귀천·빈부·유무세를 막론

한 공평한 법의 집행을 촉구하기도 하였다.

이와 더불어 서재필은 서구문화, 특히 미국 시민사회 문화의 단순 이식으로서 조선의 문명개화를 전망하고, 《독립신문》의 논설을 비롯한 각종 계몽활동을 통해 미국문화를 조선에 이식하는 교량 역할을 하였다. 인민교육을 통해 문명개화할 조선의 장래를 그린 다음의 《독립신문》 논설은 그러한 문명개화 구상의 조감도와도 같은 것이었다.

> 새 학문을 배워 구습을 버리고 개화한 자주독립국 백성과 같이 되어야, 그 사람들이 자라 정치도 마땅히 의논하고, 제조장을 세워 각색 물화를 제조하며, 장사하는 집이 동리마다 일어나 외국 물건을 수입하며 내국 물건을 수출할 줄 알고, 화륜선을 지어 세계 각국에 조선 국기 단 상선과 군함이 바다마다 보이며, 국중에 철도를 거미줄같이 늘어놓아 인민과 물화 운전하기가 편리하게 되며, 도로와 집들이 변하여 넓고 정한 길에 공원지가 골목마다 있고, 마거와 전기철도들이 개미같이 왕래하고, 백성이 무명옷을 아니 입고 모직과 비단을 입게 되며, 김치와 밥을 버리고 우육과 브레드를 먹게 되며, 말총으로 얽은 그물을 머리에 동이지 아니하고 남에게 잡혀 끄들리기 쉬운 상투를 없애고, 세계 각국 인민과 같이 머리부터 우선 자유를 하게 될 터이요. 국중에 법률과 규칙이 서서 애매한 사람이 형벌당할 묘리도 없고, 약하고 무세한 백성들이 강하고 유세한 사람들에게 무리하게 욕볼 묘리가 없으며, 정부 관원들이 법률을 두렵게 여겨 협잡이 없어질 터이요 …(《독립신문》 1896년 10월 10일자 '논설')

여기서 무명옷 대신 모직과 비단옷을 입고, 김치와 밥 대신 소고기와 빵을 먹으며, 단층 나무집 대신 이삼층 벽돌집에서 사는 개화한 조선인은 다름 아닌 미국화한 조선인이었다. 그의 문명개화 지향이 전통과 근대의 접목보다는 서구적 근대의 일방적 이식으로서 '미국화'에 있었음을 잘 보여주는 대목이다.

● 《독립신문》 1896년 10월 10일자 논설

독립신문

뎨일권

죠션 서울 건양 원년 십월 십일 토요일 ᄒᆞᆫ쟝 갑 오푼

논셜

○ 학부 대신이 갈니고 민죵묵씨가 새로 ᄒᆞ엿스니 우리는 새로ᄒᆞᆫ 대신을 향 ᄒᆞ야 치하도 ᄒᆞ려니와 두어 말노 치하 ᄒᆞ면셔 ᄀᆞᆺ치 ᄒᆞ노니 우리 말을 넓고 쥬의 ᄒᆞᆷ을 ᄇᆞ라노라 학부대신의 쇼림이 각부 대신 즁에 뎨일 즁 ᄒᆞᆫ거시 이대신이 죠션 후ᄉᆡᆼ의 되고 안 되는 돌죠구를 가지고 잇는지라 지금 죠션이 이러케 약 ᄒᆞ고 가란 ᄒᆞ고 ᄇᆡᆨ셩이 어리셕고 관인이 변변치 못ᄒᆞᆫ거슨 다름이 아니라 관민이 다 학문이 업는 ᄭᆞ닭인즉 죠션이 강 ᄒᆞ고 부요 ᄒᆞ고 관민이 외국에 대졉을 밧으랴면 이사ᄅᆞᆷ들이 새 학문을 ᄇᆡ화 구습을 버리고 ᄀᆡ화ᄒᆞᆫ ᄌᆞ쥬 독립국 ᄇᆡᆨ셩과 ᄀᆞᆺ치 되여야 그사ᄅᆞᆷ들이 자라 정부에셔 졍치도 맛당히 의론 ᄒᆞ고 제죠쟝을 셰워 각석 물화를 제죠 ᄒᆞ며 쟝ᄉᆞ ᄒᆞ는 집이 동리 마다 니러나 외국 물건을 슈입 ᄒᆞ며 닉국 물건을 슈츌 ᄒᆞᆯ줄을 알고 화륜선을 지어 셰계 각국에 죠션 국긔 단 샹션과 군함이 바다 마다 보이며 국즁에 철도를 검으줄 ᄀᆞᆺ치 느러 노화 인민과 물화 운젼 ᄒᆞ기가 편리 ᄒᆞ게 되며 도로와 집들이 변 ᄒᆞ야 넓고 졍ᄒᆞᆫ 길에 공원디가 골목 마다 잇고 마거와 젼긔 철도들이 가얌이 ᄀᆞᆺ치 왕리 ᄒᆞ고 ᄇᆡᆨ셩이 무명 옷슬 아니 닙고 모직과 비단을 닙게 되며 김치와 밥을 버리고 우륙과 ᄇᆞ레드를 먹게 되며 몰 츙으로 얽은 그물을 머리에 동이지 아니 ᄒᆞ고 남의게 잡혀 ᄉᆞ들이기 쉬ᄒᆞᆫ 샹투를 업시고 셰계 각국 인민과 ᄀᆞᆺ치 머리 ᄂᆞ터 우션 ᄌᆞ유를 ᄒᆞ게 될터이요 국즁에 법률과 규칙이 셔셔 이민ᄒᆞᆫ 사ᄅᆞᆷ이 형벌 당ᄒᆞᆯ 묘리도 업고 약ᄒᆞ고 무셰ᄒᆞᆫ ᄇᆡᆨ셩들이 강ᄒᆞ고 유셰ᄒᆞᆫ 사ᄅᆞᆷ들의게 무리ᄒᆞ게 욕 볼 묘리가 업시며 졍부 관원들이 법률을 두렵게 너여 협잡ᄒᆞᆫ이 업서질터이요 인민이 졍부를 ᄉᆞ랑 ᄒᆞ야 국즁에 동학과 의병이 다시 나지 안 ᄒᆞᆯ터이요 죠션 대군쥬 폐하ᄭᅴ셔 남의 나라 공관에 가셔 위태 ᄒᆞᆷ을 면 ᄒᆞ실 경계가 아니 싱길터이니 지금 이 졍부에 잇는 관인이나 졍부 밧긔 잇는 사ᄅᆞᆷ이나 발셔 구습에 져져 학교에셔 학문 ᄇᆡ혼 일 업는 사ᄅᆞᆷ은 ᄆᆞᄋᆞᆷ이 암만 올코 익국 익민 ᄒᆞ는 졍셩이 대단히 잇드리도 일을 모론즉 ᄒᆞᆯ 슈가 업고 사ᄅᆞᆷ이 학문이 업슨즉 대개 당쟝 리만 싱각 ᄒᆞ야 굽은 길노 가기를 바른 길 보다 죠화 ᄒᆞ는 법인즉 언제든지 죠션이 ᄒᆞᆫ번 외국과 ᄀᆞᆺ치 되랴면은 젼국에 잇는 인민이 학교에셔 젹어도 십년은 공부를 ᄒᆞ야 무ᄉᆞᆷ 학문이던지 ᄒᆞᆫ가지식 셩취를 ᄒᆞᆫ 후에라야 나라히 ᄯᅳᆯ치고 니러 셜터이니 이러케 되고 안 되기는 학부에 ᄆᆡ혓고 학부 대신인즉 학부에 쥬쟝이라 그러 ᄒᆞᆫ즉 학부 대신의 손에 죠션 후ᄉᆡᆼ이 잘 되고 못 되기가 엇지 달녀시지 안 ᄒᆞ리요 만일 누구던지 학부 대신이 오ᄂᆞᆯ날 되야 이직무를 모로고 이직칙을 힝치 못 ᄒᆞ고 이ᄆᆞᄋᆞᆷ을 쥬야로 ᄡᅥ에 셕여 가지고 아니 다닐 디경이면 그사ᄅᆞᆷ은 지금 사는 인민의게만 죄를 짓는 거시 아니라 후ᄉᆡᆼ의게도 용셔 ᄒᆞ지 못ᄒᆞᆯ 죄를 짓는 사ᄅᆞᆷ이니 우리는 ᄇᆞ라건ᄃᆡ 새로ᄒᆞᆫ 대신이 학부 대신의 쇼임과 직무와 담칙 ᄒᆞ는 ᄉᆞ졍을 자셔히 알고 오날브터 십년 후에 죠션 인민에 ᄇᆡᆨ분지 칠십오분은 학교를 다니게 되도록 일을 ᄒᆞ기를 밋노라

관보

십월 팔일

○ 왕태ᄌᆞ궁 시죵관 셔치슌 참봉 후능 ᄇᆡᆨ남쳘 슌능 엄쥬봉 령 죵묘 리윤샹 션능 박쥬헌 한셩 판윤 리치연 함경 북도 관찰ᄉᆞ 원우샹 평안 남도 관찰부 쥬ᄉᆞ 윤쳘후 정희죠 박인옥 황리쥰 쟝흥식 림 궁닉부 ᄌᆞ진관 김명규 명 왕태ᄌᆞ궁 시죵관 리범팔 참봉 후능 민동호 슌능 한긔쥬 의원 면본관

십월 구일

○ 대신 셔리 ᄉᆞ무 학부 협판 민샹호 히

잡보

○ 이왕 신문에 윤리병이가 우대규를 쇽여 말 ᄒᆞ되 궁닉 대신을 인연 ᄒᆞ야 능참봉을 식혀 주마고 ᄒᆞ고 돈 일쳔 삼ᄇᆡᆨ냥을 ᄲᅢ셔 져단 벼슬을 엇어 ᄒᆞ고 우대구는 그만 내버려 두엇단 말을 ᄒᆞ엿거니와 그일

실제로 미국의 시민사회 문화가 국내에 본격적으로 소개되기 시작한 것은 서재필의 교육 계몽활동을 통해서였는데, 그가 조선의 문명개화를 위한 처방으로 제시한 시민사회의 문화는 다음과 같았다.

첫째로, 서재필이 관심 깊게 소개한 미국 시민사회의 문화는 국민통합을 목표로 하는 다양한 대중적 상징조작의 기법이었다. 그는 미국생활을 통해 성조기와 국가, 알링턴국립묘지·워싱턴기념비 등의 상징적 기념물, 워싱턴 생일·현충일·독립기념일 같은 국경일 행사 등을 통해 효율적으로 국민들을 통합하고 애국심을 고취하는 모습을 목격하였다.

그는 1896년 1월 19일 귀국 직후 가진 첫 공개강연 석상에서 방청인들에게 국기에 대해 경례할 것을 제안하였다. 그리고 자주독립의 국가적 기념상징물로 독립문의 건립을 발의하는 한편, 기독교회와 독립협회에서 주최한 만수성절萬壽聖節, 조선개국기원절 같은 국경일 행사를 적극 후원하였다. 또한 독립문과 독립관의 현판을 한글로 만들어 그러한 상징조작의 효과를 배가시키려 하였다. "동국 인민끼리 서로 돕고 합심하여 임금을 위하고 정부를 대접하며, 동국 인민을 사랑하고 외국 인민을 의심없이 형제같이 대접하면 조선은 스스로 강해질 것"이라는 견지에서 '상하만민의 동심합력'을 통한 국민형성 국민통합과 '자주독립', '충군애국忠君愛國'의 대중적 상징을 창출하려 했던 것이다.

둘째로, 토론과 여론정치에 기반한 민주주의 문화를 들 수 있다. 서재필은 해리 힐맨 아카데미 재학시절 토론회를 경험하였고, 미국사회에서 신문이 수행하는 역할을 목도하였다. 또한 기존의 공화당과 민주당에 맞서 1891년 조직된 인민당이 1892년 대통령선거와 1894년 의회선거에서 무시할 수 없는 정치세력으로 성장한 새로운 민중운동을 목격하기도 하였다.

그러한 경험은 배재학당에 협성회를 조직하여 조선사회에 토론문화를 소개하고, 신문을 통해 정부와 백성 사이의 커뮤니케이션 공간을 창출하는 것으로 이어졌다. 귀국 후 처음으로 발표한 글에서 그는, 갑오개혁을 통해 수백 년 동안 내려오던 법과 낡은 관행이 일소되었음에도 백성들이 그것이 무엇인지 알지 못해 아름다운 개혁의 혜택을 받지 못하고 오히려 혼란만 가중되었다고, 갑오개혁 정부와 백성 사이의 의사소통 부재를 비판하였다.

그리고 《독립신문》을 창간함으로써 둘 사이의 의사소통 매체로서 스스로의 역할을 자임하였다. 나아가 내각대신과 협판은 임금이 친히 임명하되, 지방 관찰사와 수령은 백성들의 투표로 직접 뽑자고 제안하기도 하였다. 이렇게 서재필은 미국식 토론문화와 여론정치, 선거제도의 소개를 통해 개화·개혁운동에 대중참여의 새로운 장을 열었는데, 그것은 앞선 갑오개혁의 노선과 결정적으로 구별되는 부분이기도 하였다.

셋째로, 서재필이 보급하려 한 미국 시민사회의 문화는 과학사상과 서구식 생활문화였다. 의사로서 그는 먼저 길닦기, 개천치기, 수질관리, 뒤간개선, 음식물 끓여먹기, 목욕·청소·환기 등의 공중위생 문제를 거론하였다. 그리고 사람이 병이 들면 무당과 판수로 굿을 한다, 넋두리를 한다 해서 오히려 병을 덧나게 하고, 정직하게 힘써 벌어먹을 길을 찾는 대신 명당에 산소를 써서 헛된 부귀영화나 꿈꾸는 미신의 폐해를 비판하였다. 또 조선의 침술에 대해 비위생적일 뿐만 아니라 당초 학문이 없는 물건이기 때문에 그 사용을 금지해야 한다고 주장하였다. 서양의학의 잣대를 들이대 침술을 무당 판수의 굿이나, 중들이 올리는 재와 마찬가지의 것으로 치부한 것이다.

더불어 그는 여성차별의 구습을 비판하고 남녀관계에서 여성의 동등한 권리와 여성교육의 필요성을 주장하였다. 그는 신체발육이 건전하고 자립할 마음자세와 경제능력이 있을 때 결혼을 시켜야 비로소 건강한 가정을 꾸릴 수 있다고 하여 조혼早婚 제도를 비판하고, 당사자의 의사와 무관하게 배필을 맺어주는 중매결혼과 축첩의 폐단을 거론하였다. 그리고 여성을 천대하는 풍속을 야만의 잔재로 비판하면서, 집안일과 자녀교육을 위해서도 여성교육이 필요함을 역설하였다.

이처럼 서재필은 미국 시민사회를 모델로 삼아 국민통합을 위한 대중적 상징조작 기법과 여론정치를 국내에 소개하고, 위생관념과 공공의식, 과학사상과 남녀평등의 문화를 보급하면서 개화·개혁운동의 새로운 차원을 개척하였다. 그런데 그러한 개화 개혁의 과정은 점진적이어야 한다는 게 그의 입장이었다. 목수가 헌집을 고치려면 낡은 기둥과 서까래를 빼내기 전에 먼저 새 기둥과 서까래를 준비해야 하듯이, 문명개화에도 일의 선후가 있고 경중이 있다는 것이다. 그는 최우선의 급무를 점진적인 인민교육에 두고, 스스로를 기독교문명의 세례를 받은 교사로 자부하였다.

갑신정변 당시만 해도 그는 쿠테타로 정치권력을 장악해서 위로부터 급진적인 문명개화를 추진하려 하였다. 그러나 미국 망명생활을 통해 구미의 문명이 일조일석에 이루어진 것이 아니고, 열국간의 경쟁적 노력에 의해 여러 세기를 거치며 점진적으로 이루어진 것임을 깨닫게 되었다. 그래서 그는 교육 계몽을 통해 민중 일반의 무지몰각을 깨우치고 개화·개혁의 대중적 공감대를 확산시키는 일이 정권장악에 우선한다는 인식을 하기에 이르렀다. 그러한 바탕 위에서 그는 혁명이 아닌 점진적 진화의 과정으로 조선의 문명개화를 전망하면서, 갑신정변에서 갑오개혁으로 이어지는 개화파의 개화노선과 차별화를 시도하였다.

요컨대 서재필의 조선의 문명개화에 대한 처방은 교육과 계몽을 통한 점진적인 '미국화'에 있었다. 그는 주저함 없이 미국의 시민사회를 조선 문명개화의 도달점으로 상정하였다. 아무리 '이상주의'의 서구를 체험하였고 그 혜택을 받았다고 해도, 한국계 미국시민이었던 그가 미국사회의 어두운 그늘을 경험하지 못했다고는 할 수 없다. 그러나 그의 말과 글에서 미국사회에 대한 비판적 인식은 좀처럼 찾아볼 수 없었다. 아무튼 그는 미국 망명유학 이후 줄곧 미국인으로 살면서 거기서 벗어나려 하지 않았는데, 그것이야말로 그의 문명개화론이 딛고 있던 현주소라 할 수 있었다.

제13강

민족정기를 일깨우는 산실

효창공원앞역

김형목(독립기념관 책임연구위원)

제13강 민족정기를 일깨우는 산실

효창공원앞역

효창공원의 유래를 말하다

효창공원은 조선시대 정조의 큰 아들로 5세에 사망한 문효세자文孝世子의 무덤인 효창묘에서 시작되었다. 효창동이라는 명칭도 바로 효창묘에서 유래했다. 효창공원의 처음 경계는, 동쪽은 주교대로(현 원효로), 서쪽은 공덕리 신촌, 남쪽은 율곡정栗谷亭 삼성현, 북쪽은 봉학정鳳鶴亭에 이르는 대단히 넓은 지역이었다. 이후 문효세자의 생모인 의빈宜嬪 성씨, 순조의 후궁인 숙의淑儀 박씨, 숙의 박씨의 첫 번째 소생인 영온옹주永溫翁主 등도 이곳에 안장되었다. 정조는 세자와 의빈 성씨에 대한 애정이 각별하여 이곳에 자주 거둥하였다. 1870년(고종 7)에 이르러 효창묘는 효창원으로 승격되었다. 이곳은 소나무가 우거지고 맑은 시냇물이 흐르는 인적이 드문 목가적인 풍경을 간직한 자연환경이었다.

일제 침략과 더불어 효창원은 수많은 상흔을 남긴 생생한 역사적인 현장이기도 하다. 1894년 동학농민운동을 진압하기 위한 파견된 일본군 혼성여단混

• 효창공원 전경(서울 용산구)

成旅團은 효창원 만리창萬里倉에 사령부를 설치했다. 혼성부대는 만리창 계곡을 비롯하여 이태원동 · 서빙고 등지에 분산 주둔하면서 한국 내정에 대한 간섭을 서슴지 않았다. 청일전쟁에서 선도적인 역할과 갑오개혁 강요를 위한 무력 시위 등은 대표적인 경우이다. 서울에 거류하던 일본인들은 혼성여단 주둔을 열렬하게 환영했다. 이곳 주변을 여단장 이름을 따서 대도정大島町이라고 개칭할 만큼 열성적이었다.

이후 이 부근을 중심으로 일본인 집단마을이 조성될 정도로 일본인 수가 급속하게 증가하였다. 일본인 거주지가 개발되는 가운데 일제는 1924년 6월 효창원 내 수목을 보호한다는 명분을 내세우며, 순환도로와 약간의 편의시설을 증설하여 유람지로 만들었다. 혼성여단 주둔을 기념하기 위하여

● 효창운동장(1965)

서북쪽에 기념비까지 세웠다. 그리고 서울 시내에 정오를 알리는 오포도 설치하였다(이후 남대문 안에 소방서 싸이렌 소리로 대체됨). 인근에는 유곽 시설을 유치하는 등 대한제국 황실의 존엄성을 짓밟았다. 1940년에는 조선총독부고시 제208호에 의해 도시계획공원이 되었다. 그리고 패전 막바지에는 원·묘를 모두 고양에 있는 서삼릉 경내로 이전시켰다. 이제 효창원은 사실상 유명무실한 상황에 직면하고 말았다.

광복 이후 효창공원은 새로운 변화를 맞았다. 대한민국임시정부 주석 김구金九는 조국 광복을 위해 헌신한 이들의 묘소를 이곳에 마련했다. 1946년 7월 이봉창李奉昌·윤봉길尹奉吉·백정기白貞基 의사의 유해와 안중근安重根 의사의 가묘假墓를 엄숙한 국민장으로 거행하는 일을 주도하였다. 1948년 9월에는 대한민국임시정부 의정원의장을 역임한 이동녕李東寧, 국무원 비서장을 지낸 차리석車利錫, 군무부장을 역임한 조성환曺成煥을 동남쪽 언덕에 안장했다.

● 효창공원 내 의열사(서울 용산구)

이는 올바른 민족정기를 되살리려는 의도와 무관하지 않았다. 동시에 자주적이고 주체적인 독립국가 건설론과 맞물려 진행되었다. 1949년 김구가 흉탄으로 서거하자 국민장을 거행한 후 서북쪽에 안장되는 등 효창공원은 순국선열묘역으로 '민족적인 성지聖地'나 다름없었다.

국민들의 소망과 달리 순국선열묘역은 이승만정부에 의하여 다시 한 번 수난을 겪었다. 1960년 제2회 아시아축구대회 유치를 위해 조성된 효창운동장은 선열묘역 부근 울창한 소나무 숲과 연못 등 흔적을 지웠다. 효창공원선열묘역보존회장 김창숙金昌淑 등의 격렬한 반대에도 공사는 강행되었다. 1년간 공사 끝에 완공된 효창운동장은 축구 · 육상 · 정구장 등을 갖춘 '생뚱한' 체육시설로 자리를 잡았다.

한편 이보다 앞선 1960년 6월 26일 효창공원 묘역에서 김구 서거 11년 만에 제1회 추도식이 거행되었다. 폭우 속에서 거행되었으나 많은 서울시민들이 참석하는 성황을 이루었다. 4 · 19혁명으로 백범 암살 진상 규명과 훼손된 묘역 복원을 위한 절호의 기회가 찾아오는 듯했다. 그러나 이듬해 5 · 16

● 백범김구기념관(서울 용산구)

군사쿠데타에 의하여 모든 희망은 물거품이 되고 말았다. 1969년에는 원효대사 동상과 국군과 유엔군이 평양에서 북한군을 물리친 날을 기념하는 반공투사위령탑이 세워졌다. 1972년 서울특별시는 효창공원 조경사업 10개년 계획을 추진하는 동시에 일반인의 출입을 금지시켰다. 공원 조경사업이 마무리된 1977년 7월에는 건설부에서 효창공원으로 고시했다.

1979년 4월에는 대한민국임시정부 수립 60주년을 맞아 효창공원순국선열추모위원회 주관으로 7위선열합동추모제가 거행된 이래 오늘에 이르고 있다. 1988년에는 정부 주도로 효창공원 정비가 추진되어 의열사義烈祠와 창열문彰列門 등이 건립되고 묘역 확장과 정비도 이루어졌다. 이듬해 공원은 사적으로 지정되었고, 의열사에는 효창공원에 안장되어 있는 순국선열 7위의 영정이 봉안되었다.

효창공원은 순국선열묘역 외에 효창운동장, 공원관리소, 어린이놀이터, 정구장 등 각종 운동시설과 편의시설 등을 두루 갖추었다. 이와 함께 북한반공투사위령탑, 원효대사 동상, 이봉창의사 동상, 대한노인회중앙복지회관, 육영

수 송덕비 등도 있다.

백범김구기념관은 김구 서거 50주년 기념사업으로 1996년 발의되었으며, 2000년 6월 기공하여 2002년 10월에 개관하였다. 한국 근현대사 전문박물관인 백범김구기념관은 헌법 전문에 규정한 대한민국임시정부의 위상의 복원과 국가적인 정통성을 회복하는데 목적을 두었다. 통일 조국을 실현하고 애국애족정신 앙양과 민족정기 선양을 도모하고자 교사연수를 비롯하여 독립운동 강좌 개설, 어린이교실 운영, 독후감 공모와 사생대회를 개최하는 등 국민교육장으로 충실한 역할을 다하고 있다. 백범김구기념관은 크게 전시관과 컨벤션센터로 구성 · 운영되고 있다.

효창공원은 백범김구기념관 건립과 더불어 민족정기를 일깨우는 산실로 거듭나고 있다. 2005년 광복 60주년 기념사업 일환으로 효창공원 독립공원화 조성사업이 시작되었다. 낡은 운동장을 철거한 후 국제 규모의 인조잔디구장을 건립하고, 독립유공자의 이름을 새긴 '추모의 벽'을 설치한 것은 이러한 사실을 그대로 보여준다.

김구 묘역

효창공원 중앙 위쪽에 위치한 김구 묘역은 창열문을 지나 이봉창의사 동상과 의열사 정문 사이에 위치한다. 3단으로 이루어진 계단 길을 오르면 장방형 판석으로 경계가 나누어진다. 그 앞에는 상계와 하계로 이루어진 묘역이 있다. 봉분 앞에는 상석과 향로석을 설치했다. 오른쪽에 대한민국임시정부주석백범김구지묘大韓民國臨時政府主席白凡金九之墓라고 새긴 묘비가 있다(글씨는 위창 오세창이 씀). 상석 앞에는 사모합각지붕으로 된 장명등이 있고, 묘역 좌우에는 망주석을 세웠다.

백범은 1876년(고종 13) 황해도 해주에서 출생했으며, 본명은 김창수,

• 김구 묘역(서울 용산구)

호는 백범白凡이다. 동학농민운동 당시에는 '애기접주'로서 반봉건 · 반외세운동에 앞장섰다. 관군에 쫓겨 피신하던 중 안중근 가문과 깊은 인연을 맺어 독립운동 동지이자 사돈 관계로 이어졌다. 명성황후 시해사건 이후 치하포에서 일본인 쓰치다 조스케[土田讓亮]를 살해하고 체포되어 사형을 선고받았다. 다행히 사형 집행 직전 감형되어 목숨은 부지할 수 있었다. 인천감옥 수감 중에는 탈옥에 성공하여 공주 마곡사 등지로 피신했다. 기독교로 개종한 이후 전도사업과 교육활동에 전념하며 민족선각자로서 자질을 인정받았다. 직접 사립학교를 운영하거나 안악면학회 · 해서교육총회 등을 통한 민족교육에 남다른 노력을 기울였다. 특히 교사자질 향상을 위한 강습회는 전국적인 주목을 받았다. 최광옥崔光玉 등과 함께한 강습회에는 300여 명이 모여드는

• 김구 서거 소식에 경교장 앞뜰에 몰려와 애도하는 시민들

대단한 성황을 이루었다. 이는 신민회 일원으로서 민족정신을 함양하려는 의도에서 실시되었다.

한일강제병합 이후 '안악사건'으로 체포되어 15년형을 선고받았다가 1915년 감형으로 출옥하여 농촌계몽운동에 종사하는 등 민지계발에 노력하였다. 3·1운동 이후 상하이로 망명하여 대한민국임시정부 경무국장·내무총장·국무령·주석 등을 역임하며 27년간 국외 독립운동을 이끌었다. 부인 최준례 崔遵禮의 임종마저도 보지 못하는 안타까운 상황에도 전혀 굴복하지 않고, 이러한 쓰라린 아픔을 항일정신과 현실인식을 더욱 심화시키는 계기로 삼았다. 대한민국임시정부 활동이 침체의 늪에 빠지자 특무부대인 한인애국단을 조직하였다. 한인애국단원인 이봉창 의거와 윤봉길 의거는 한민족에게 독립정신을 고취시키는 기폭제였다. 두 의사의 의거는 대한민국임시정부가 중국국민당 정부로부터 독립운동 지원을 받는 등 본격적인 한중연대를 알리는 신호탄이었다.

반면 대한민국임시정부는 일제의 탄압을 피하여 이동할 수밖에 없는 처지로 내몰렸다. 1940년 충칭에 안착할 때까지 8년 동안 '고난의 행군'이었다. 대한민국임시정부 군대로서 한국광복군을 창설하는 등 조국광복을 위한 기반 확충에도 공세적으로 나섰다. 광복군선언문에서 "광복군은 한중 두 나라의 독립을 회복하고자 공동의 적인 일제를 타도하며 연합군의 일원으로 항전할 것을 목적으로 한다."고 창설 취지를 분명하게 천명했다. 대일선전포고, 인도-미얀마전선으로 한국광복군 파견, OSS와 국내진공작전계획 등은 대한민국임시정부의 존재감을 국제사회에 널리 알리는 결정적인 계기를 마련했다. 이는 카이로회담에서 한국독립을 보장받는 데 영향을 미쳤다.

일제의 무조건적인 항복은 대한민국임시정부가 미군정으로부터 정통성을 인정받지 못해 개인 자격으로 귀국하는 결과를 초래하였다. 제2차 세계대전 이후 국제정세는 미소 양국에 의한 냉전체제였다. 이후 국제연합에 의해 자유총선거 실시가 가능한 지역에서 정부를 수립한다는 결정이 내려졌으나, 김구는 단독정부 수립에 반대하여 통일정부 수립을 위한 남북협상운동에 적극적으로 나섰다. 이에 김규식 등과 평양을 방문하여, 김일성과 정치회담을 개최하였으나 결국 실패하였다. 그럼에도 불구하고 보수세력과 이승만을 중심으로 진행된 정부수립에는 참여하지 않음으로써 자주적인 독립국가 수립이라는 자신의 입장을 분명히 하였다. 그러던 중, 1949년 6월 26일 안두희安斗熙에 의해 경교장에서 암살당하였다. 장례식은 국민장으로 거행된 후, 효창공원에 묻혔다. 백범을 곁에서 모셨던 엄항섭嚴恒燮은 추모사에 다음과 갈이 말했다.

선생님! 선생님! 선생님은 가셔는데 무슨 말씀하오리까. 우리들은 다만 통곡할 뿐입니다. … 민족을 걱정하시던 선생님 말씀을 저녁마다 듣자왔는데, 오늘 저녁은 뉘게 가서 이 말씀을 듣자오리까. 민족을 걱정하시던 선생님의 얼굴을 아침마다 뵈었는데 내일 아침부터는 어데 가서 그 얼굴을 뵈오리까. 선생님은 가신대도 우리는 선생님을 붙들고 보내고 싶지 아니합니다.

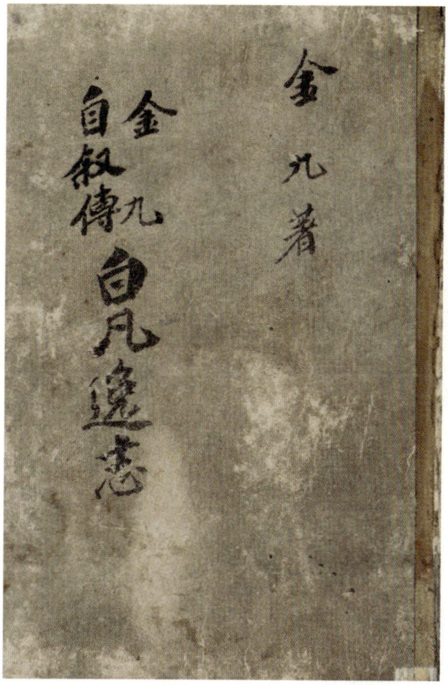

《백범일지》

독립운동에 대한 열정과 인생역정은 《백범일지》에 고스란히 담겨 있다. "'네 소원이 무엇이냐?'고 하나님이 물으신다면 첫 번째, 두 번째, 세 번째도 모두 조국의 완전한 독립이라고 대답하겠다."고 했다.

백정기 · 이봉창 · 윤봉길, 삼의사 묘역

삼의사 묘역은 효창공원 위쪽 중앙, 의열사 동쪽에 위치한다. 1946년 7월 일본에서 봉안한 백정기 · 이봉창 · 윤봉길 의사의 유해를 안장하고 안중근 의사 가묘를 마련한 곳이다. 묘역의 조성을 주도한 인물은 백범이었다. 광복 직후 귀국한 백범은 이곳에 삼의사 안장지를 지정하였고, 삼의사추모사업회는 이를 추진하여 유해를 이곳에 안장했다. 1958년 8월 광복절을 기하여

• 삼의사 묘역 전경(서울 용산구)

묘역이 정비되었다. 묘 석축에는 백범이 쓴 유방백세遺芳百世라는 각자가 새겨져 있다.

백정기는 1896년(고종 33) 전북 정읍에서 태어났다. 서울에 올라와 3·1운동을 목격하고, 독립선언서와 전단을 가지고 고향으로 돌아가 만세시위운동을 주도했다. 이어 인천에 소재한 일본군사시설을 파괴하려다 사전에 발각되어 중국 펑톈奉天으로 망명하였다. 그러면서 독립운동 자금을 마련하기 위하여 여러 차례 국내로 잠입하다가 체포되어 고초를 겪었다. 이후 1924년 베이징에서 이회영李會榮·신채호申采浩 등과 교류하며 무정부주의 활동을

• 이봉창

• 윤봉길

전개하여 조선무정부주의연맹을 결성하였다. 농촌의 자치운동에도 힘썼으며, 일본상품배척운동에도 참여하는 등 항일운동에 앞장섰다.

1928년 아시아 각국의 무정부주의자들이 결성한 동방무정부주의자동맹에 한국 대표로서 참석했고, 1931년에는 흑색공포단을 조직해 적의 기관 파괴, 요인 사살, 친일파 숙청 등을 목표로 적극 활동하였다. 그러던 와중 1933년 주중공사 아리요시 아키라有吉明가 상하이의 육삼정六三亭에서 연회를 연다는 소식을 접하고 습격하려다가 계획이 밀정에게 누설되면서 실패했다. 일본 나가사키법원에서 무기형을 선고받고 복역 중 옥사하였다.

이봉창은 1901년 서울 원효로에서 태어났다. 보통학교를 졸업하고 용산역 만선철도 기차운전견습소의 견습생을 지냈다. 민족적인 차별과 멸시에 환멸을 느끼고 일본으로 건너가 새로운 생활을 설계하였다. 그러나 현지에서 처우개선은 환상일 뿐 국내와 크게 다르지 않았다. 결국 1930년 상하이로 망명하게 되었고 김구를 만나 12월 한인애국단에 가입했다. 이봉창은 선서식을 거행한 후 곧바로 도쿄로 출발하였다.

이듬해 1월에 일왕 히로히토[裕仁]는 도쿄 교외에서 관병식을 개최했다. 이봉창은 히로히토와 그 일행이 탄 마차들이 사쿠라다몬[櫻田門]을 지날 때 수류탄을 던졌으나 히로히토의 마차가 아닌 다른 마차를 맞췄고, 거사는 실패하였다. 현장에서 체포된 의사는 10월 비공개 재판에서 사형을 선고받고, 이치가야 형무소에서 사형이 집행되었다. 일제는 이러한 사실이 외부에 알려지지 않도록 보안에 만전을 기했다. 중국의 《민국일보》는 "한국인 이봉창이 일왕을 저격하였으나 불행하게도 명중시키지 못하였다."라고 이봉창 의거의 실패에 대한 안타까움을 토로하였다.

윤봉길은 1908년 충남 예산군 덕산면 시량리에서 태어났다. 본관은 파평, 아명은 우의禹儀, 호는 매헌梅軒이다. 덕산공립보통학교에 입학하였으나 이듬해에는 3·1운동에 대한 무자비한 탄압을 목격하고 자퇴했다. 한학을 공부하는 가운데 오치서숙烏峙書塾에서 중국 고전 등을 두루 탐독하였다. 독학으로 일본어를 공부하여 상당한 어학능력을 가졌다.

이른바 '묘표사건'은 문맹퇴치와 농가부업 증대를 위한 농촌부흥운동에 관심을 집중하는 결정적인 계기였다. 야학회·월진회·수암체육회 등의 조직과 결성은 이상적인 농촌을 건설하려는 구상에서 시작되었다. 윤봉길은 야학 교재인 《농민독본》을 직접 만들 만큼 농촌부흥운동에 상당히 열성적이었다. 당시 세계적인 대공황으로 농촌경제는 빈곤의 악순환에서 벗어나지 못하고 있었다. "쌀밥 한 그릇과 고깃국을 배불리 먹고 죽었으면 여한이 없겠다."는 소망이 결코 한가한 넋두리가 아니었다. 식민지배가 계속되는 한 만성적인 식량부족은 해결할 수 없는 중대한 농촌문제였다. 결국 그는 문제를 해결하기 위해서는 조국의 독립이 우선되어야 한다는 인식을 하게 되었다. 이러한 고민 중에 발생한 광주학생운동은 그의 행적에 큰 전환점이

• 일본으로 반출되는 미곡

되었다. 광주학생운동의 전국적인 파급은 청장년들을 각성시켰고, 새로운 항일운동을 모색하는 자극제가 되었다.

1930년 그는 '장부출가생불환丈夫出家生不還'이라는 신념으로 중국 망명길에 올랐다. 펑톈 · 칭따오[靑島] 등지를 거쳐 무사히 1931년 5월 상하이에 안착할 수 있었고, 안공근安恭根 집에 유숙하면서 임시정부 요인들과 교류를 시작했다. 어느 날 윤봉길은 김구를 찾아가 독립운동을 위해 신명을 다할 것임을 맹세했다. 1932년 4월 26일에는 장엄한 한인애국단의 입단선서식을 가졌다. 29일 일제의 천장절 축하 및 상하이 전승기념식이 홍커우공원에서 거행되었다. 유유히 기념식장에 들어간 윤봉길은 일본국가가 끝날 무렵에 폭탄을 정확하게 투척하였다. 폭발음과 굉음은 천지를 진동시켰다. 식장은 순식간에 아수라장을 연상시킬 만큼 혼란의 극치였다. 상하이 거류민단장 가와바타 사다지[河端貞次]는 현장에서 즉사하고 상하이 파견 일본군사령관 시라카와

요시노리[白川義則]는 중상을 입고 얼마 후 사망했다. 제3함대사령관 노무라 기치사부로[野村吉三郎] 해군중장, 제9사단장 우에다 겐키치[植田謙吉] 육군중장, 주중공사 시게미쓰 마모루[重光葵] 등도 중상을 입었다. 현장에서 체포된 윤봉길은 혹독한 고문과 심문을 여러 차례나 받았다. 오사카 위수형무소로 이감되어 군법회의에서 사형을 선고받아 가나자와 군부대 훈련장에서 총살형으로 순국했다. 이후 일제는 시신을 길거리에 암매장하는 등 천인공노할 만행을 저질렀다. 윤봉길 의거는 불의에 저항하는 진정한 자유를 향한 '불꽃'이었다. 장제스[蔣介石]는 이에 대해 "중국인 백만 대군도 하지 못한 일을 조선인 한 청년이 실천했다."며 찬사를 아끼지 않았다. 한중 국제적인 연대는 이를 계기로 급진전될 수 있었다. 황푸군관학교 내 한국독립군 양성을 위한 한인특설반의 편성, 장정시기 대한민국임시정부에 대한 각종 편의 제공, 한국광복군 창설에 대한 지원 등은 이와 같은 피어린 역사와 맞물려 있었다.

안중근 가묘

안중근은 1879년(고종 16) 황해도 해주에서 진사 안태훈安泰勳과 조마리아 사이에서 장남으로 태어났다. 개방적인 가정 분위기는 그의 자유분방한 기질을 길러주었다. 더불어 지역적인 특성은 상무적인 분위기를 형성하는데 절대적인 영향을 미쳤다. 공부보다 사냥 등에 더 관심이 많았다는 회고에서 이러한 일단을 엿볼 수 있다. 그는 천주교에 입교하면서 국제정세에 대한 안목을 넓혔다.

안중근은 을사조약 이전 중국으로 외유하면서 독립운동을 모색했다. 그리고 부친의 사망으로 귀국한 후 가산을 정리하여 진남포로 이사하였다. 이곳이 근대교육과 상업 중심지로서 난국 타개를 도모할 수 있는 요충지라고 생각했기 때문이다. 처남의 도움을 받아 삼흥三興학교를 설립하는 한편 영어야학도

• 안중근 뤼순감옥 면회 모습

운영하는 등 민족정신 고취에 분주한 나날을 보냈다. 서우학회나 서북학회 등에도 참여하여 외부 세계와 소통 · 교류에 매진하였다. 국채보상운동에 어머니 · 부인 · 제수 등 모든 가족이 참여할 정도로 매우 적극적이었다. 민족자본 육성을 위한 삼합의(무연탄회사)도 운영하였으나 일본상인들 방해로 실패했다. 이처럼 국내에서 합법적인 활동마저 여의치 않자 망명길에 나섰다.

안중근은 중국 동북지역을 거쳐 연해주에 정착한 이후 한인청년회에 가담하는 등 계몽활동도 적극적으로 추진했다. 국내에서 다양한 경험을 했던 것이 이를 추진하는 든든한 밑거름이 되었다. 현지 독립운동의 대부인 최재형崔在亨 · 이범윤李範允 등과 독립운동 방략을 논의하였다. 또한 의병 300여 명을 모아 대한의군 참모중장으로서 국경 지대를 중심으로 일본군을 공격하는 데 앞장섰다. 아쉽게도 중과부적으로 회령전투에서는 참패를 당하고 말았다. 사태를 수습한 후 1909년 3월에는 비밀결사인 동의단지회를 결성했

● 안중근 가묘(서울 용산구)

다. 마침 침략원흉 이토 히로부미가 하얼빈을 방문한다는 소식을 접하였다. 안중근은 이때가 자신에게 주어진 천우신조임을 느끼고 격살을 결행하기로 마음을 다잡았다. 동지들과 협의하여 자신이 직접 결행할 뜻을 단호하게 밝혔다. 마침내 10월 26일 하얼빈역에 도착한 이토를 향해 권총을 발사하여 명중시켰다. 그리고 쓰러진 이토의 모습을 보면서 러시아어로 “코레아 우라(만세)”를 외쳤다.

현장에서 체포된 안중근은 이토 히로부미 저격이 개인적인 원한에서 비롯된 것이 아니라 동양평화 교란자에 대한 응징임을 천명하였다. 심문 과정에서 대한의군 참모중장인 자신을 포로로서 대우해 줄 것을 당당하게 요구했다.

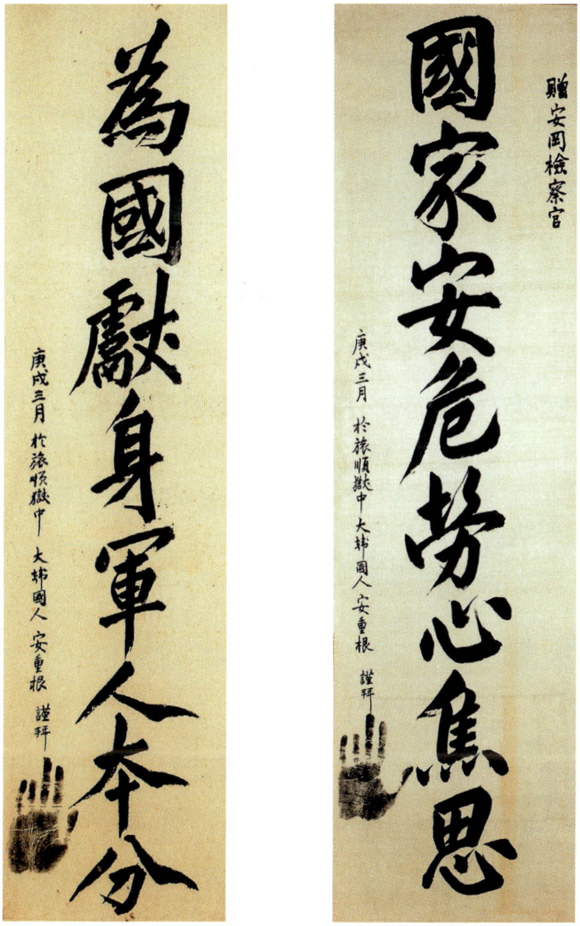

• 안중근 유묵

그는 죽음을 앞둔 시점에서도 의연한 자세를 잃지 않았으며, 한중일 삼국의 영구적인 평화를 위한 《동양평화론》을 집필하는 초인적인 능력을 발휘하였다. 안타깝게도 이는 안중근이 순국하면서 미완성으로 끝났지만, 안중근이 진정한 평화론자이자 자유를 쟁취하기 위하여 누구보다 열정적으로 행동한 사실을 보여주는 자료이다. 독립운동 방략 중 의열투쟁이 갖는 역사적인 의미는 바로 여기에 있지 않을까 한다.

안중근 가묘는 이곳을 찾는 사람들에게 안타까움을 전해준다. 광복 70주년이 더 지난 현재까지 그의 유해는 오리무중이기 때문이다. 그동안 뤼순감옥 공동묘지를 중심으로 유해 발굴을 위한 시도가 있었으나 모두 실패했다. 실로 안타까운 일이 아닐 수 없다. 이제 뤼순감옥 일대는 도시개발로 과거 모습은 전혀 찾아볼 수 없다.

대한민국임시정부요인 이동녕 · 차리석 · 조성환의 묘역

• 이동녕

효창공원에는 이동녕 · 차리석 · 조성환도 안장되어 있다. 묘비에는 대한민국임시정부 시절 중요 직책과 간단한 일대기를 새겼다.

이동녕은 1869년(고종 9) 충남 천안에서 태어났다. 본관은 연안, 자는 봉소鳳所, 호는 석오石吾 · 암산巖山이다. 조부로부터 한학을 수학하는 한편 지방관으로 재임한 부친을 따라 다녔다. 이를 통해 젊은 시절 다양한 문물을 접하면서 유연한 사고를 가질 수 있었다. 이후 독립협회에 가담하였는데 이는 그가 본격적인 민족운동에 투신하는 계기가 되었다. 그는 《제국신문》 발간에도 참여하는 한편, 상동청년회 일원으로 계몽운동에 앞장섰다. 을사조약 무효화를 위한 반대운동도 병행하였으며, 북간도로 망명하여 이상설李相卨 등과 최초의 근대교육기관인 서전서숙을 설립하기도 하였다. 귀국한 이후에는 신민회를 결성하여 국권회복을 위한 민족운동에 적극적으로 나섰다.

• 이동녕 묘(서울 용산구)

한일강제병합 이후 다시 망명한 그는 훗날 독립군 양성 요람지가 되는 신흥무관학교의 모체인 신흥강습소 설립에 동참하였다. 연해주에서는 이주 한인의 권리옹호를 위한 권업회 조직에 앞장섰고, 지린에서는 김교헌 · 김좌진 등과 〈무오독립선언서〉를 발표하는 등 항일의식을 고취시켰다. 3 · 1운동 이후 상하이에서 대한민국임시정부가 수립되자 임시의정원 초대의장에 선임되었다. 이어 내무총장 · 군무총장 등에 취임하는 등 사실상 임시정부의 터줏대감이자 산증인이었다. 이동녕은 임시정부 요인은 물론 한인들에게 대동단결의 중요성을 강조했다. 조국 광복을 위한 초석은 상호간 신뢰라는 평범한 진리를 실천하는 데 주저하지 않았다. 국외에서 임시정부를 이끌며 조국광복의 일념으로 투쟁하던 중 쓰촨성[四川省] 치장[綦江]에서 1940년 3월

• 차리석

순국하였다.

차리석은 1881년(고종 18) 평북 선천에서 차시헌車始軒의 셋째 아들로 태어났다. 사숙에서 한학을 배운 후 평양 숭실중학교에 입학하여 1904년 5월 정규과정 첫 졸업생이 되었다. 대성학교 교사로 재직 중 신민회에 가입하여 안창호 등과 평양을 중심으로 활동하였다. 학생들에게 항일의식을 고취하는 등 대성학교를 '민족교육 요람지'로 발전시키는데 일익을 담당하다가 105인사건으로 투옥되어 3년간 옥고를 치렀다.

• 105인 사건으로 끌려가는 신민회 회원들

• 조성환 묘역(서울 용산구)

그는 정양靜養을 하며 사태를 관망하다가 상하이로 망명하여 대한민국임시정부 기관지인 《독립신문》의 기자와 편집국장을 맡았다. 독립운동 관련기사를 통하여 한인사회 청소년들에게 항일의식을 일깨우고, 시사책진회와 흥사단 원동위원부에 참여하는 등 국내외 항일세력과 정보교류와 소통에 노력을 기울였다. 1935년에는 김구 등과 한국국민당 창당에도 참여하여 임시정부의 독립운동을 지원하는 데 앞장섰다. 대한민국임시정부 국무위원 · 비서실장 등을 여러 차례 역임했다.

충칭에 안착한 후에는 재중한인대회를 개최하여 한인사회 대동단결을 도모하는 데 열성적이었다. 일제가 패망한 후 충칭에서 환국을 준비하던 중 병환으로 순국하였다. 사망하기 직전 "광복이 되었는데 왜 귀국하지

• 조성환

못하고 죽어야 하느냐."는 일화는 조국 광복에 대한 그의 열망을 엿볼 수 있는 대목이다.

조성환은 1875년(고종 12) 경기도 여주군 대신면에서 태어났다. 본관은 창녕, 자는 순소舜韶, 호는 청사晴蓑이다. 대한제국 육군무관학교에 입학하여 부패한 군부의 개혁을 시도하였으나 뜻을 이루지 못하고, 체포되어 무기징역을 선고받았다가 3년간 옥고를 치른 후 특사로 석방되었다. 석방된 후 육군 참위로 임관되었으나 상동청년회와 신민회에 가담하여 국권회복에 매진하는 등 새로운 항일운동과 민족운동을 모색하였다.

한일강제병합 이후 조성환은 대종교에 입교하여 무장투쟁을 위한 기반 구축에 전력을 기울였다. 1912년 일본수상 가쓰라 다로[桂太郞]가 중국 동북지역을 시찰할 때 암살을 기도하다가 실패하여 거제도에 1년간 유배되었다. 다시 중국 동북지역으로 망명하여 무오독립선언에 참여했다. 또한 항일운동 기지 건설과 독립군 양성을 위한 둔전제를 실시하려 하였으나 러시아혁명으로 수포로 돌아가고 말았다. 3 · 1운동 이후에는 대한민국임시정부 군무차장 · 군무부장 등에 선임되었고, 북로군정서 서일徐一 등과 연락하며 임시정부 군대로서 위상을 높였다.

특히 1926년 10월 베이징 '대독립당북경촉성회' 선언문에서 "'단결은 약자의 무기다.'라는 말은 자명한 진리인 것이다. 그 단결의 길은 일시적 권모술수에 있는 것이 아니고 단지 정대한 정의와 광명뇌락光明磊落의 정신을 근거로 한 당적결합에 있는 것으로 믿는다."라고 강조했다. 대한민국임시정부 국무위원, 대한독립군단 외교부장, 한국독립당 임원 등을 두루 역임하였으며,

특히 임시정부 특파원으로 시안에 파견되어 한국광복군을 창설하는 데 많은 노력을 기울였다. 귀국 후 대한독립촉성국민회 위원장을 맡아 새로운 국가건설을 위한 계획을 추진하다가 1948년 지병으로 서거했다.

부록

참고문헌 | 찾아보기 | 필자약력 | 도판출처

제1강 • 고구려-수 전쟁과 을지문덕 • 을지로입구·을지로3가·을지로4가역

《삼국사기》, 《동국여지승람》, 《수서》
이정빈, 《고구려-수 전쟁, 변경 요서에서 시작된 동아시아 大戰》, 주류성, 2018.
한국역사연구회, 《한국고대사산책(전면개정판)》, 푸른역사, 2017.
허태용, 《조선 후기 중화론과 역사인식》, 아카넷, 2009.

제2강 • 문무겸전의 명장 강감찬을 만나다 • 낙성대역

《고려사》, 《고려사절요》, 《동사강목》, 《보한집》, 《목은집》, 《세종실록지리지》, 《신증동국여지승람》
김당택, 〈고려 현종대 과거출신 관리의 정치적 주도권 장악〉, 《역사학보》 200, 2008.
김두향, 〈고려 현종대 정치와 吏系 관료〉, 《역사와 현실》 55, 2005.
김만호, 〈강감찬과 귀주대첩〉, 《한국중세사연구》 31, 2011.
김용선, 《고려묘지명집성》, 한림대학교출판부, 2006.
김창현, 〈고려 초기 정국과 서경〉, 《사학연구》 80, 2005.
박재우, 〈고려 전기 강감찬의 관료진출과 정치활동의 성격〉, 《역사학보》 228, 2015.
박현서, 〈북방민족과의 항쟁〉, 《한국사 4》, 국사편찬위원회, 1974.
안주섭, 《고려 거란 전쟁》, 경인문화사, 2003.
최규성, 〈거란 및 여진과의 전쟁〉, 《한국사 15》, 국사편찬위원회, 1995.

제3강 • 고려 말의 은둔 선비, 둔촌 이집 • 둔촌동역

《고려사》, 《고려사절요》, 《동문선》, 《신증동국여지승람》, 《둔촌유고》, 《목은문고》
고혜령 외, 《조선 초기 사대부 정치와 광주이씨》, 지식산업사, 2011.
김인호, 《고려 후기 사대부의 경세론 연구》, 혜안, 1999.

류주희, 〈둔촌 이집의 학문 사상 연구〉, 《사학연구》 92, 한국사학회, 2008.
민병하, 〈둔촌 이집〉, 《소헌남도영박사고희기념 역사학논총》, 민족문화사, 1993.
여운필, 〈이집의 詩세계〉, 《고려 후기 한시의 연구》, 월인, 2004.
이남복, 〈둔촌 이집 연구〉, 《한국중세사연구》 4, 1997.
이남복, 〈이집의 생애와 학문〉, 《고려 후기 신흥사대부의 연구》, 경인문화사, 2004.

제4강 • 무학대사와 한양 • 왕십리·무악재역

황인규, 〈무학자초와 한양 奠都〉, 《역사와 교육》 4, 1996.
황인규, 〈무학자초의 생애와 활동에 대한 검토〉, 《한국불교학》 23, 1997.
황인규, 《무학대사연구》, 혜안, 1999.
황인규, 《마지막 왕사 무학대사》, 밀알출판사, 2000.
황인규, 《고려 후기 조선초 불교사연구》, 혜안, 2003.
황인규, 《조선시대 불교계 고승과 비구니》, 혜안, 2011.
황인규, 〈불교계 고승과 국도 천도〉, 《대각사상》 18, 2012.

제5강 • 효령대군과 월산대군의 흔적이 남은 곳 • 망원역

《용재총화》, 《추강집》, 《춘정집》, 《소문쇄록》, 《연려실기술》
강제훈, 〈조선 초기 종친직제의 정비와 운영〉, 《한국사연구》 151, 2010.
김동근, 〈조선 초기 종부시의 성립과 기능〉, 《조선시대사학보》 76, 2016.
원창애, 〈조선 종친부의 체제 및 기능과 그 변천〉, 《사학연구》 114, 2014.
이종묵, 《조선의 문화공간》 1, 휴머니스트, 2006.

第6강 • 사가정을 통해 본 조선 초 훈구공신 이야기 • 사가정역

《조선왕조실록》, 《사가집》, 《필원잡기》, 《동인시화》

김남이, 〈성종대 공론장에서의 검열과 비판 -치세 초반 유생과 사표에 대한 논의를 중심으로-〉, 《한국한문학연구》 68, 2017.

김성우, 〈15세기 중후반 훈구관료 서거정의 관직생활과 그에 대한 평가〉, 《대구사학》 83, 2006.

김정신, 〈16세기 전반 훈구·사림의 관료제 운영론 비교〉, 《조선시대사학보》 47, 2008.

김정신, 〈조선 전기 훈구세력의 人性論과 刑政 중시의 정치운영〉, 《한국사상사학》 33, 2009.

김정신, 〈조선 전기 훈구·사림의 출처론과 공신관〉, 《한국사상사학〉 37, 2011.

백연태, 〈서거정의 애민시 고찰〉, 《어문연구》 34, 2000.

심경호, 〈김시습과 서거정〉, 《한민족어문학》 38, 2001.

오세현, 〈문장의 역할을 통해 본 15세기 사문의 성격〉, 《사학연구》 127, 2017.

정종대, 〈서거정의 시와 관인의식〉, 《국어교육》 97, 1998.

정출헌, 〈서거정과 김시습 : 조선 전기 사대부 문인의 두 초상〉, 《동양한문학연구》 21, 2005.

第7강 • 한명회, 권력의 정점에 서다 • 압구정역

《단종실록》, 《세조실록》, 《예종실록》, 《성종실록》, 《동각잡기》, 《사가집》, 《신증동국여지승람》

강제훈, 〈조선 초기 훈척 한명회의 관직 생활과 그 특징〉, 《역사와실학》 43, 2010.

김범, 《사화와 반정의 시대》, 역사비평사, 2007.

김선화 · 이재근, 〈압구정의 역사경관의 문화 콘텐츠적 가치〉, 《한국콘텐츠학회논문지》 14, 2014.

김순남, 〈조선 세조대 체찰사 한명회에 대하여〉, 《한국사학보》 23, 2006.

윤대식, 〈권력의 빛과 폭력의 그림자 -한명회, 공사의 야누스인가, 경계인인가?〉, 《사회사상과 문화》 18, 2015.
이동희, 〈이시애 난에 있어서 한명회·신숙주의 역모 연루설〉, 《전라문화논총》 7, 1994.
이상배, 〈조선 전기 외국사신 접대와 明使의 遊觀 연구〉, 《국사관논총》 104, 2004.
이종묵, 〈갈매기를 벗한 한명회의 압구정〉, 《조선의 문화공간 1》, 휴머니스트, 2006.
정두희, 《조선 초기 정치지배세력 연구》, 일조각, 1983.
조영록, 〈鮮初의 조선 출신 明使考〉, 《국사관논총》 14, 1990.

제8강 • 폐비 윤씨의 일생과 연산군의 복수 • 회기역

김범, 《사화와 반정의 시대》, 역사비평사, 2012.
김범, 《연산군-그 인간과 시대의 내면》, 글항아리, 2010.
이한우, 《성종》, 해냄, 2006.
한희숙, 〈조선 초기 성종비 윤씨 폐비·폐출 논의 과정〉, 《한국인물사연구》 4, 2005.
한희숙, 〈조선 초기 소혜왕후의 생애와 《내훈》〉, 《한국사상과 문화》 27, 2005.
한희숙, 〈조선 성종대 폐비 윤씨 사사사건〉, 《한국인물사연구》 6, 2006.
한희숙, 〈연산군대 폐비 윤씨 추봉존숭 과정과 갑자사화〉, 《한국인물사연구》 10, 2008.
한희숙, 〈조선전기 이세좌의 생애와 갑자사화〉, 《조선시대사학보》 50, 2009.
한희숙, 《인수대비》, 솔과학, 2017.

제9강 • 문정왕후와 그녀의 천하 • 태릉입구역

김상현, 〈문정왕후의 불교중흥정책〉, 《한국불교학》 56, 2010.
김우기, 〈문정왕후의 정치참여와 정국운영〉, 《역사교육논집》 23·24, 1999.
변원림, 《조선의 왕후》, 일지사, 2006.
윤혜민, 〈조선 전기 계비 선정 방식과 그 의미〉, 《조선시대사학보》 65, 2013.

이성무, 《조선왕조사(1)》, 동방미디어, 1998.
정해은, 《조선의 여성 역사가 다시 말하다》, 너머북스, 2011.
탁효정, 〈조선 전기 정업원의 성격과 역대 주지-조선시대 정업원의 운영실태(1)〉, 《여성과 역사》 22, 2015.

제10강 • 충무공 이순신 생애와 리더십 • 충무로역

이민웅, 〈역사 소설에 그려진 이순신〉, 《한국사시민강좌》 41, 2007.
이민웅, 〈충무공 이순신의 성장 배경과 문무겸전〉, 《이순신연구논총》 10, 2008.
이민웅, 〈충무공 이순신에 대한 몇 가지 인식문제 고찰〉, 《역사와 경계》 77, 2010.

제11강 • 민영환이 지킨 충절 • 충정로역

박 보리스 드미트리예비치/ 민경현 역, 《러시아와 한국》, 동북아역사재단, 2010.
서영희, 《대한제국 정치사 연구》, 서울대출판부, 2003.
연갑수, 《고종대 정치변동 연구》, 일지사, 2008.
이민원, 〈민영환의 외교 활동과 외교책〉, 《나라사랑》 102, 2001.
이민원, 〈19세기말 러시아 군사교관단의 활동과 역할〉, 《군사》 44, 2001.
이민원, 〈대한제국의 장충사업과 그 이념-장충단과 모충단을 중심으로-〉, 《동북아문화연구》 33, 2012.
이현주, 〈민영환의 생애와 구국활동〉, 《나라사랑》 102, 2001.
전택부, 〈민충정공의 이모저모〉, 《나라사랑》 102, 2001.
조재곤, 〈해천추범을 통해 본 민영환의 러시아 기행〉, 《나라사랑》 102, 2001.
조재곤 편역, 《해천추범-1896년 민영환의 세계일주-》, 책과함께, 2009.
조재곤, 〈한 조선관료의 눈에 비친 세계와 근대문화〉, 《이태진교수정년기념논총(5)-세계 속의 한국사-》, 태학사, 2009.
조재곤, 《민영환-대한제국의 마지막 숨결》, 역사공간, 2014.

최덕수, 〈민영환의 대외인식과 개혁론 연구〉, 《대한제국과 국제환경》, 선인, 2005.
Michael Finch, *Min Yong-hwan : a political biography*, University of Hawaii Press, 2002.

제12강 • 서재필이 만들고자 했던 나라 • 독립문역

이정식, 《구한말의 개혁 독립투사 서재필》, 서울대 출판부, 2003.
장규식·염인호·정재정, 《서울 근현대 역사기행》, 혜안, 1998.
장규식, 〈개항기 개화지식인의 서구체험과 근대인식〉, 《한국근현대사연구》 28, 2004.
장규식, 《서울 독립운동의 역사현장》, 서울특별시사편찬위원회, 2008.
최기영 엮음, 《서재필이 꿈꾼 나라》, 푸른역사, 2010.

제13강 • 민족정기를 일깨우는 산실 • 효창공원앞역

나각순, 《서울의 능묘》, 서울특별시사편찬위원회, 2010.
이경재, 《한양이야기》, 가람기획, 2003.
이현희, 《광복 투쟁의 선구자- 효창원 순국선열7위 투쟁사》, 동방도서, 1990.
전국역사지도사모임, 《표석을 따라 경성을 거닐다》, 유씨북스, 2016.

ㄱ

ㄴ

ㄷ

ㄹ

ㅁ

• ㅈ •

• 이정빈 •

충북대학교 교수. 〈고구려-수 전쟁의 배경 연구〉로 박사학위를 받았다. 《한국 고대사와 사이비역사학》(공저), 《동북공정 이후 중국의 고구려 연구동향》(공저) 등의 저서와 〈1847년 평안도 안주지역의 을지문덕비 건립과 의미〉 등의 논문이 있다.

• 박재우 •

성균관대학교 교수. 〈고려 전기 재추제도와 국정운영체계 연구〉로 박사학위를 받았다. 《고려시대 사람들은 어떻게 살았을까》(공저), 《63인의 역사학자가 쓴 국사 인물열전》(공저) 등의 저서와 〈고려 전기 강감찬의 관료 진출과 정치활동의 성격〉 등의 논문이 있다.

• 류주희 •

국사편찬위원회 편사연구관. 〈조선 태종대 정치세력 연구〉로 박사학위를 받았다. 《조선의 청백리-조선시대 대표 청백리 34인-》(공저) 등의 저서와 〈둔촌 이집의 학문사상 연구〉 등의 논문이 있다.

• 황인규 •

동국대학교 교수. 〈무학자초연구〉로 박사학위를 받았다. 《무학대사연구》, 《마지막 왕사 무학대사》 등의 저서와 〈무학대사의 조선건국 참여와 불교계 수호〉, 〈조선시대 三和尙(지공 · 나옹 · 무학)의 위상과 추념〉 등의 논문이 있다.

• 송웅섭 •

서울대학교 규장각한국학연구원 책임연구원. 〈조선 성종대 公論政治의 형성〉으로 박사학위를 받았다. 《16세기 성리학 유토피아》(공저) 등의 저서와 〈조선 성종의 文廟 儀禮 준행과 국왕으로서의 권위 창출〉 등의 논문이 있다.

• 김정신 •

연세대학교 국학연구원 연구교수. 〈조선 전기 훈구·사림의 정치사상 비교〉로 박사학위를 받았다. 《조선의 주자학과 실학》(공저) 등의 저서와 〈조선 전기 훈구세력의 人性論과 刑政 중시의 정치운영〉 등의 논문이 있다.

• **김영두** •

국사편찬위원회 편사연구관. 〈조선 전기 도통론의 전개와 문묘종사〉로 박사학위를 받았다. 《퇴계와 고봉 편지를 쓰다》, 《정치가 고봉 기대승, 큰 꿈 그리고 좌절》(공저) 등의 저서와 〈난언과 은거, 세조 정권에 저항하는 대항 기억의 형성〉, 〈실록 편찬에 나타난 세조 정권의 정당성 추구〉 등의 논문이 있다.

• **한희숙** •

숙명여자대학교 교수. 〈조선 초기 잡류층에 대한 연구〉로 박사학위를 받았다. 《한국 역사 속의 여성인물》(공저), 《역사학자가 쓴 인수대비》 등의 저서와 〈조선 성종대 폐비 윤씨 사사사건〉, 〈조선 초기 성종비 윤씨 폐비 · 폐출 논의 과정〉 등의 논문이 있다.

• **정해은** •

한국학중앙연구원 책임연구원. 〈조선 후기 무과급제자 연구〉로 박사학위를 받았다. 《조선의 여성 역사가 다시 말하다》 등의 저서와 〈조선 후기 빈곤층 여성의 自賣 실태〉, 〈조선시대 여성사 연구 동향과 전망, 2007년~2013년〉 등의 논문이 있다.

• **이민웅** •

해군사관학교 교수. 〈임진왜란 해전사 연구〉로 박사학위를 받았다. 《임진왜란 해전사》 등의 저서와 〈이순신과 원균의 생애와 평가 비교〉, 〈충무공 이순신의 성장 배경과 문무겸전〉 등의 논문이 있다.

• **조재곤** •

서강대학교 연구교수. 〈고종대 보부상 조직의 변천과 역할〉로 박사학위를 받았다. 《대한제국의 마지막 숨결-민영환》, 《해천추범(1896년 민영환의 세계일주)》(편역) 《전쟁과 인간 그리고 '평화'-러일전쟁과 한국사회》 등의 저서가 있다.

• 장규식 •

중앙대학교 교수. 〈일제하 기독교 민족운동의 정치경제사상〉으로 박사학위를 받았다. ≪서울 근현대 역사기행≫(공저), ≪서울, 공간으로 본 역사≫ 등의 저서와 〈서재필과 안창호 - 서구 시민사회론의 전파와 토착화〉, 〈개항기 개화지식인의 서구체험과 근대인식〉 등의 논문이 있다.

• 김형목 •

독립기념관 연구위원. 〈1910년 전후 야학운동의 실태와 기능〉으로 박사학위를 받았다. ≪독립유공자증언자료집≫, ≪노백린의 생애와 독립운동≫(공저) 등의 저서와 〈한말 정재홍의 현실인식과 의열투쟁〉, 〈멕시코 이민 전후 한국의 정치 사회 상황〉 등의 논문이 있다.

페이지	도판	출처(소장처)
21	요동성총도	동북아역사넷
23	평양성 복원 그림	동북아역사넷
24	봉황산성 남문에서 바라본 압록강 방면 전경	이규호
26	청천강	하일식
57	《둔촌잡영》	문화재청
67	통도사 삼화상 진영	문화재청
70	《삼봉집》에 실려 있는 《불씨잡변》	문화재청
72	대각국사 의천	문화재청
80	〈수선전도〉	서울역사박물관
115	《경국대전》	국립중앙박물관
117	《안동권씨족보》	국립중앙박물관
127	한강의 모습이 잘 나타난 〈경강부임진도〉	서울대학교 규장각한국학연구원
137	겸재 정선의 〈압구정도〉	왜관수도원
156	1872년 〈지방도〉에 보이는 회묘·연산군묘	서울대학교 규장각한국학연구원
196	일본군 조총	충무공이순신기념관
197	현자총통, 주자총통, 황자총통	육군박물관

* 사진과 그림의 게재를 허락해주신 분들과 자료를 제공해주신 분들께 감사드린다.
표 외의 도판은 필자가 제공하였거나 서울역사편찬원이 촬영한 사진이다.